María del Carmen González Gamarra, Gudrun Ziesemer (Hrsg.)

2. Kongreß internationaler Frauen

Frankfurt am Main, 26.-28. März 2004
Johann Wolfgang Goethe-Universität Frankfurt

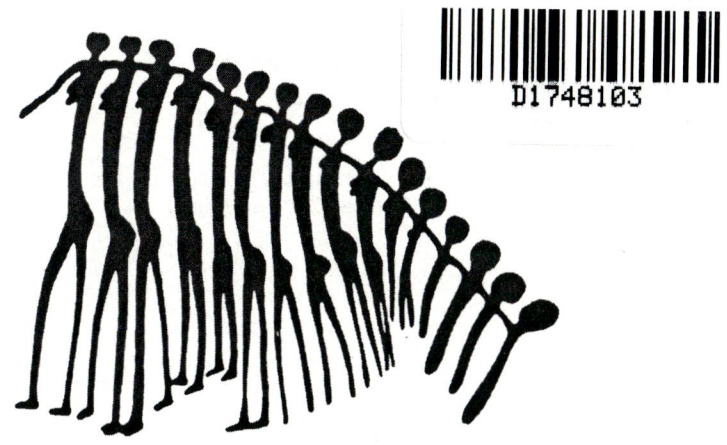

Zukunft braucht Vergangenheit
– Zukunft braucht uns Frauen

Dokumentation

RHOMBOS-VERLAG · BERLIN

Bibliografische Information Der Deutschen Bibliothek

Die Deutsche Bibliothek verzeichnet diese Publikation in der Deutschen Nationalbibliografie; detaillierte bibliografische Daten sind im Internet über http://dnb.ddb.de abrufbar

© 2005 RHOMBOS-VERLAG, Berlin
Printed in Germany

VK-Nr. 65 859

www.rhombos.de
verlag@rhombos.de

RHOMBOS-VERLAG, Kurfürstenstr. 17, 10785 Berlin

Das Werk ist in allen seinen Teilen urheberrechtlich geschützt. Jede Verwertung außerhalb der engen Grenzen des Urheberrechtsgesetzes ist ohne Zustimmung des Verlages unzulässig und strafbar. Das gilt insbesondere für Vervielfältigungen, Übersetzungen, Mikroverfilmungen und die Einspeisung und Verarbeitung in elektronischen Systemen.

Redaktion, Gestaltung und Herausgeberinnen:
María del Carmen González Gamarra, Gudrun Ziesemer
LOGO: Kongreß ausländischer und deutscher Frauen, Frankfurt am Main, 1984

Druck: dbusiness GmbH, Berlin, Eberswalde

Berlin 2005

ISBN 3-937231-85-4

Inhaltsverzeichnis

A. Vorbereitung 7

Einleitung, *María del Carmen* **González Gamarra**, *Gudrun Ziesemer* 7

Finanzen. 1000 und eine Absage öffentlicher Gelder 7

Presse- und Öffentlichkeitsarbeit 9

Internationaler Frauentag 2004 15

B. Kongreßwochenende 18

Freitag 26. März 2004 (KOZ & Festsaal) 18

Ausstellungseröffnung 18

Begrüßung (KOZ), *María del Carmen* **González Gamarra** 19

Eröffnung in verschiedenen Sprachen (Festsaal), *Gudrun Ziesemer* 21

Eröffnungsrede, *Gudrun Ziesemer* 24

3+3+1 oder: Drei Generationen weibliches Labyrinth 26

Barbara **Surmanowicz**, Pourandokht **Maleki**, Carmen **Cruz** +

Marianne **Langweg**, Susanne **Bötte**, Milena **Spielvogel**

+ **Moderatorin**: *Gudrun Ziesemer*

Samstag 27. März 2004 40

Einführung, *María del Carmen* **González Gamarra**, *Gudrun Ziesemer* 40

Kurze und bunte AG-Vorstellungen (oder vollständiger AG-Text) 41

Arbeitsgruppen 1-9 (10.30 Uhr – 12.30 Uhr) Neue Mensa

Frauen und Frankfurt am Main. Alternativer Spaziergang, *Dr. Barbara* 41

Bromberger (Frankfurt am Main *)

Mythos Frauenhandel. Ausländische Frauen in der Prostitution, *Juanita* 41

Henning (Doña Carmen e.V., *)

Wir denken in zwei Sprachen und fühlen in einer, Svetlana **Vučelić** *(*)* 42

Brief von Rita **Christ**	42
AKTION ZUFLUCHT stellt sich vor (vollständige AG-Text), *Anne* und **Brigitte** *(AKTION ZUFLUCHT, Marburg)*	43
„Chancengleichheit" bei der Ausbeutung und Armut für ausländische Frauen und Migrantinnen, *Zahide* **Yentur**, *Sahnur* **Yurtsever** *(Frauengruppe von DIDF, *)*	51
Das Universelle unserer Beziehung. Die Beziehung der Ungleichheit (Affidamento) und die Entdeckung eines neuen Paradigmas, *Gisela* **Jürgens** *(*)*	53

Arbeitsgruppen 10-18 (14.00 Uhr – 15.30 Uhr) Neue Mensa

Weiß-Sein: Eine Einführung, *Trixi* **Schwarzer** *(*)*	54
Geteilter Feminismus - Zur Quotierungsdiskussion in der autonomen Frauenbewegung, *Tanja* **Brückmann**, *Eva-K.* **Hack** *(Frauenhaus, Kassel)*	55
Frauenarbeit ist mehr als „Arbeit" (vollständiger AG-Text), *Dr. Gisela* **Notz** *(Friedrich-Ebert-Stiftung, Bonn)*	56
Kurdische Frauen aus der Türkei, Trauma und Flucht. Kunsttherapie und ähnliche Therapien, *Elke* **Boumans-Ray** *(WIR FRAUEN e.V., Düsseldorf)*, *Hamidiye* **Ünal** *(PSZ, Köln)*	71
Menschenrechtsverteidigerinnen, *Sonja* **Krautwald**, *Begüm* **Cebisci** *(Ver.di und AI)*	72
Anatomie des Kopftuches, *Farzaneh Sharifi (*)*	72
Die Sexsklaverei des Japanischen Militärs während des Asienpazifischen Krieges 1933-1945 + **Video**: Give me back my youth *von Won-San Han* (vollständiger AG-Text), *Yeo-Kyu* **Kang** *(Koreanische Frauengruppe, Heidelberg)*	73
Gegen die israelische Besatzung palästinensischen Landes, *Paula* **Abrams-Hourani** *(Frauen in Schwarz, Wien)*	90

Arbeitsgruppen 19-27 (16.00 Uhr – 17.30 Uhr) Neue Mensa

Hören und Schweigen der persönlichen Erfahrungen von ehemaligen 91
„Trostfrauen" + **Video**: Women´s International War Crimes Tribunal Dec.
7-12-2000, Tokyo, Japan (vollständiger AG-Text), *Prof. Myung-Hye **Kim***
(Koreanisches Frauennetzwerk [KOWIN], Cambridge)

Gibt es die böse Schwieger-"Mutter" doch? (vollständiger AG-Text), 109
Brigitte **Neumann** (*)

FrauenLesbenprojekte unter dem Globalisierungsdruck, *Eva-K.* **Hack** 113
(Frauenhaus/Kassel, FrauenNetz/Attac)

Brief von Margit **Hofmeister** 114

1964 „Gastarbeiter", 1984 „Ausländerin", 2004 „MigrantIn". 117
Zur Begriffsentwicklung (vollständiger AG-Text),
María del Carmen **González Gamarra** (*)

Diskussion über die Erfahrung von Frauen in Ost und West, *Monika* 214
Brockmann *(LISA,* *)*

Was macht Frauen krank?, *Ute-Marie* **Bauer** *(HP, *)* 214

„Eindrücke ..." Silvia **Sternberger** 215

Frauenwelt - Männerwelt oder Fremdattribution (vollständiger AG-Text)
Pourandokht **Maleki** (*) 216

Kultur-Abend 217

AMANDA TAKTLOS, Gum-Hi Song-Prudent, Alien Barthélemy,
Rítmo Flamenco, Pourandokht Maleki

Moderation: Lala **de Brito** 217

Selbstvorstellung der Künstlerinnen bzw. Künstlerinnengruppe. 222

Sonntag 28. März 2004 226

Großes Podium. **Eröffnungsvortrag**: Das Patriarchat ist zu Ende. 227
Licht und Schatten in der Frauenbewegung, *Prof. Chiara* **Zamboni**
(Philosophin, Verona)

Dott. Eleonora **Bonacossa** *(Kronberg)* 235

Versus: Ist das Patriarchat zu Ende? *Dr. Gisela* **Notz** 236
(anschließend Diskussion)

Moderation: *Ulrike* **Holler** *(Hessischer Rundfunk, *)* 242

Danke an **Helfer** 242

C. Anhang 245

Nachbereitung im Türkischen Volkshaus
(Zahlreiche Berichte und Fotos)

Persönliche Eindrücke ..., Milena **Spielvogel** 254

Bemerkungen zum 2. Frauenkongreß, Marianne **Langweg** 254

Kongresseindruck, Gum-Hi **Song-Prudent** 256

Brief von Ulrike **Holler** 258

Zum Großen Podium, Pourandokht **Maleki** 258

A. Vorbereitung

Einleitung, *María del Carmen* **González Gamarra**, Gudrun **Ziesemer**

Liebe internationale Frauen,
endlich haltet ihr die Dokumentation zum 2. *Kongreß internationaler Frauen* in den Händen. Das lange Warten auf die Veröffentlichung hat vorwiegend zwei Gründe. Wir mussten uns fragen: Sind wir bereit, auf eigenes Risiko zu finanzieren? Und der zweite Grund war, daß sich nach dem 2. Kongreß keine Frau für diese Arbeit mehr gemeldet hat, so daß alle Arbeit bei uns beiden blieb, von der die eine kein Geld hat, um eine Vorfinanzierung zu leisten und die andere keine Zeit, um Korrekturen vorzunehmen.

Doch dann haben wir alle Wenn und Aber abgewogen und die Dokumentation zum 2. *Kongreß internationaler Frauen* zusammengestellt, verfasst und in Produktion gegeben.

Daher bitten wir Euch darum, wenn Ihr es Euch ökonomisch leisten könnt, zahlreiche ermäßigte Exemplare bei uns direkt zu bestellen, die Ihr zum Geburtstag, Frauentag u.ä. Feiertagen verschenken könntet. Wir bedanken uns im Voraus für jede Bestellung. Nachfolgend die Ankündigungstexte, wie sie beim *2. Kongreß internationaler Frauen* veröffentlicht wurden.

Finanzen. 1000 und eine Absage öffentlicher Gelder
Wir haben Spenden nur von einzelnen Frauen bekommen. Traute, Marianne, Susanne, Ingrid, Antje, Al, Dr. Maria Hetenkoffer, EVA, und dem Frauenschenkkreis, denen wir nochmals herzlich danken. Wir konnten damit ca. 30% der in einem Jahr Vorbereitungszeit anfallenden Portokosten und einen Teil der Öffentlichkeitsarbeit finanzieren.

Wir haben ca. 100 Anträge auf finanzielle Unterstützung gestellt. Davon haben wir 11 schriftliche Ablehnungen erhalten und eine mündliche Zusage. Der

Rest hat uns nicht geantwortet. Alle Antwortschreiben können im Anhang betrachtet werden.

Aus diesem Grund bitten wir Sie alle, soweit Ihnen möglich, um Spenden. Dazu haben sich im Verlauf der Organisation Kosten ergeben, deren Übernahme ursprünglich von Dritten versprochen worden war.

Wir mussten aus finanziellen Gründen interessierte Künstlerinnen, Videos und Referentinnen ablehnen. Dafür sind wir ungerechtfertigterweise immer wieder angegriffen worden. Doch wir bitten um Verständnis. Gern hätten wir jede Interessentin eingeladen und ihr Millionen EURO als Honorar gegeben. Doch das Geld besitzen Frauen immer noch nicht.

Wir bewegen uns somit innerhalb der patriarchalischen Logik: Entweder Geld her für die Frauen oder Abschaffung des kapitalistischen Systems.
(Bekanntmachung an alle 2.Kongreß-Teilnehmerinnen, KOZ, 27. März 2004)

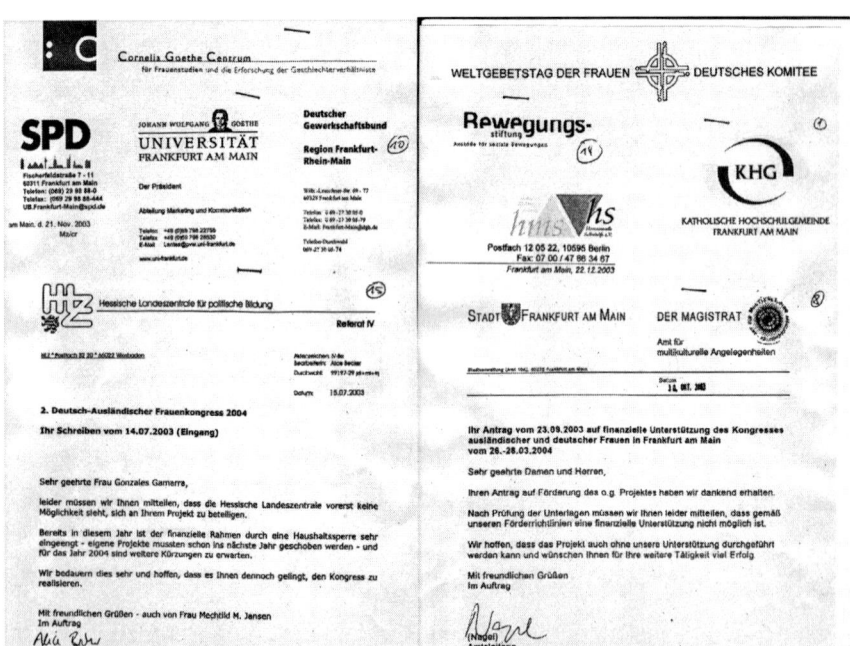

Ablehnungsschreiben auf 1000 und 1 gestellten Finanzantrag

Presse- und Öffentlichkeitsarbeit

Sektempfang beim 2. Kongreß internationaler Frauen. Wir haben insgesamt 47 Sekteinladungen an einzelne Personen verschickt, hinzu kamen 57 Sektempfangeinladungen an die Frauenbüros in Hessen. Doch kein einziges Frauenbüro hat sich gemeldet. Bis einen Tag vor Kongressbeginn hatten uns 27 Zusagen zum Sektempfang von unterschiedlichen ORGA-Frauen, Referentinnen und Künstlerinnen erreicht. Den mit den Einladungen verschickten Rückmeldetermin haben lediglich 5 Frauen ernst genommen. Vom Rest der zum Sektempfang eingeladenen Frauen erfuhren wir in den letzten Tagen vor Kongressbeginn „nebenbei", dass sie kommen wollten, obwohl sie sich nicht rechtzeitig angemeldet hatten. Wir mussten also mehr Sekt zur Verfügung stellen als ursprünglich geplant. Was zu finanziellen Auswirkungen führte. Als der Sektempfang vorbereitet war, kamen jedoch auch diese nicht, sondern nur 15 Frauen.

Zum Sektempfang wurden auch *FR, FAZ, HR-Rundschau, Journal, DIE BRÜCKE, EMMA, Offener Kanal, beiträge zur feministischen theorie und praxis, Diskus, Neue Presse, ab 40 Frauen, Junge Welt* eingeladen[1] Ihren Einladungen stets ein Programm beigelegt. Keine(r) erschien -weder zum Sektempfang noch zu der am So., 28. März 2004, um 15.00 Uhr geplanten Pressekonferenz.

Diverse Öffentlichkeitsaktivitäten

Auch auf der Aktionskonferenz, 18. Januar 2004, im Bürgerhaus Bornheim haben wir einen Info-Stand gemacht, wie auch bei EVA während Veranstaltungen im Vorfeld des Internationalen Frauentags 2004, im spanischen Kulturkreis, auf der Veranstaltung „Entsorgt dich selbst" an der UNI, während unterschiedlichen Mahnwachen und auf der 1-Jahr-Irak-Krieg-Demo waren wir vertreten, haben Programme verteilt und Buttons (ca. 50 €) verkauft.

1) Sollten wir eine Angabe vergessen haben, bitten wir um Entschuldigung.

Zweiter Info-Stand, Bockenheim, 31.01.2004

Pressemitteilungen

Wir haben seit Jan. 2004 zu den Vorbereitungstreffen mehrmals Pressemitteilungen an Tageszeitungen und Zeitschriften geschickt. Sie wurden, soweit uns bekannt ist, nicht abgedruckt. Lediglich unser Aufruf zur Demo am 8. März 2004 zum Internationalen Frauentag wurde fragmentarisch abgedruckt, so dass kaum eine Frau sich zu den von dem Vorbereitungskomitee geplanten Aktivitäten am Internationalen Frauentag 2004 vorbereiten konnte. Insgesamt haben wir ca. 30 Pressemitteilungen verschickt.

Zukunft braucht Vergangenheit – Zukunft braucht uns Frauen

2. Kongress internationaler Frauen
vom 26.-28. März 2004 in Frankfurt am Main

Vor 20 Jahren organisierten Migrantinnen aus Unzufriedenheit und mangelnden Partizipationsmöglichkeiten in der deutschen Politik und außerparlamentarischen Initiativen einen ersten Kongress internationaler Frauen unterschiedlicher Herkunft in Deutschland. Fast auf den Tag genau trafen sich 1984 auch in Frankfurt 1.600 Frauen und diskutierten unter dem Titel „Sind wir uns denn so fremd?" die Situation von Migrantinnen in der bundesdeutschen Gesellschaft. Im kommenden Jahr findet der zweite Kongress statt. In 24 Arbeitsgruppen und zwei Podien soll diskutiert werden, welche Forderungen sich umsetzen ließen, welche und warum scheiterten und wie die Zukunftsperspektiven aussehen. Außerdem gibt es Kunst und Kultur.

Vorangegangen waren 1983 die Erfahrungen auf dem Frankfurter Tribunal gegen Ausländerfeindlichkeit und Menschenrechtsverletzungen. Deutsche und ausländische Frauen erlebten, dass die Frauenfrage wieder nur als Randthema auf eine Arbeitsgruppe begrenzt wurde. Dies führte zur Gründung der Ausländisch-Deutschen Saueninitiative. Nach neun Monaten intensiven Austausches fand der erste Kongress von und für ausländische und deutsche Frauen statt.

Auf diesem ersten Kongress wurde deutlich, dass die Migrantinnen es leid waren, von allen politisch Aktiven – auch in der Frauenbewegung – klischeehaft entweder als „tapfere Heldinnen oder bedauernswerte Opfer" angesprochen und wahrgenommen zu werden. Eine gleichwertige Partizipation an der Gestaltung der Gesellschaft für ausländische Frauen wurde ihnen verwehrt. „Dabei wurde immer wieder der eigene Weg zur Emanzipation zum ungebrochenen Maßstab der Dinge erklärt, Ausländerinnen werden danach beurteilt und bewertet" lautet die Kritik in dem Aufruf von 1984. Zentrale Forderung an die deutschen Frauen war hierbei, es nicht zuzulassen, dass es wegen der Herkunft für Frauen nicht nur allein aufgrund des Ausländer- und Asylrechts zu Unterdrückung kommt, sondern zudem noch durch die sie ausgrenzenden Frauen und Männer in den politischen Organisationen, die sich eigentlich als Gegner von Ausländerfeindlichkeit verstanden. Gemeinsam wollten ausländische und deutsche Frauen formale und strukturelle Diskriminierung in Gesellschaft und Politik kämpfen.

Einzelne Forderungen aus dem 84er-Aufruf waren unter anderem ein vom Ehemann unabhängiger Rechtsstatus, Förderung der Illegalisierung und Abschiebung von Frauen nach einer Trennung vom Partner und Unterstützung des autonomen Lebens. Gleiche Rechte für deutsche und ausländische Frauen und Mädchen in allen Lebensbereichen war deshalb eine zentrale Forderung. Damit ökonomische, politische und soziale Rechte auch realisiert werden könnten, forderten sie die Abschaffung des Ausländer- und Asylrechts. Vermutlich weil dieses utopische Ziel noch lange auf sich warten lassen wird, stellten sie Sofortforderungen. Drei davon waren die Abschaffung des § 19 Arbeitsförderungsgesetz, das Migrantinnen gegenüber Deutschen bei der Arbeitssuche benachteiligt. Und bereits 1984 forderten sie internationale Verträge zum Schutz von Frauen und Mädchen vor geschlechtsspezifischer Verfolgung und deren Anerkennung als Asylgrund. Auch die Anerkennung der im Herkunftsland erworbenen schulischen und beruflichen Qualifikationen und die Abschaffung des § 218 sollten erreicht werden.

Die Forderungen sind nach wie vor hochaktuell und es wurden lediglich minimale Verbesserungen für Migrantinnen erreicht. Ansonsten gab es Verschärfungen und Beschränkungen. Zeit also für eine frauenpolitische Bilanz nach 20 Jahren, neue politische Perspektiven, Utopien und feministische Visionen. Wir wünschen den Kongress- Frauen spannende Diskussionen und eine zahlreiche Teilnahme. Von der Redaktion nehme ich teil. Zusammen mit Hamidiye Ünal aus Köln biete ich eine AG zum Thema Frauen, Trauma und Flucht, über Kunst- und Kreativtherapie für schwersttraumatisierte kurdische Frauen aus der Türkei an. Weitere Infos zum Kongress siehe Seite 25.

bou

Literatur:
- Bärbel Röben/Cornelia Wilß (Hg.): Verwaschen und verschwommen. Fremde Frauenwelten in den Medien. Dritte-Welt-Journalistinnen-Netz. Brandes & Apsel. Frankfurt a. M. 1996
- Elvira Niesner/Estrella Anonuevo/Marta Aparicio/Petchara Sonsiengchai-Fenzl: Ein Traum vom besseren Leben. Migrantinnenerfahrung, soziale Unterstützung und neue Strategien gegen Frauenhandel, Leske + Budrich. Opladen 1997
- Cornelia Mansfeld: Fremdenfeindlichkeit und Fremdenfreundlichkeit bei Frauen. Eine Studie zur Widersprüchlichkeit weiblicher Biographien. Brandes & Apsel. Frankfurt a. M. 1998

WIR FRAUEN 4/2003

Wir bedanken uns herzlich bei den WIR FRAUEN, die einen schönen Text zum 2. Kongreß internationaler Frauen veröffentlicht haben.

2. Kongreß internationaler Frauen, Frankfurt am Main, 26.-28. März 2004

Programmverteilung

Weiter haben wir 1.500 Programme bundesweit verschickt, verteilt oder weitergegeben, d.h. immer in die Hand von Frauen gelegt. Weiter wurden verteilt: 1.000 blaue Flyer DIN A7, mit dem Demo-Aufruf zum Internationalen Frauentag 2004 auf der einen Seite und auf der anderen Seite mit Ort, Zeit und Telefonangaben zum 2. Kongreß internationaler Frauen. Auch wurden 1.200 grüne www-Flyer DIN A6 mit der www-Adresse und 80 rosa Flugblätter DIN A5 beidseitig beschriftet zum Internationalen Frauentag 2004 den Frauen in die Hand gegeben. Insgesamt haben wir an Handwerbung 3.780 Flugblätter verteilt. Auch 400 Plakate wurden hergestellt. Davon sind ca. 100 bundesweit verschickt worden.

Dritter Info-Stand, Bornheim, 21.02.2004

Kongreßankündigung in Frauen- und Lesbenzeitschriften

Nicht unerwähnt soll die Kongress-Ankündigung in Frauen- und Lesben-Zeitungen wie WIR FRAUEN, Brennessel-Zeitung, IHRSINN, DIE BRÜCKE, Lesbenring-Info, KOFRA, Junge Welt bleiben. Auch eine www-Seite wurde kostengünstig eingerichtet, die von 01. Januar 2004 bis zum 31. März 2004 aktiv war und immer wieder aktualisiert wurde.

Die Texte können in der *FR*, *IHRSINN*, *Lesbenring-Info*, *DIE BRÜCKE 132, 133, MONATLICHE* nachgelesen werden.

Einladungen + Programme

Wir haben seit den ersten Vorbereitungen zum 2. Kongreß internationaler Frauen am Internationalen Frauentag 2003 insgesamt 720 Einladungen bundesweit mit Programmen per Post verschickt und versucht, alle uns bekannten Frauen, Frauengruppen, Initiativen und Vereine sowie einige Parteien in Frankfurt am Main einzuladen. Sowohl zu den Vorbereitungen wie zum 2. Kongreß internationaler Frauen selbst. Auch auf der Internetseite vom >Frauenratschlag< sind wir erschienen und dem >Frauenverband Courage< haben wir sowohl eine Einladung mit Programm verschickt mit der Bitte, den Kongress-Termin anzukündigen.

Info-Stände-Öffentlichkeitsarbeit

Auch an 5 Wochenenden von Ende Januar bis Ende Februar 2004 haben wir Info-Stände organisiert -Zeil, Bockenheim, Bornheim, Preungesheim und Sachsenhausen- Wir haben hier sehr schöne Fotos machen können, 100 Programme verteilen und insgesamt ca. 100 € Buttons verkauft.

Fünfter Info-Stand, Sachsenhausen, 28.02.2004

"Button – Werkstatt" im Türkischen Volkshaus

Internationaler Frauentag 2004

Am *Internationalen Frauentag 2004* hat das Vorbereitungskomitee teilgenommen. Wir waren auch bei den Vorbereitungen dabei. Und wir haben, die vor einem Jahr geplante Demo am Internationalen Frauentag mit dem Motto: "Frauen für Arbeit" organisiert und durchgeführt, mit dürftiger Frauenteilnahme. Es sollte ein Frauensternmarsch sein. Von Bornheim, Bockenheim und Sachsenhausen ausgehend. Von Bornheim starteten die Frauen nicht. Sie entschieden sich nach Bockenheim zu fahren und mit diesen Frauen loszugehen. Von Bornheim sollten die "Schleierfrauen" losgehen, von Sachsenhausen die "Frauen in Schwarz" und von Bockenheim die "Putzfrauen". Mein persönlicher Respekt gilt den vier Frauen, die von Sachsenhausen losgingen. Von ihnen berichtete die *FR*. Wir von Bockenheim haben sehr viel gelacht an diesem Tag auf unserer Route. Es war für uns sehr schön. Selbstbewusst, mutig und super bunt haben wir unsere vorbereiteten Themen in "grüner" Begleitung bis zur Hauptwache mit einem Megaphon gehalten. Reden zum Begriff „Job", zu 35 Std.-Woche oder zu den „polnischen" Putzfrauen wurden aufmerksam gehört. Wir reden also nicht über MUT, wir sind mutig.

Am Hauptwachencafé angekommen (*FR* war dabei), sind einige Frauen Suppe essen gegangen zu Gudrun und María. Anschließend haben wir uns alle wieder auf der Hauptwache getroffen, einen sehr eindrucksvollen und bunten Stand gestaltet und diverse Reden gehalten wie zu Mini-Jobs, Gleichstellung, Schwiegermüttern, u.ä. Nach Abräumen des Standes auf der Hauptwache sind einige von uns zu EVA, um einen Film zu schauen. Hier haben wir Kongress-Programme verteilt und Buttons verkauft (ca. 30 €).

Info-Stand beim *Internationalen Frauentag 2004* auf der Hauptwache

Interview

Es wurden zwei Interviews geführt mit der Kongress-Ankündigung. Eines in der *Jungen Welt* und eins im Frauen-Radio-Kassel, das am Mon. 15. März 2004 um 18.00 Uhr gesendet wurde.

Präsenz in der Zeitung

Am 27. März 2004 erscheint in der FR ein großes Foto mit einigen der 2. Kongreßfrauen, die am Internationalen Frauentag 2004 als „Putzfrauen" und „Schleierfrauen" verkleidet auf die Straße gingen zum Frauen-Stern-Marsch.

Aufsteigen, einsteigen, umsteigen: Für berufliche Weiterbildung gibt es verschiedene Motive. Voraussetzung ist, dass es Arbeit gibt. Und auf jeden Fall gilt: Arbeit ohne ständiges Weiterlernen hat keine Zukunft. Unser Bild zeigt Frauen, wie sie am 8. März, dem internationalen Frauentag, in Frankfurt demonstrieren.

B. Kongreßwochenende

2. **Kongreß internationaler Frauen 2004** kann am Freitag eröffnet werden

Freitag 26. März 2004 (KOZ & Festsaal)

Ausstellungseröffnung

Es wurden drei Ausstellungen präsentiert, die ständig zwischen Freitag, 16.00 Uhr bis zum Sonntag, 16.00 Uhr besichtigt werden konnten. Von einer Ausstellung steht uns ein Bild zur Verfügung.

1901-2000. 100 Jahre
Nobelpreisträgerinnen
(María del Carmen
González Gamarra)

Begrüßung (KOZ), *María del Carmen* **González Gamarra**

Wir möchten Sie und Euch alle herzlich willkommen heißen in Frankfurt am Main zum 2. Kongreß internationaler Frauen, 2004. Das ist keine Eröffnungsrede, sondern ein Willkommensgruß. Die Eröffnungsrede wird oben im Festsaal in ca. 30 Minuten gehalten werden in verschiedenen Sprachen.

Ich möchte mich zuerst bei allen Frauen bedanken, die mit ihren Zusagen für Podium, Workshop, Moderation und Kultur dazu beigetragen haben, dass der 2. Kongreß internationaler Frauen, 20 Jahre nach dem ersten gemeinsamen Kongreß ausländischer und deutscher Frauen stattfinden kann.

Ich kann alle einzelnen Frauen nicht begrüßen. Sonst rede ich zu lange. Aber ich möchte mich bei allen, die jetzt hier sind, bedanken, dass sie Zeit und Lust hatten auf den 2. Kongreß internationaler Frauen.

Die Vorbereitungen zum 2. Kongreß internationaler Frauen begannen am Internationalen Frauentag 2003 mit viel Euphorie. Alle nahmen die Idee mit großer Freude auf. Doch gleichzeitig fügten die meisten dieser Frauen hinzu, dass sie nicht mitorganisieren können. Sie haben keine Zeit.

Arbeitstreffen vom Vorbereitungskomitee, Türkisches Volkshaus

Bis zur Fertigstellung des Programms waren wir im Vorbereitungskomitee 22 Frauen. Danach kamen immer weniger. Obwohl die Arbeit danach zunahm. Die Vorbereitungen gestalteten sich etwas mühselig. Das Mühselige war weniger das Organisatorische, sondern eher das Zwischenmenschliche. Das Gemeinsame und die Unterschiede haben die Vorbereitungen zum 2. Kongreß internationaler Frauen bestimmt. Und mit Gemeinsamkeiten und Unterschieden wünschen wir allen Frauen jeder Nationalität viel Spaß beim 2. Kongreß internationaler Frauen 2004 in Frankfurt am Main.

Gemeinsame Aktionen planen und gestalten, Türkisches Volkshaus, 2004

Eröffnung in verschiedenen Sprachen (Festsaal), *Gudrun Ziesemer*

Liebe Frauen,

zum 2. Kongreß internationaler Frauen in Frankfurt am Main begrüße ich Euch/Sie im Namen des Kongreß-Vorbereitungskomitees recht herzlich. Mein Name ist Gudrun Ziesemer.

Für die Idee, einen 2. Frauen-Kongreß nach 20 Jahren durchzuführen, versuchte María del Carmen González Gamarra bereits am Internationalen Frauentag 2003 Frauen zu gewinnen. Zunächst trafen sich Frauen, die den ersten gemeinsamen Kongreß ausländischer und deutscher Frauen 1984 mitorganisiert und miterlebt hatten. Schnell kamen aber auch Frauen hinzu, die jetzt in Frankfurt am Main leben und denken, dass es nach wie vor notwendig ist, sich kritisch mit der Rolle der Frau, die die Gesellschaft auch 2004 für Frauen bereit hält, auseinander zusetzen. Und nicht wenige von diesen Frauen hatten 1984 nicht die Absicht in Frankfurt am Main oder in der Bundesrepublik Deutschland zu leben. Manche Frauen waren 1984 noch gar nicht geboren.

Diese so unterschiedlichen Lebenswege und Erfahrungen wollen wir sichtbar machen und Kraft daraus gewinnen, um das Zeitgeschehenen nachhaltig zu verändern.

Dies ist ein Kongress von Frauen für Frauen. Er kommt zustande, weil Referentinnen, Organisatorinnen, Spenderinnen, Kulturfrauen diesen Kongress unbedingt wollen. Weil sie mit Hartnäckigkeit an ihrer Idee festgehalten haben und sich für die Umsetzung engagieren. Für die Arbeit im Vorfeld sei an dieser Stelle gedankt.

Bei allem Engagement benötigt ein Kongress auch Geld. Die öffentliche Hand hat sich trotz zahlreicher Förderungsanträge konsequent enthalten. Umso mehr danken wir dem Autonomen FrauenLesbenreferat der Goethe-Universität für die Unterstützung bei der Anmietung der Räume hier im Studierendenhaus. Unser besonderer Dank gilt den Spenderinnen. Wir danken einem Frauenschenkkreis, dem Evangelischen Frauenzentrum EVA Frankfurt, amnesty international Frankfurt und einer Reihe von Einzelfrauen für Ihre unbedingt notwendige finanzielle Hilfe. Ich nenne hier: Ingrid Bilger, Traute Textor, Dr. Maria Hettenkofer, Marianne Langweg, Al, Susanne Bötte, Bernhard Winter, Antje Legler, Gudrun Ziesemer, Glery Cruz, ...

Es werden auch noch weitere Spenden benötigt, daher finden Sie an vielen Orten noch Spenden-Dosen, wo Sie u. a. für eine Spende den Kongress-Button erhalten, an der Feministischen Tombola teilnehmen oder ein Kongress-Foto in Blau anfertigen lassen können. Auch der Erlös aus dem Getränke- und Speisenverkauf wird zur Kongressfinanzierung benötigt.

Die Arbeit des Vorbereitungskomitees ist noch nicht zu Ende, sondern es beginnt jetzt die heiße Durchführungsphase. Neben den ganzen organisatorischen Dingen soll aber auch der Spaß an der Freude nicht zu kurz kommen soll. Denn dieser Kongress soll auch ein Fest, unser gemeinsames Fest sein.

In der jetzt folgenden offiziellen Eröffnung des Kongresses soll sich die Vielfalt von uns internationalen Frauen wiederspiegeln. Die Eröffnungsrede erfolgt daher in:

    1. Spanisch   Glery Cruz
    2. Persisch   Pourandokht Maleki
    3. Italienisch   Giovanna Silvestro
    4. Deutsch   Gudrun Ziesemer

Begrüßung in deutscher Sprache durch Gudrun Ziesemer, 27. März 2004,
Goethe – Universität - Frankfurt (Festsaal)

Danke an alle Frauen, die die Eröffnungsrede in ihrer Sprache übersetzt haben, auch wenn sie sie aus technischen Gründen nicht halten konnte.

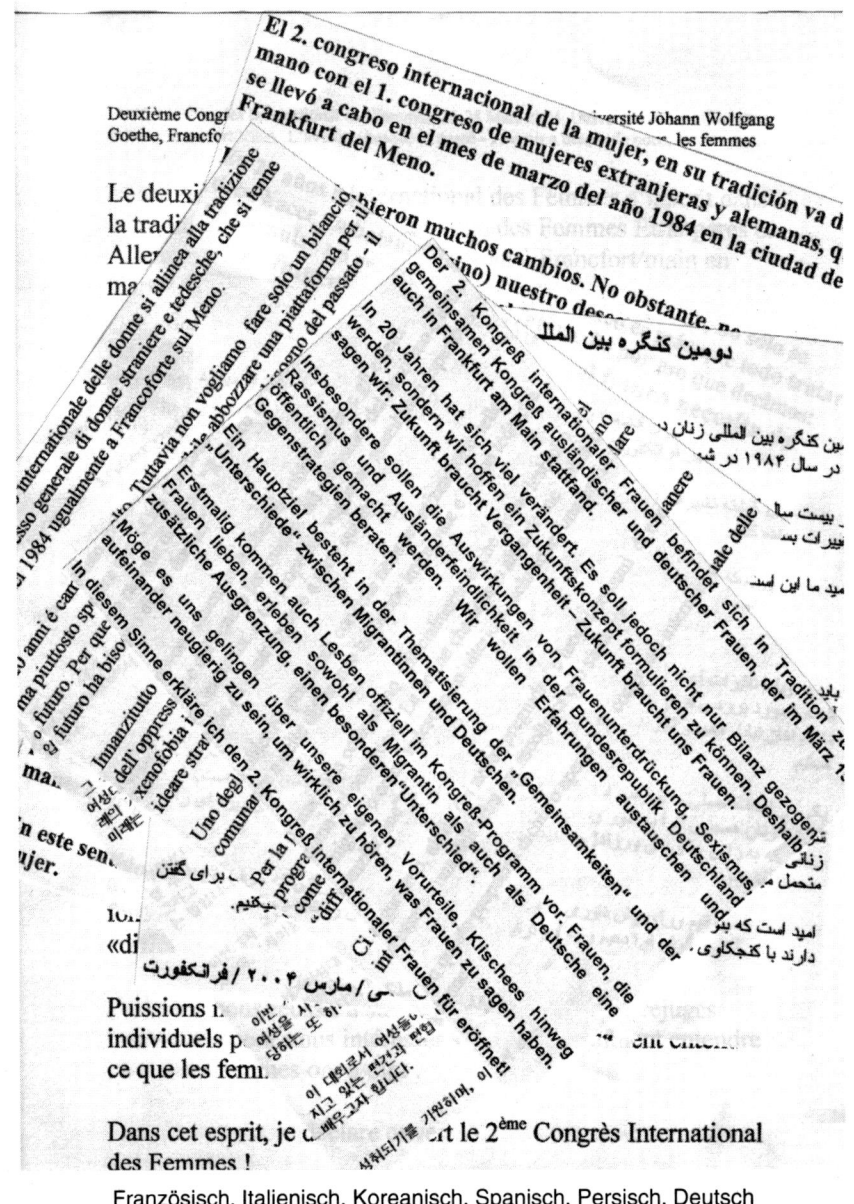

Französisch, Italienisch, Koreanisch, Spanisch, Persisch, Deutsch

2. Kongreß internationaler Frauen, Frankfurt am Main, 26.-28. März 2004

Eröffnungsrede, *Gudrun **Ziesemer***

Der 2. Kongreß internationaler Frauen befindet sich in Tradition zum ersten gemeinsamen Kongreß ausländischer und deutscher Frauen, der im März 1984 auch in Frankfurt am Main stattfand. In 20 Jahren hat sich viel verändert. Es soll jedoch nicht nur Bilanz gezogen werden, sondern wir hoffen ein Zukunftskonzept formulieren zu können. Deshalb sagen wir: Zukunft braucht Vergangenheit – Zukunft braucht uns Frauen.

Insbesondere sollen die Auswirkungen von Frauenunterdrückung, Sexismus, Rassismus und Ausländerfeindlichkeit in der Bundesrepublik Deutschland öffentlich gemacht werden. Wir wollen Erfahrungen austauschen und Gegenstrategien beraten. Ein Hauptziel besteht in der Thematisierung der „Gemeinsamkeiten" und der „Unterschiede" zwischen Migrantinnen und Deutschen.

Erstmalig kommen auch Lesben offiziell im Kongreß-Programm vor. Frauen, die Frauen lieben, erleben sowohl als Migrantin als auch als Deutsche eine zusätzliche Ausgrenzung, einen besonderen "Unterschied".

Möge es uns gelingen über unsere eigenen Vorurteile, Klischees hinweg aufeinander neugierig zu sein, um wirklich zu hören, was Frauen zu sagen haben. In diesem Sinne erkläre ich den 2. Kongreß internationaler Frauen für eröffnet.

Überleitung zum Kulturprogramm: Wir beginnen unser Fest mit Gitarre und Gesang. Dazu begrüßen wir jetzt die Frankfurterinnen Antonella Sergi aus Italien und Lorena Villatoro aus Mexiko.

Mundharmonika: Antonella & Gitarre: Lorena

Überleitung zur Podiumsdiskussion

1984 stand im Mittelpunkt des 1. Kongresses die Frage nach den Gemeinsamkeiten zwischen ausländischen und deutschen Frauen und nach den Unterschieden. Mit den Gemeinsamkeiten wollten wir zum Beispiel ʹgemeinsamʹ für „humanere" Arbeitsplätze kämpfen und gegen ʹgemeinsameʹ Unterdrückung vorgehen und mit den Unterschieden wollten wir ʹgemeinsamʹ von einander lernen und aus den Unterschieden ein MEHR zu bilden versuchen. Doch was haben wir ʹgemeinsamʹ erreicht innerhalb einer Zeitspanne, in der aus einem Baby ein Erwachsener wird?

Unsere nun folgende Podiumsdiskussion „Drei Generationen weibliches Labyrinth" gibt uns die Gelegenheit diese und andere sich daraus ergebende Fragen zu erörtern.

Und so bitte ich auf die Bühne Frauen aus Frankfurt und Offenbach, die auch eine spanische, iranische, italienisch-polnische und hessisch-deutsche Herkunft auszeichnet. Ich bitte auf das Podium:

Carmen Cruz

Marianne Langweg

Pourandokht Maleki

Susanne Bötte

Barbara Surmanowicz

Milena Spielvogel

Barbara Surmanowicz, Susanne Bötte, Carmen Cruz, (Moderatorin) Gudrun Ziesemer, Marianne Langweg, Pourandokht Maleki, Milena Spielvogel (v.l.)

3+3+1 oder: Drei Generationen weibliches Labyrinth
+ Moderatorin: Gudrun Ziesemer

Aus Moderatorinnensicht *Gudrun Ziesemer*

Eigentlich war es meine Aufgabe nach der mehrsprachigen Eröffnung des 2. Kongresses internationaler Frauen nur zur Podiumsdiskussion überzuleiten. Doch bis zur letzten Minute und bis heute gab es keine Nachricht/Erklärung/Entschuldigung für das Fernbleiben der fest zugesagten Moderatorin.

Also war Improvisation angesagt. Ich behielt das Mikrophon in der Hand. Schwierig war, dass ich kein Konzept vor mir zu liegen hatte, wie ich die drei Frauengenerationen mit und ohne Migrationshintergrund gezielt ins Gespräch bringen könnte. Gut war, dass ich alle sechs Frauen bereits bei zwei Vorbereitungstreffen kennengelernt hatte. Aus den von ihnen am Anfang so vielfältig gegebenen Einblicken in ihre Lebensläufe und ihr persönliches Engagement galt es durch die Moderatorin Unterschiede und Gemeinsamkeiten sichtbar zu machen. Unter diesem Gesichtspunkt haben sich für mich folgende Punkte herausgehoben.

Da war Carmen (62 J.), die sich auf den Weg von Madrid über Hamburg nach Frankfurt am Main gemacht hatte. „Das größte Problem war die Sprache." Rechtlich geebnet wurde ihr Weg durch ein spanisch-deutsches Abkommen über „Gastarbeiter". Welch eine Doppeldeutigkeit allein in diesem Wort.

Für Pourandokht (53 J.) war die Sprache auch ein großes Problem, aber einschneidender war ihre gefährliche Flucht nach der gescheiterten Revolution aus dem Iran. Nur über die Flucht wollte niemand was hören, „Wirtschaftsflüchtling" war der neue ausgrenzende Begriff.

Dass Menschen am Zeitgeschehen vorbei sehen, musste auch Marianne (64 J.) erleben. Sie arbeitete eine Reihe von Jahren als Krankenschwester und Hebamme in Pakistan. Über den indisch-pakistanischen Krieg wollte niemand etwas wissen. „Sie sind übersättigt." Marianne wünscht sich in einer Gesellschaft zu leben, „wo es menschlicher zugeht". Dafür tut sie etwas, zusammen mit der Initiative der Ordensleute für den Frieden.

Gemeinschaftlich (nämlich Frauen und Männer) Machtverhältnisse und Strukturen verändern, ist ein Anliegen von Susanne (43 J.). Die Ausbildung für ihren Beruf Datenverarbeitungskauffrau konnte sie damals unkompliziert aufnehmen. Erst seit in der Informations-Technik (IT) viel Geld verdient wird, versuchen Männer Frauen aus dieser Branche zu verdrängen. Doch ein konstanter Frauenanteil von 20 Prozent und mehr zeigt, dass sich Frauen nicht so einfach beiseite schieben lassen. Auch Carmen in einem chemischen Großkonzern, sowie Marianne und Pourandokht in verschiedenen Krankenhäusern erlebten, dass Männer gern Leitungsposten übernehmen und schwere Arbeit einschließlich körperlich schwerer an Frauen delegieren.

Barbara (17 J.) hat kein Problem mit der Sprache. Sie ist in Frankfurt am Main geboren. Aber sie fühlt mit ihrer italienisch-polnischen Herkunft, dass sie „keine Nationalität" hat. Gleichberechtigung ist ihr wichtig. Sie geht als eines von zwei Mädchen ihres Jahrgangs (100 Schüler) auf das berufliche Gymnasium der Gewerblich-Technischen-Schule. „Wenn man sich mit einem anderen Mädchen zusammen tut", gibt es weniger Probleme mit den Jungen, zumal sie zu den Besten in ihrer Klasse gehört. Barbara macht darauf aufmerksam, dass für viele Jugendliche das Mitschwimmen im Mainstream wichtiger als eine eigene Meinung ist. Für kritische Jugendliche, die sich vom Mainstream-Verhalten distanzieren, birgt der von Susanne verwendete Begriff Gender-Mainstreaming eine Falle. Die Wortverwandtschaft verdeckt die progressive Bedeutung des Gender-Mainstreamings, nämlich dass alle Entscheidungen, Beschlüsse, Gesetze hinsichtlich der Auswirkungen auf die Geschlechter (Gender) zu prüfen sind, so dass keine Bevorzugung oder Benachteiligung eines Geschlechts daraus entsteht.

Milena (14 J. Gesamtschule) zeigt die Gratwanderung zwischen den Begriffen Nationalstolz und Rassismus auf. Mit Nationalstolz wird sich offiziell wenig auseinander gesetzt, ein Vakuum. Rassismus, den sie in ihrem Umfeld erlebt, wird oft an bestimmten Verhaltensweisen festgemacht. Das Beherrschen des Slangs, sexualisierte Sprache, Antriebslosigkeit, und gespieltes Selbstmitleid gehören zum Alltag. Sich vom Gruppenverhalten lösen, eigene Sachen durchsetzen und sich dabei „miteinander beschäftigen" sind die Alternative.

War der Konflikt in Frankfurt am Main „von Null anzufangen" bei Pourandokht, Susanne, Carmen, Marianne vergleichbar? Susanne wehrt ab, von Göttingen nach Frankfurt ist nur ein kleiner Schritt im Vergleich zu einer existentiellen Flucht über die Berge. Und trotzdem müssen alle mit den neuen Erwartungen an sie am neuen Ort klarkommen. Nur Erwartung und Wirklichkeit klafft unterschiedlich auseinander. Marianne sagt: „Arbeit ist nicht alles. ... Vieles braucht man eigentlich nicht."

2. Kongreß internationaler Frauen, Frankfurt am Main, 26. - 28. März 2004

Frauen-Sternmarsch am *Internationalen Frauentag 2004* mit dem Motto: *Frauen für Arbeit.* Sternspitze Bockenheim mit „Putzfrauen"

Mir war es hier wichtig zu ergänzen, dass zur Selbstbestimmung auch finanzielle Unabhängigkeit gehört, die man durch Arbeit erlangen kann. Deshalb waren wir am internationalen Frauentag beim Frauensternmarsch „Arbeit für Frauen" auf die Straße gegangen, initiiert vom Vorbereitungskomitee für den 2. Kongreß internationaler Frauen. Unsere Forderung galt der Einführung der 35-Stunden-Woche per Gesetz. In Kurzfassung erzählte ich, was im Wortlaut vom 8. März 2004 noch fordernder erscheint:

„Arbeit ist ein Menschenrecht. Gleicher Lohn auch. Seit 1948 festgeschrieben in der Allgemeinen Erklärung der Menschenrechte durch die Generalversammlung der Vereinten Nationen. Die Mitgliedsstaaten sind angehalten die Menschenrechte zu veröffentlichen, zu verbreiten und zu gewährleisten. Auch die BRD.

Trotzdem fallen, wenn die Wirtschaft nicht so gut läuft, nicht nur am Biertisch Sätze wie: „Hauptsache - die Männer haben Arbeit". Und Politiker und Arbeitsämter reden von der „erhöhten Erwerbsneigung der Frauen", die die Arbeitslosenstatistik verdirbt.

Welch eine Arroganz der Mächtigen!

Mit „Hauptsache - Männer haben Arbeit" wollen sich Männer ein Vorrecht sichern. Wenn sie es nicht laut aussprechen, weil diese Forderung nichts mit „Recht", sondern nur mit Unrecht zu tun hat, so versuchen sie die Forderung doch umzusetzen an allen Stellen, wo sie Macht haben: in den Medien, in den Personalbüros usw. Tatsache ist: Frauen werden als erste entlassen und als letzte eingestellt.

Die Arbeitslosensstatistik belegt dies, wenn auch durch neue Statistikmethoden vieles verschleiert wird. Langzeitarbeitslose Frauen fallen häufig aus der Statistik, wenn bei Arbeitslosenhilfe das (meist höhere) Einkommen des Partners (oder neuerdings in so genannten Homoehe der Partnerin) angerechnet wird. Wer kein Geld vom Arbeitsamt bekommt, ist nicht arbeitslos! So wird das gesellschaftliche Konzept zur Arbeitslosigkeit definiert.

Deshalb auch die Sucht der Arbeitsämter für nichtige und nicht berechtigte Anlässe Sperrzeiten zu verhängen. Die Arbeitslosen können ja Widerspruch einlegen, wird hinter vorgehaltener Hand in diesen Ämtern formaljuristisch argumentiert. Wovon die Arbeitslosen leben sollen, solange das Verfahren läuft, fragt das Amt nicht. Und spart in dieser Zeit das dem Arbeitslosen rechtlich zustehende Arbeitslosengeld.

Hier geht es nur um das Frisieren der Arbeitslosenzahlen, nicht um das ernsthafte Verändern wollen der Verhältnisse, um Arbeitslosigkeit zu verringern; d.h. Menschen in existenzsichernde Arbeit zu bringen. Da passt auch rein, dass seit Jahresbeginn Teilnehmer an Trainingsmaßnahmen, obwohl sie Arbeitslosengeld oder Arbeitslosenhilfe beziehen, nicht mehr als arbeitslos gerechnet werden!

Neben dem Schönen der Arbeitslosenzahlen hat sich die Regierung auf die schnellere Vermittlung von Stellen als das Allheilmittel für die Verringerung der Arbeitslosigkeit gestürzt. Wenn jedoch im Februar 2004 4,6 Millionen offiziellen Arbeitslosen nur 309.000 offene Stellen gegenüber stehen, ist jedem Grundschüler klar, dass mit „schneller" Vermittlung nichts erreicht wird. Arbeitsplätze müssen her. Menschenwürdige, ökologische und existenzsichernde Arbeitsplätze müssen her für Frauen. Arbeitsplätze können entstehen, wenn bestehende Arbeit auf viele Schultern verteilt wird.

Die Regierung kann die gesetzlich mögliche 48 Std.-Woche, wie in Frankreich auf eine 35 Std.-Woche absenken. Viele erhalten so ein existenzsicherndes Einkommen, was die Binnennachfrage erhöht, die Wirtschaft ankurbelt, die Sozialkassen entlastet und das zunehmende Aggressionspotential in der Gesellschaft etwas stoppt und vielleicht sogar reduziert. Aber die Regierung fürchtet sich vor den Arbeitgebern, versteckt sich hinter dem Tarifrecht, in das sie sich nicht einmischen darf. Prinzipiell ist das richtig, was die Regierung in der Praxis aber nicht hindert, bei Tarifverhandlungen um Lohnsteigerungen sich auf die Seite der Arbeitgeber zu schlagen. Hier bei der Arbeitszeitdiskussion darf die Regierung aber, weil hier lediglich ein Bundesgesetz zu ändern ist, und zwar das Arbeitszeitgesetz ArbZG § 3 Satz 1 und Satz 2. D.h., es soll festgeschrieben werden, dass statt 6x8 Std.=48 Std. nur noch 5x7 Std. =35 Std. gearbeitet werden darf. Selbstverständlich dürfen wie bisher die Tarifverträge zur Wochenarbeitszeit unter dieser neuen Obergrenze von 35 Std. liegen. Dies ist der Weg zur Verwirklichung des Menschenrechts auf Arbeit. Deshalb fordern Frauen mit Nachdruck die 35 Std.-Woche per Gesetz! Für alle! Nicht einfach nur für Frauen. Aber damit sich den Frauen durch existenzsichernde Arbeit der Weg für ein selbstbestimmtes Leben öffnet."

"Putzfrauen"-Frauen-Stern-Marsch auf dem Weg zur Hauptwache, Frankfurt am Main

In unserer Podiumsrunde am Eröffnungstag des 2. Kongresses internationaler Frauen 2004 fällt jetzt der Satz: „Frauenrechte sind kein Luxus." Und es stellt sich die Frage, ob Frauen etwas tun können, trotz der hiesigen Atmosphäre, wo über Asylanten geschimpft wird, wo Bürokratie gegenüber BürgerInnen nichtdeutscher Herkunft mit und ohne deutschen Pass immer noch etwas härter (diskriminierend) ausfällt, wo Angst vor einem zunehmenden Rassismus u. a. durch die vereinfachende Gleichsetzung von Islam und Terrorismus wächst. Ja, Frauen können etwas tun. Sie können sich gegenseitig kennen lernen und integrieren. Dieser 2. Kongreß internationaler Frauen 2004 ist ein Anfang.

Barbara **Surmanovicz** (liegt kein Text vor)

Susanne Bötte

Inhalt: Mein Name ist Susanne Bötte. Ich bin 43 Jahre alt, gehöre also der mittleren Generation an. Ich möchte mich bei den Organisatorinnen und Veranstalterinnen ganz herzlich bedanken, die diesen 2. Kongreß internationaler Frauen möglich gemacht haben und mich eingeladen haben.

1984 war ich nicht auf dem 1. Frauenkongress. Ich hatte damals gerade angefangen, mich für Politik zu interessieren aber noch lange nicht für Frauenpolitik.

Die „Befreiung der Frau" war für mich noch ein Nebenwiderspruch, der sich mit der Revolution schon erledigen würde.

Ich bin gut behütet aufgewachsen, aber unpolitisch. Obwohl meine Mutter nicht berufstätig war, war selbstverständlich, dass nicht nur mein älterer Bruder, sondern auch ich eine gute Ausbildung bekomme. Nach dem Abitur habe ich eine Ausbildung zur Datenverarbeitungskauffrau gemacht. Dieser Beruf war ausgefallen, weil es ein neuer Ausbildungsberuf war, aber nicht typisch männlich. So waren wir in unserem Betrieb drei Männer und zwei Frauen als Auszubildenden. Heute gilt dieser Beruf als einigermaßen zukunftssicher mit gutem Einkommen – und die Anzahl der Mädchen und jungen Frauen ist viel geringer. Auch in unserem Betrieb waren die letzten Auszubildenden fast alle jungen Männer.

In dieser Zeit, Anfang der 80er Jahre, fühlte ich mich als Frau nicht benachteiligt. „Wer sich nicht bewegt, spürt seine Ketten nicht". Je mehr ich mich dann bewegte und engagierte – politisch, gewerkschaftlich, im Betriebsrat - fiel mir die Benachteiligung von Frauen auf. Dies führte dazu, dass sich meine Schwerpunkte des Engagements außerhalb des Berufs änderten:

- gewerkschaftliche Frauenarbeit,
- Mitarbeit im Eschborner Frauenforum zur Schaffung der Stelle einer Frauenbeauftragten,

- Mitarbeit im Vorbereitungskomitee zum Frauenstreiktag in Frankfurt am Main 1994 oder in der FrauenAG im Club Voltaire;
- also überwiegend in autonomen oder separaten Frauenstrukturen.

Ich hatte und habe öfter das Gefühl, in zwei Welten zu leben: im Alltag und Berufsleben – hier verändert sich wenig, Frauen spielen weiterhin kaum eine Rolle und privat – Diskussionen in Frauenzusammenhängen – überwiegend solidarischer und fortschrittlicher als in gemischten Veranstaltung -aber was konnten wir verändern?

Ich möchte keine Bestandsaufnahme der letzten 20 Jahren machen, sondern hoffen, dass sich das in der anschließenden Diskussion ergibt. Eine Bestandsaufnahme wäre sicher auch sehr subjektiv.

Ich frage mich aber, warum es heute in Deutschland immer noch nicht möglich ist, eine Frau für das höchste Staatsamt vorzuschlagen, wenn sie auch gewählt werden könnte/würde, sondern nur als Zählkandidatin, wenn ihre Chancen aussichtslos sind.

In anderen Ländern, die in Bezug auf Frauenrechte vermeintlich oder tatsächlich viel rückständiger sind, wie die Türkei, Indien u. a. war oder ist dies längst möglich – wobei dies nichts über die Qualität ihrer Arbeit insgesamt oder bezüglich der Frauen aussagen soll.

Meine Vorstellungen/Wünsche für die Zukunft:
- Gender mainstreaming. Dieses Instrument sehe ich einerseits als Chance, da gesellschaftliche Veränderung nur mit den Männern möglich ist. Auch werden Frauenbelange hier nicht als „Spielwiese" abgetan. Andererseits besteht die Gefahr, bestehende Frauenstrukturen dadurch finanziell auszutrocknen oder zu zerschlagen.
- Globalisierung/Migration. Ich habe Angst vor der Zunahme von Rassismus. Vorwand dafür sind die Terroranschläge – Schuld ist „der Islam". Globalisierung hätte eine Chance sein können für Integration, gegenseiti-

ges kennen lernen und voneinander lernen. Erleben tun wir oder ich Globalisierung aber nur als Kampf der Starken gegen die Schwachen oder Schwächeren, es zählt nur Macht und Geld.

Schließen möchte ich mit einem Zitat vom Frauenstreiktag 1994 – also von vor 10 Jahren, dass für mich nichts an Aktualität verloren hat: „Frauenrechte sind kein Luxus, sondern unverzichtbar – gerade in Krisenzeiten". Vielen Dank.

Carmen Cruz

Inhalt: 1962 war die Situation in Spanien wie heute hier in Deutschland. Viel Arbeitslosigkeit.

Ich arbeitete in einem Restaurant, half der cocinera das Essen vorzubereiten. In Spanien begann das Essen zu Mittag um zwei und es dauerte bis um vier nachmittags und um fünf begann das (deutsche) Kaffeetrinken und um 10 Uhr abends gab es Abendessen. Ich möchte damit sagen, dass ich von eins am Mittag bis halb eins nachts in einem Restaurant arbeiten musste. Es war hart und es wurde wenig verdient. Daher beschloss ich, nach Deutschland zu kommen. Arbeiten von 7 bis 15 Uhr lockte mich. Viel Freizeit und hauptsächlich der Verdienst pro Stunde von 2,50 DM; d.h. 40 Pesetas am Tag. Das war für mich ein großes Kapital. Weil ich damit meine Mutter unterstützen konnte, ihre Schulden zu begleichen. Ich dachte, in einem Jahr wären die Schulden abbezahlt. Doch dann kam ein Jahr und noch ein Jahr. Was ich mir nicht vorstellen konnte, war, dass ich mich an dieses Leben in Deutschland gewöhnen würde. An die Kälte, an die Essenszeiten, an das Essen, das sehr unterschiedlich zu dem spanischen Essen von damals war. Damals war der Fisch in Spanien billig, und er war das, was wir zu Hause meist aßen. Fleisch sah ich selten. Hier waren die ersten Jahre nicht einfach. Besonders wegen der Sprache, die so schwer auszusprechen ist. Ich dachte, dass ich nie im Leben in der Lage sein werde, Deutsch zu sprechen. Aber zwei oder drei Jahre später lernte ich einen jungen Deutschen kennen. Ich hatte in Spanien nie einen Verlobten, und als ich diesen Jungen kennen lernte, machte es mich sehr glücklich, hier in Deutschland meinen ersten Kuß zu bekommen. Außerdem vergisst man das im Leben nicht. Aber klar, es fehlte uns die gemeinsame Sprache. Ich sprach kaum Deutsch und er kein Spanisch. So mussten wir es sein lassen. Gut, die Schulden wurden bezahlt mit den Jahren. Ich lernte den Vater meiner zwei Kinder kennen. Und obwohl er Spanier ist, verstanden wir uns auch nicht. Wir mussten es sein lassen. Es war eine schwere Zeit für mich, die zwei Kinder nach vorne zu bringen. 6 und 13 Jahre alt. Aber auch das gelang mir. Beide verließen die Schule mit Erfolg. Hierauf legte ich sehr viel Wert. Mein Leben widmete ich nur ihnen. Fast hätte ich vergessen, daß es mich gab. Und heute gibt es mich immer noch hier in Deutschland. Aber wir wissen alle, das Deutschland nicht das Deutschland von damals ist, in das ich kam. Ich bin Rentnerin seit meinem 59. Lebensjahr. Und wenn hier nicht alles etwas besser wird, werde ich wohl nach Spanien zurückkehren müssen, um weiter leben zu können. Aber wenn ich gehe, werde ich hier den größten Teil meines Lebens hinterlassen. Und ich werde gehen müssen wegen der Ereignisse hier. Aber nicht, weil ich es wünsche.

<u>Zur Person:</u> Carmen Cruz, geboren 1942 in Baena, Provinz Cordoba. Spanien. Ab 1945 siedelten die Eltern nach Madrid. Hier lebte sie bis 19.08.1962, bis sie sich entschloss, in die BRD zu emigrieren. Nach Hamburg.

Gudrun **Ziesemer** (Moderatorin)

<u>Zur Person:</u> Eigentlich sollte ich nur zum Eröffnungspodium überleiten. Doch die weggebliebene Moderatorin musste ersetzt werden. Ich stelle mich kurz vor. Geboren wurde ich 1955 in Röbel in Mecklenburg. Es ist ein sehr schönes naturverbundenes Land. Da habe ich den Kindergarten, die Schule und die Universität besucht. Als Elektronik-Ingenieurin habe ich in verschiedenen Industriebetrieben gearbeitet. Die Wende 1989 brachte nicht die „andere DDR", aber den Unabhängigen Frauenverband (UFV), in dem ich mich über sieben Jahre als Stadtverordnete engagierte. Die Wiedervereinigung 1990 brachte die

strukturelle und flächendeckende Arbeitslosigkeit, für mich zwischenzeitlich aufgehellt durch Fortbildungs- und Arbeitsbeschaffungsmaßnahmen (IG Metall). Arbeitslosigkeit trieb mich –zuerst ungern, jetzt liebend- nach Frankfurt am Main, wo ich seit 1997 lebe und arbeite (Banken-IT-Branche).

Marianne Langweg

Inhalt: Benachteiligung von Frauen weltweit und ihre Auswirkungen. Aktionen der IOF.

Beruf: Hebamme und Krankenschwester mit Zusatzausbildung im Intensiv- und Anästhesiebereich.

1969 – 1971 Aufenthalt in Pakistan.

Seit 2000 Rentnerin. Jetzt ehrenamtliche Tätigkeiten in einer Kinderkrippe und im Mosesprojekt. Ständige Teilnehmerin bei Aktionen der Ordensleute für den Frieden.

Während meiner Berufsjahre als Krankenschwester und Hebamme habe ich häufig meinen Arbeitsplatz gewechselt, um Neues kennen zu lernen oder auch, weil mir Dinge am Arbeitsplatz gegen den Strich gingen. Wenn es sehr extrem wurde, habe ich auch zweimal mehrere Woche lang pausiert, um mich neu zu orientieren.

Der Unterschied zu heute ist, dass man überhaupt froh über einen Arbeitsplatz sein kann. Um der Arbeitslosigkeit, sowie der Ungerechtigkeit weltweit in vielen Bereichen etwas entgegenzusetzen, engagiere ich mich seit 1999 bei der „Initiative Ordensleute für den Frieden" und ihrem Freundeskreis. Sie setzt sich für Gerechtigkeit, Frieden und Bewährung der Schöpfung ein. Es werden monatliche Mahnwachen vor der Deutschen Bank in Frankfurt am Main abgehalten.

An vielen Demonstrationen und Blockaden wird teilgenommen, wie vor einem Jahr an der US Airbase, um gegen den Irakkrieg zu protestieren.

Auch Aktionen zivilen Ungehorsams werden durchgeführt. Bußgelder, Strafbefehle und Gefängnisaufenthalte werden dabei in Kauf genommen. Jeder und jede möge für sich herausfinden, wo Solidarität angezeigt ist. Das schwerwiegendste Vergehen ist das Wegsehen und die Gleichgültigkeit. Wenn sich kein Protest erhebt, bleiben die Dinge so schlecht wie sie immer waren. Die Gleichgültigkeit ist die Erzfeindin jeder Veränderung. Es geht entschieden darum, was uns wichtig ist: eine perfekte halbe Gesellschaft oder eine Gesellschaft mit menschlicher Wärme.

<u>Zur Person:</u> Marianne Langweg, geboren 1940.

Pourandokht **Maleki**

<u>Inhalt:</u> „Bin ich integriert"? Wo ist der Integrationsrahmen? Wer bestimmt ihn? Was bringt er? Und was wollen wir damit erreichen? Ich frage mich jeden Morgen, warum schreibst du so was? Warum willst du überhaupt für den 2. Kongreß internationaler Frauen einen Vortrag halten? Ach ja, denkst du, keine weiß, was hier läuft? Das ist genauso wie damals, als du den deutschen Pass beantragen wolltest, hast du 1000 Mal überlegt. Fast 13 Jahre lang, weil du dachtest wozu? Es wird sich nie etwas ändern, du hast jetzt seit 2000 den deutschen Pass, hast du Vorteile? Was hat sich grundsätzlich verändert? Ist es nicht so, dass wenn du eine Wohnung suchst, es genauso schwierig ist wie vor 20 Jahren, als du Arbeit suchtest? Oder, wenn sie jemanden kündigen wollen, bist du als erste dran, nicht weil du nicht qualifiziert bist, sondern weil sie denken, dass du deine Rechte nicht kennst und aus lauter Angst einfach gehen würdest.

Wenn ich auf mein Leben zurückblicke, finde ich keinen freien Zeitraum, in dem ich ohne Kompromisse, Anpassungen, Assimilation, Integrationen überleben konnte.

Diese gehören zum Leben und sind Sozialkompetenzen. Wenn wir (das Leben) beobachten, von der Geburt bis zum Tod, ist es völlig uninteressant in welchem Land (du lebst), besonders in den so genannten „Dritte Welt-Ländern", in denen es keine Bücher gibt, in denen Ratschläge zu allen Lebenslagen stehen. Die Menschen müssen selber herausfinden, wie sie mit ihrem Leben und ihrer Umgebung umgehen können. Dazu brauchen sie Sozialkompetenzen. Das Problem ist hier eine einseitige Integrationserwartung, welche man mit Druck, Strafe, Abschiebung, Diskriminierung, Hass, Feindseligkeit zustande bringen will. Dabei wird vergessen und ignoriert, wie schwierig es für Migrantinnen ist, aus einem totalitären, extrem fundamentalistischen religiösen Regime mit wenig Bürokratie und anderen kulturellen Unterschieden kommend, in Deutschland mit einer chaotischen Demokratie zu Recht zu kommen.

Mit diesem Beitrag möchte ich vier Punkte in Frage stellen: 1. Was ist die Integration? 2. Wer schließt sich jetzt in Gettos ein? 3. Sind wir entfremdet? 4. Was ist die Demokratie?

Zur Person: Pourandokht Maleki, geboren 1950. Ich bin 1982 aus dem Iran nach Deutschland geflüchtet. Nach 2 Jahren habe ich meine Flüchtlingslagerkarriere absolviert, bin mehrere Jahre durch alle Ämter, Schulen, Krankenhäuser gegangen.

Beruflich: Von 1998 bis 2002 habe ich eine Weiterbildung in Tanztherapie beim Frankfurter Institut für Tanztherapie (FITT) absolviert. Von 2002 bis heute leite ich eine Tanztherapiegruppe in der Tagesklinik Bamberger Hof in Frankfurt am Main, in der psychisch kranke Menschen betreut werden (Sozialpsychiatrie).

März 2001 habe ich für die „Antirassistische Gruppe" bei der Frankfurter Kommunalwahl kandidiert.

Milena **Spielvogel**

Inhalt: Ich werde reden über

- das Miteinander verschiedener Kulturen in der Schule,
- die Folgen der Schließung diverser Mädchenzentren,
- Gruppenzwang – Mobbing,
- den sexualisierten Jugendslang,

- die fehlende Antriebskraft der heutigen Jugend, für Überzeugungen zu kämpfen.

Zur Person: Ich besuche mit 14 Jahren die 8. Klasse des Goethe-Gymnasiums. Hier wurde ich in den bilingualen Zweig aufgenommen, so dass die Möglichkeit besteht, ein international anerkanntes Abiturzeugnis zu erlangen. Somit hoffe ich, meinem Traum als freischaffende Journalistin stets vor Ort berichten zu können, ein Stückchen näher zu kommen. Neben dem Reisen und den damit verbundenen Kennen lernen anderer Kulturen ist das Tanzen eine meiner größten Leidenschaften. Bei dem sechsstündigem Training in der Woche kann ich Eindrücke sowohl verarbeiten, als auch mit guten Freundinnen besprechen. Ähnlich wie mit der „multi-kulti Gruppe" in der Schule oder der „alten Kinderladenbande" kann ich hier zugleich lachen und weinen. Auch meine Eltern sind, indem sie mich meinen eigenen Weg gehen lassen, ich sie jedoch stets auf meiner Seite weiß, eine große Stütze. Ich genieße meine Jugend, die Zeit, in der ein „Mädchen" unvergessliche Erfahrungen für das Leben sammelt.

Samstag 27. März 2004

Einführung, *María del Carmen* **González Gamarra**, *Gudrun* **Ziesemer**

Nach dem gemeinsamen und sehr üppigen Frühstück meldeten die Frauen sich für die Arbeitsgruppen an.

Ursprünglich hatten wir 27 Workshops in der ersten Programmveröffentlichung angekündigt. Aus unterschiedlichen Gründen fielen, bis zu diesem Samstag, sechs Workshops aus. Drei davon entschuldigt. Es blieben dennoch zahlreiche Workshops mit hochinteressanten Themen.
Wir hatten alle Referentinnen gebeten, uns rechtzeitig eine Workshopvorstellung zu zusenden. Damit die Frauen bereits mit einer kurzen Inhaltsangabe vorbereitet in die AG gehen. Doch zahlreiche Referentinnen schickten den Text zu spät oder nicht. Die uns geschickten kurzen Workshop – Vorstellungen stellen wir vor, wenn von den Referentinnen keine AG - Text eingesandt wurde für die Dokumentation. Haben wir jedoch beide Texte, findet eine Ver-

öffentlichung des längeren Manuskriptes statt. (Ursprungstext der Verfasserinnen haben wir übernommen, d.h. auch mit „alter" Rechtsschreibung).

Kurze und bunte AG - Vorstellung (oder vollständiger AG-Text)

Arbeitsgruppen 1 - 9 (10.30 Uhr - 12.30 Uhr), Treffpunkt: Neue Mensa

Frauen und Frankfurt am Main. Alternativer Stadtspaziergang auf den Spuren vergessener Geschichte, *Dr. Barbara* **Bromberger** *(Frankfurt am Main *)*

Inhalt: Der Bogen spannt sich über 200 Jahre. Im Bereich der ehemaligen Altstadt zwischen Hauptwache, Römer, Paulskirche und altem Jüdischen Friedhof haben Frauen gelebt, gearbeitet, gelitten. Es werden Frauen vorgestellt, die Opfer der gesellschaftlichen Verhältnisse wurden; wir finden Spuren von Dichterinnen, Musikerinnen und Wissenschaftlerinnen, die weit über Frankfurt am Main hinaus berühmt sind; Frauen die sich für Frieden und die Rechte der Frauen einsetzen; Frauen, die sich in der Arbeiterbewegung engagierten und in das politische Geschehen eingriffen; Frauen, die Opfer des deutschen Faschismus wurden; Frauen, die in der Zeit von 1933 - 1945 Widerstand leisteten und von den Nazis ermordet wurden. Wir beschäftigen uns bei diesem Stadtspaziergang mit dem Anteil der Frauen an der Stadtgeschichte, der bis heute im öffentlichen Bewußtsein weitgehend unbekannt ist.

Mythosfrauen. Ausländische Frauen in der Prostitution, *Juanita* **Henning** *(Doña Carmen e. V.,* *)(es liegt weder ein kurzer noch ein AG - Text vor)

Wir denken in zwei Sprachen und fühlen in einer, *Svetlana **Vučelić** (PSZ für Flüchtlinge und Opfer organisierter Gewalt, *)*

Inhalt: Der Workshop reflektiert anhand von Beispielen aus der Arbeit mit Flüchtlingsfrauen ihren Umgang mit Flucht, Exil und Sprache. Sowie die beinahe 20jährige Arbeit der Referentin mit MigrantInnen und deren „Neubeginn" in der Migration. Eigene Beispiele der Workshopteilnehmerinnen sind sehr erwünscht.

Zur Person: Svetlana Vučelić, geboren 1951 in Jugoslawien, studierte Pädagogik, Psychologie und Soziologie in Frankfurt a. M., systemische Therapeutin und Supervisorin, muttersprachliche Therapeutin in der interkulturellen Migrations- und Flüchtlingsarbeit in der „Familientherapeutischen Praxis Frankfurt e.V." und dem „Psychosozialen Zentrum für Flüchtlinge und Opfer organisierter Gewalt", sowie Kinder- und Jugendtherapeutin in Frankfurt.

Brief von Rita **Christ**
Anpassung: Fähigkeit von Frauen oder Nachteil? (18.05.2005)
„Vom 2. Kongress habe ich folgendes mitbekommen: Wer sollten die Ansprechpartnerinnen sein? Welches gemeinsame Ziel haben Frauen? Nur dass sie eben Frauen sind, reicht nicht, um aktiv zu werden. Wenn sozusagen erst ein Pool gebildet werden soll, damit daraus was entsteht, ist das zu wenig. Es war vielleicht zu sehr darauf abgestellt, was vor 20 Jahren war und zu wenig auf das, was heute anders ist. Möglicherweise waren die Themen sehr „frauentypisch" ausgerichtet. Macht, Politik, Ökonomie. Es gibt politisch wie frauenpolitisch wenige Antworten oder Ansätze, was wie verändert werden könnte. Es war unklar, wer warum von dem Kongreß angesprochen werden sollte.

Das hörte ich auch von anderen Frauen (die nicht hingingen). Ich ärgere mich etwas, dass ich am Sonntag nicht hingehen konnte. Gab´s da eine Auseinandersetzung, was in den 20 Jahren erreicht wurde und was nicht? Differenziert und nicht pauschal. Oder auch über das Auseinanderdriften oder die Globalisierungsbestrebungen insgesamt und die Folgen für Frauen hier. Ich selbst war in der AG über „Wir denken in zwei Sprachen und fühlen in einer" von Svetlana Vučelić [Red.] Es waren nur wenige Frauen da. Ich ging wegen des Themas Gewalt hin und auch (, weil mich interessiert hat,) wie Frauen mit dem Krieg und Entwurzelung umgehen. Es ging praktisch um Frauen aus Ex-Jugoslawien (hauptsächlich Bosnien). Die innere und äußere Frage der Flüchtlinge war sozusagen: sollen sie sich integrieren oder wieder zurück [gehen? Red.]. Eine gewisse Heimat und Unterstützung kommt dabei durch den Verein (und die Aufarbeitung von Traumatisierungen, die aber nicht hier stattfanden) und die Aufteilung der Aufgaben aus der Tradition begründet zwischen Männern und Frauen (z.B. Männer kämpfen usw.). Es wurden 2 „Fälle" vorgestellt; es war schon interessant, aber es hätte auch eine Fallbeschreibung woanders (Psychotagung Trauma) sein können. Leider waren außer mir nur eine Freundin von Svetlana Vučelić [Referentin, Red.] und zwei andere Frauen da. Vielleicht könnte man es unter die große Überschrift „Anpassungsfähigkeit von Frauen" fassen. Das scheint die große Fähigkeit von Frauen zu sein oder ist es auch ein Nachteil?

Die kulturelle Veranstaltung gefiel mir gut, erinnerte mich aber sehr an alte Zeiten. Normalerweise sind Ältere ja etablierter und Jüngere kämpferischer."

AKTION ZUFLUCHT stellt sich vor, **Anne & Brigitte** *(AKTION ZUFLUCHT, Marburg)*

<u>Reflektionen nach 10 Jahren Aktion Zuflucht</u>

Wir sind eine Gruppe aus Marburg, die seit 10 Jahren im Bereich der Flüchtlingsunterstützungsarbeit tätig ist, und damit eine der letzten Gruppen, die sich in dieser Arbeit noch nicht aufgelöst, wohl aber schon ziemlich aufgerieben hat. Zunächst berichten wir wie die konkrete Arbeit aussieht, dann wie die Idee AKTION ZUFLUCHT entstanden ist, welche Utopie mal dahinter stand, und was daraus geworden ist. Dabei kommen wir nicht umhin, uns die alltäglichen Widersprüche und Spannungsverhältnisse, in denen wir uns bewegen, anzusehen. Abschließend versuchen wir dann zu begründen, warum wir trotzdem an diesem Konzept festhalten.

Von der alltäglichen Unterstützungsarbeit...
AKTION ZUFLUCHT heißt Flüchtlinge, die kurz vor ihrer Abschiebung stehen, dem staatlichen Zugriff zu entziehen. Wir stellen für einen vorübergehenden Zeitraum Unterkünfte, finanzielle Versorgung und juristische, medizinische und persönliche Betreuung zur Verfügung. Damit wollen wir Zeit gewinnen, um mit den Flüchtlingen gemeinsam nach Alternativen zur drohenden Abschiebung zu suchen.

AKTION ZUFLUCHT ist eine Not- keine Dauerlösung. Wir haben weder die finanziellen noch die personellen Möglichkeiten, Menschen auf unbegrenzte Dauer persönliche Betreuung, Unterkunft und Geld zur Verfügung zu stellen. Wir maßen uns nicht an zu entscheiden, wer/welche das Recht hat hier zu leben und wer/ welche nicht. Die Unmenschlichkeit staatlicher Kriterien wird uns durch Abschiebung in Krisenregionen, politische und sexistische Verfolgung tagtäglich vor Augen geführt. Wir "überprüfen" also nicht, wer/welche politisch verfolgt ist, oder "angemessene Gründe"' dafür vorweisen kann, hier leben zu wollen, sondern sind der Überzeugung, dass jedeR das Recht hat, seinen Wohnort frei zu wählen. Wir fordern offenen Grenzen und Bleiberecht für alle. In einer offenen Sprechstunde können sich Menschen an uns wenden und ihre Erwartungen an uns formulieren: das kann von einem Zahnarztbesuch oder finanziellen Problemen bis zu einer Beratung bezüglich ihrer Aufenthaltssituation und längerfristiger persönlicher Betreuung reichen. Was und wie etwas gemacht wird, entscheiden die ImmigrantInnen*) natürlich selbst. Die so genannten legalen Möglichkeiten in der BRD zu bleiben, sind in den letzten Jahren verschwindend gering geworden und werden jedes Jahr weniger. Das heißt auch, dass wir den Betroffenen klar sagen (müssen), welche Chancen und Optionen wir sehen, aber eben auch, dass wir ihnen leider ein menschenwürdiges Leben in diesem Land nicht garantieren können - auch wenn wir gerne wollten.

Um professionelle Unterstützung gewähren zu können, arbeiten wir eng mit ÄrztInnen, PsychologInnen und AnwältInnen zusammen. Wir begleiten Menschen auf Ämter, insbesondere auf die Ausländerbehörde, zu ÄrztInnen usw., wenn dies gewünscht wird. Außerdem treffen wir uns regelmäßig mit den ImmigrantInnen, um das weitere Vorgehen und die anstehenden Termine und Probleme zu besprechen.

AKTION ZUFLUCHT bedeutet auch, dieses Handeln öffentlich zu machen. Mit Pressearbeit, Flugblättern, Radiosendungen und Veranstaltungen wollen wir staatlichen Rassismus anklagen und den Betroffenen praktische Unterstützung anbieten. Wir versuchen UnterstützerInnen zu mobilisieren, wobei es viele Arten gibt, etwas zum Projekt AKTION ZUFLUCHT beizutragen. Neben Leuten, die kontinuierlich in der Gruppe mitarbeiten, sind wir immer auf DolmetscherInnen angewiesen. Es gibt einen chronischen Mangel an Unterkunftsmöglichkeiten, weshalb es wichtig ist, dass uns Menschen Wohnraum kostenlos zur Verfügung stellen, wenn die WG- MitbewohnerIn länger verreist ist, das Wochenendhäuschen 50 Wochen im Jahr leer steht usw.. Außerdem ist AKTION ZUFLUCHT dringend auf Spenden angewiesen.

*) Bisher haben wir stets den Begriff MigrantIn verwendet. Auf dem 2. Kongress internationaler Frauen haben wir aber gelernt, dass viele der Frauen, die mit diesem Begriff bezeichnet werden, diesen von sich weisen und selbst den Begriff Immigrantin vorziehen.

...zur Gründungsidee und unserer Utopie

Äußere Anlässe zur Gründung von AKTION ZUFLUCHT Marburg vor 10 Jahren gab es zur Genüge. Im Anschluss an die so genannte Wiedervereinigung Deutschlands wurde von den politischen Parteien im Wahljahr 1990 die so genannte Asyldebatte erneut belebt. In der Bevölkerung gab es schon damals eine große Akzeptanz der These vom „vollen Boot".

1991 wurden an einem einzigen Tag 78 Übergriffe auf ImmigrantInnen gezählt. Der Präsenz der Übergriffe in den Medien folgten zahlreiche Erklärungen von PolitikerInnen. Diese waren voll von Verständnis für "überforderte Deutsche" und kommen meist zu dem Schluss, der 'Nährboden' für die neofaschistischen Gewalttaten seien, wie im Falle Rostocks, die Asylsuchenden selbst.

„Nach vier Nächten ausländerfeindlicher Krawalle und Gewalttaten in Rostock sieht die Bundesregierung ihre vordringlichste Aufgabe darin, eine einschränkende Änderung des Rechts auf Asyl im Grundgesetz herbeizuführen. Dies sei ein ganz ˋwesentlicher Beitragˊ dazu, den 'Nährboden' für Gewalttaten gegen Ausländer und Asylbewerber auszutrocknen, sagte Kanzleramtsminister Bohl (CDU) am Mittwoch in Bonn. Die steigende Zahl von Asylbewerbern überfordere die Menschen, die Polizei, die wirtschaftlichen und Wohnungsressourcen, meinte Bohl" (FR 27.08.92).

Statt die Opfer der rassistischen Gewalt zu schützen und die Täter zu bestrafen, geschieht von staatlicher Seite genau das Gegenteil. Den Tätern wird zugestanden, einen existierenden Missstand zu thematisieren, was einer Legitimierung und Verharmlosung der Tat gleichkommt. Den Betroffenen wurde durch ihre bloße Anwesenheit die Schuld an den Ausschreitungen gegeben, was dann als Argument diente, die Situation der Flüchtlinge weiter zu verschlechtern. Denn ein Ernstnehmen der rassistischen Gewalttaten würde auf die Lebensumstände, wie die Kasernierung und die rechtliche Sonderbehandlung von Asylsuchenden, verweisen.

Von offizieller Seite wurde die Änderung des Artikels 16 Grundgesetz, die 1993 mit einer Zweidrittelmehrheit im Bundestag beschlossen wurde, als Konsequenz der oben genannten Ereignisse dargestellt. Durch die so genannte Drittstaatenregelung**) und die Erstellung einer Liste vermeintlich "sicherer" Herkunftsländer wurde das Recht auf Asyl faktisch abgeschafft. Wenige Monate später folgte das Asylbewerberleistungsgesetz. Hier wurde staatlicherseits festgelegt, dass Flüchtlinge mit weniger als dem Existenzminimum für Deutsche auszukommen haben. Ebenso wird medizinische Hilfe nur noch im akuten Krankheitsfall, bei Schmerzzuständen, Schwangerschaft und Entbindung garantiert.

In Marburg gab es im gleichen Jahr einen konkreten Anlass zum Protest gegen die Kasernierung von Flüchtlingen. Dort plante die Hessische Landesregierung, den durch die Auflösung einer Kaserne außerhalb der Stadt gewonnenen Wohnraum, als Erstaufnahmelager für Flüchtlinge zu nutzen. Dies führte zu unterschiedlichen Aktionen linker Gruppen gegen die geplante Gettoisierung der Flüchtlinge.

Als die Pläne rückgängig gemacht wurden, wendeten wir uns -wie auch die anderen linken Gruppen - wieder unserem Politikfeld zu. Bisher hatten wir innerhalb des linksradikalen Flügels der Anti-AKW-Bewegung als Gruppe zusammen gearbeitet. Hier waren wir damit konfrontiert, dass der rechtliche Rahmen oftmals nicht unserer Sicht von Recht und sozialer Gerechtigkeit entsprach. Während wir die Anti-AKW-Arbeit parallel fortsetzten, begannen wir darüber zu diskutieren, ob wir das Politikfeld wechseln und uns politisch und praktisch für die Rechte von ImmigrantInnen einsetzen wollen. Um herauszufinden, wie eine solche Arbeit konkret aussehen könnte, suchten wir nach bereits bestehenden Projekten.

Anregungen gaben sowohl die Freiburger-AKTION-ZUFLUCHT-Gruppe, als auch die Aktion abgelehnte Asylsuchende in der Schweiz. Letztere hatte sich bereits 1984 als Reaktion auf die erstmalige Abschiebung Asylsuchender aus der Schweiz gegründet. Besonders das Schweizer Beispiel schien ermutigend, da die AAA über 10.000 Adressen von aktiven UnterstützerInnen verfügte (Beschaffung eines Arbeitsplatzes, Unterbringung, usw.).

In der Anfangsphase des Projektes AKTION ZUFLUCHT nahmen Öffentlichkeitsarbeit, z.b. Veranstaltungen, um die Idee eines Unterstützungsnetzes zu verbreiten, und die direkte Arbeit mit ImmigrantInnen in etwa den gleichen Raum ein. Auch in anderen Städten gründeten sich, z. T. nach Veranstaltungen der Aktion Zuflucht Marburg, weitere Gruppen. Die Idee eines bundesweiten vernetzten Unterstützungsnetzes verband sich mit der Hoffnung, zugleich Mut zu mehr Zivilcourage zu machen und Druck auf die verantwortlichen Stellen auszuüben. Erklärtes Ziel war und ist es, ImmigrantInnen konkrete Unterstützung anzubieten und zu zeigen, dass ihre rechtliche und gesellschaftliche Ausgrenzung von uns und anderen Unterstützer/inne/n nicht mehr hingenommen wird. Aktion gegen herrschende Flüchtlingspolitik und Zuflucht für Flüchtlinge soll die Verbindung von politischer und praktischer Arbeit anzeigen. Wir haben uns zum Ziel gesetzt, von Abschiebung bedrohte Menschen vor dem staatlichen Zugriff zu schützen und dies offensiv nach außen zu tragen. Wir legen keine staatlichen Kriterien an die Menschen an, die sich an uns wenden. Dies bedeutet, dass die Unterscheidung in legal und illegal hier lebende Menschen für uns kein Aussortierungskriterium darstellt. Das Motto der 1997 gegründeten Kampagne 'Kein Mensch ist illegal' unterstützen wir als Forderung nach Abschaffung der Sondergesetze für ImmigrantInnen. Kein Mensch verlässt grundlos sein Land. Wir respektieren diese Entscheidung. Dieser Respekt bildet die Grundlage unserer Unterstützung.

Von Widersprüchen und Spannungsverhältnissen
1. Zumindest dem Anspruch nach ist AKTION ZUFLUCHT "kein defensives Handeln", das auf das Verstecken von Flüchtlingen beschränkt bleibt. Es ist eine "Flucht nach vorne", mit der Absicht auf die bestehenden Verhältnisse einzuwirken. Durch Pressearbeit, Flugblätter, Radiosendungen, Aktionen und Veranstaltungen wollen wir die Idee und die Notwendigkeit der Flüchtlingsunterstützungsarbeit verbreiten, UnterstützerInnen mobilisieren und politischen

Druck auf die Verantwortlichen ausüben. So beschrieben wir damals die Idee AKTION ZUFLUCHT. Doch der Idee, "viele kleine Netze, als Aufbruch in eine andere Gesellschaft" steht die Feststellung gegenüber, weder „politischen Druck auszuüben" noch auf bestehende Verhältnisse irgendwie einzuwirken. Wir dachten damals auch, dass die Situation, in der Flüchtlinge in der BRD leben - oder abstrakter formuliert, der rassistische Normalzustand - zumindest Entrüstung hervorrufen, oder besser sogar, Politisierungsprozesse anregen könnte. Gerade die Situation von Menschen ohne Papiere zeigt doch so offensichtlich die staatliche Willkür, mit der die Grenze zwischen legal und illegal festgelegt wird. Diese Rechnung ging nicht auf. Im gesellschaftlichen Mainstream interessiert sich niemand für die Situation von Flüchtlingen und ImmigrantInnen, in links-liberalen Kreisen erwecken Einzelfälle vielleicht noch Mitleid. Rassismus ist ein so fester Bestandteil dieser Gesellschaft, an dem zu rütteln, außerordentlich schwer ist.

2. Während wir selbst gerne etwas gegen die HERRschende Ordnung der Welt unternehmen würden, wird unsere Arbeit vor allem als humanitäre Sozialarbeit in Bereichen, aus denen der Staat sich zurückgezogen hat, verstanden und wir selbst werden als "Gutmenschen" wahrgenommen. Unsere politischen Utopien und Vorstellungen werden weder von den Flüchtlingen, die wir unterstützen, noch von anderen Gruppen als solche betrachtet.

3. Obwohl wir uns gerne auf gleichberechtigter Grundlage mit Flüchtlingen und ImmigrantInnengruppen austauschen würden und erklärter Weise deren Selbstorganisierungsprozesse und Kämpfe für ein besseres Leben unterstützen wollen, findet das faktisch nicht statt.

4. In unserer täglichen Arbeit ist bereits eine strukturelle Ungleichheit angelegt: Während die Flüchtlinge als BittstellerInnen erscheinen, fällt uns die Rolle zu, ExpertInnenwissen und Durchblick zu vermitteln. Obwohl wir versuchen, dem entgegenzuwirken, ist dieser Widerspruch unserer Arbeit eingeschrieben. Zwar haben wir den Anspruch, gemeinsam nach Perspektiven zu

suchen, und betonen, dass die Entscheidung stets bei den ImmigrantInnen selbst liegt; die Frage, was zu tun ist, können und wollen wir niemand abnehmen. Dennoch ist die Gefahr des Paternalismus stets vorhanden.

5. In unserer Unterstützungsarbeit bekommen wir häufig Strukturen mit, die uns wenig gefallen. Wenn eine Familie sich an uns wendet, ist fast immer der Mann/Vater das Sprachrohr, der aber oft genug nur seine eigenen Interessen artikuliert und die Bedürfnisse der anderen Familienmitglieder fallen unter den Tisch. Wir versuchen dem entgegenzuwirken, indem wir beispielsweise explizit auch der Frau und den Kindern ein Beratungsgespräch anbieten, keine Familienmitglieder übersetzen lassen.

6. Wir selbst sehen uns in permanenter Überlastung/Überforderung mit der alltäglichen praktischen Arbeit, was dazu führt, dass wir das Projekt AKTION ZUFLUCHT nicht weiter bekannt machen. So gehen wir nicht in Flüchtlingsunterkünfte, Schulen oder interkulturelle Zentren aufgrund der Befürchtung, dass noch mehr Personen an uns herantreten, die wir dann abweisen müssten. Wir haben keine Homepage und stehen auch nicht in den einschlägigen Adressensammlungen. So findet unsere Arbeit weit weniger öffentlich statt, als wir dies eigentlich wollten. Gut bekannt sind wir innerhalb der linken Szene Marburgs (ohne deren finanzielle Unterstützung wir wohl auch nicht arbeiten könnten) und in anderen (v. a. kirchlichen) Beratungsstellen, mit denen wir zusammenarbeiten. Die meisten ImmigrantInnen, die sich an uns wenden, haben nicht durch unsere Öffentlichkeitsarbeit von unserer Gruppe erfahren, sondern durch Bekannte.

7. In den letzten 10 Jahren wurden nach und nach (fast) alle gesetzlichen Lücken geschlossen, die es möglich machten, dass Flüchtlinge langfristig in der BRD bleiben konnten. Mittlerweile ist es uns trotz aller Phantasie und Kreativität kaum noch möglich, Optimismus an den Tag zu legen. denn in den allermeisten Fällen sind die legalen Möglichkeiten schnell erschöpft. Wir kön-

nen vielen nur zur Heirat einer/s Deutschen oder einer/s anerkannten Asylbewerberln raten. So bleibt uns häufig nur übrig, den Flüchtlingen ihre (fast) aussichtslose Situation zu erklären.

8. Angesichts von über 50000 Abschiebungen im Jahr mit steigender Tendenz wirkt die eigene Arbeit nicht mal mehr wie Sand im Getriebe der Abschiebemaschinerie. Wenn ein Abschiebeflugzeug ins Land XY gechartert ist, werden die Behörden dafür sorgen, dass kein Platz frei bleibt. In diesem Sinne tragen wir nicht dazu bei, dass weniger Menschen abgeschoben werden, sondern nur dazu, dass unsere Bekannten nicht unter ihnen sind.

Zur Person: Anne, 23 Jahre, Studierende der Soziologie und Politik, seit 3 Jahren aktiv bei AKTION ZUFLUCHT.

Zur Person: Brigitte, 41 Jahre, Ergotherapeutin, seit 5 Jahren aktiv bei AKTION ZUFLUCHT.

„Chancengleichheit" bei der Ausbeutung und Armut für inländische Frauen und Migrantinnen, *Zahide* **Yentur***, Sahnur* **Yurtsever** *(Frauengruppe von DIDF, *)*

Inhalt: Tagtäglich werden wir mit Vorschlägen der Hartz und Rürup - Kommissionen, Kürzungen bei Arbeitslosengeld, Arbeitslosenhilfe, Sozialhilfe und Krankengeld, Privatisierung von Gesundheits- und Altervorsorge konfrontiert. Damit verbunden sind die Schlagworte „Agenda 2010" oder „Sozialraubpläne" der Regierung. Werden Frauen davon verschont? Sind die so genannten Reformen der „Agenda 2010", der Schröder-Regierung wirklich Frauen- und Familienfreundlich? Frauenpolitik ist ein handfestes wirtschaftspolitisches Thema. Wie weit wird die „Agenda 2010" unser Leben beeinflussen? Wie werden die Reformen unser alltägliches Leben verändern? Wird die Geschichte etwa so lauten?

Ulrike M. 65 Jahre alt, 35 Jahre berufstätig, 2 Kinder und wegen Kinderbetreuung 6 Jahre keine Erwerbstätigkeit. Sie bekommt 300 Euro Rente. Also ein Sozialhilfefall!

Ayse S. 55 Jahre alt, hat 3 Kinder, übt seit Jahren Minijobs aus, ist ungelernt, allein stehend. Sie ist jetzt ein Sozialhilfefall!

Monika T. 35 Jahre alt, eine qualifizierte, gesunde Frau mit einer positiven Lebenseinstellung. Sie hat eine Familie und ein Eigenheim. Wir schreiben das Jahr 2010. Die Frau hat alles, um glücklich und zufrieden zu sein. Sie steht am Ostermontagmorgen früh auf und eilt zur Arbeit. So schlimm ist der Dienst am Ostermontag nicht mehr. Seit der Kündigungsschutz auch in großen Betrieben gelockert worden ist, sollte mann und frau sich vor den Bossen beugen. Wann Weihnachts- und Urlaubsgeld, Feiertagszuschlag gestrichen wurden, weiß Monika nicht mehr. Wie jede gut qualifizierte Frau in den 30gern wünscht sich Monika kein 2. Kind mehr. Nicht nur weil sie sich mit vielen Kindern die Karriere abschminken kann, auch die Schwangeren-Vorsorgeuntersuchungen, Mutterschaftsgeld und Mutterschutz gehören der Geschichte an. Das wurde irgendwann zwischen 2004 und 2010 abgeschafft. Über ihre Rente mag sie gar nicht nachdenken. Vielleicht bringt sie das Rauchen ja vorher um. Sie weiß noch, damals als die Schachtel Zigaretten 4 Euro kosteten, rauchte sie leidenschaftlich.

Die Geschichte kann so lauten oder anders. Wir werden in dem Forum „Agenda 2010" zusammen besprechen, wie wir Frauen unsere Zukunft menschenwürdig gestalten wollen, was unsere Forderungen sind und wie frau der Salamitaktik der Regierenden entkommen kann.

<u>Kontakt:</u> Frauengruppe des Jugend und Kultur Vereins in Frankfurt, Tel: 069-97782640

Das Universelle in unserer Beziehung. Die Beziehung der Ungleichheit (Affidamento) und die Entdeckung eines neuen Paradigmas, *Gisela Jürgens (*)*
Inhalt: Zu Beginn des Seminars soll an die Anfänge der Frauenbefreiungsbewegungen der 70-ger erinnert werden, an ihre - gemeinsamen Merkmale des informellen Austauschs in CR-(Selbsterfahrungs-)Gruppen, die Praxis des Sprechens in erster Person, das Bewusstwerdungsprozesse einleitete, und an die Schnittstelle ihrer Differenzen durch die Emanzipations- und Gleichheitspolitik einerseits gegenüber einer Politik des Separatismus (D. u. a.) und der „Praxis der Disparität" (I).

Infolge dieses Einschnitts haben sich im gewöhnlichen Alltag wie im Alltag von Forschung und Lehre eine Vielfalt neuer Beziehungsformen und Diskurse etabliert, es wurden neue Formen des Arbeitens und Schreibens entwickelt, die uns besonders interessieren, weil sie gleichzeitig einen Bruch in unserer monotheistisch-monosexuellen Kultur darstellen.

These: Ein kohärentes Wissen von Frauen, bis dato eingeschlossen im definierten weiblichen Anderssein und Partikularen der Frau, generiert sich in der Beziehung zur/zum Andere/n und setzt Beziehungen frei, die grenzüberschreitend wirken.

Heute sind Stimmen anderer Frauen aus anderen Kulturen zu vernehmen – Iran, Marokko, Israel -, die weder konform gehen mit westlicher Institutionenintelligenz zur weltweiten Zwangsdemokratisierung noch im Kampf Eurozentrismus versus Islamozentrismus aufgehen. Unbeeindruckt von den Interessenskonflikten zwischen männlichen Herrschaftsansprüchen wurzelt ihre Stärke vielmehr in den relationalen Bezügen zu ihren Nächsten, zu Teilen ihrer Tradition und Kultur. Nichtsdestotrotz sind es radikale Positionen, die den universellen Unter-Grund konkreter Probleme und Kontexte an den Tag bringen. Ohne diesen Stimmen Gewicht zu geben, wird keine Zivilisierung mehr zu haben sein. Fragestellungen: Die andere/n Frau oder der „politische Harem" in uns. Worin besteht die Schwierigkeit, ohne Feind(in) zu sein? Die Un- / Übertragbarkeit eines Kontextes und die Vorteile einer Beziehungspraxis.

Grundlagentexte zum Seminar: Grünes SottoSopra (in: frauen-lehren), Rotes SottoSopra Rüsselsheim 1996; Lia Cigarini: Senza Pace, in: DWF 4, 2001; Es gibt keinen anderen Weg, in: Via Dogana 61, Mailand 2002.

Veröffentlichungen zum o.a. Thema: G. Jürgens/A. Dickmann: frauen – lehren; Weibliche Genealogien, Rüsselsheim 1996; Mitherausgeberin von Frauen und Arbeit: Entfremdung und Freiheit, Königstein 1999 (Beiträge aus Italien).

Zur Person: Gisela Jürgens. Studium der Allgemeinen Pädagogik; philosophische und literaturwissenschaftliche Studien; 10-jährige Tätigkeit als Lehrerin in der Erwachsenbildung, Dozentin, freie Autorin.

Kontakt: Gila.Juergens@freenet.de

Arbeitsgruppen 10 - 18 (14.00 Uhr - 15.30 Uhr) Neue Mensa

Weiß-Sein: eine Einführung, *Trixi* **Schwarzer** *(*)*

Inhalt: Weiß-Sein wird seit Mitte der 80er Jahre in den USA und seit Ende der 90er Jahre zunehmend auch in der BRD diskutiert.

So wurden im Bezug auf Rassismus bis dato vorwiegend die „Anderen" betont, beforscht, behandelt. Die Norm nämlich das Weiß-Sein, an der die „Anderen" gemessen und beurteilt wurden, wurde nicht in den Blick genommen und somit Rassismus als etwas gesehen, was ausschließlich den Betroffenen zugeschrieben wurde.

Im Workshop soll der Blick auf diese Norm und vor allem deren Unsichtbarkeit gerichtet werden. Was bedeutet es Weiß, zu sein? Weiß wird hier nicht als Hautfarbe oder biologischen Essentialismus gehandelt, sondern als Strukturkategorie, die in Macht- und Dominanzverhältnisse eingebettet ist. Es soll um die Unsichtbarkeit der Privilegien, Verstricktheit in Rassismus und Veränderungsstrategien gehen, die helfen, Rassismus in einer komplexeren Art zu verstehen.

Dabei geht es um die eigene Position, von der aus Politik gemacht wird. Welche Auswirkungen kann die Sichtbarmachung von Weiß-Sein und den daraus folgenden Privilegien auf politische Zusammenhänge haben?

Zur Person: Trixi Schwarzer. Abschluss in Soziologie, Erwerbsarbeit als Webmaster. Engagement in feministischen, anti-rassistischen und queeren Gruppen seit mehreren Jahren.

Einführende Literatur: Frankenberg, Ruth 1996, Weiße Frauen, Feminismus und die Herausforderung des Antirassismus, in: Fuchs, Brigitte/Habinger, Gabriele: Rassismen & Feminismen. Differenzen, Machtverhältnisse und Solidarität zwischen Frauen. Wien: 51 – 67. Walgenbach, Katharina 2002, Weiß Dominanz – zwischen struktureller Unsichtbarkeit, diskursiver Selbstaffirmation und kollektivem Handeln, in: Bartmann, Sylke/Gille, Karen/Hanuss, Sebastian: Kollektives Handeln. Politische Mobilisierung zwischen Struktur und Identität. Düsseldorf: 123 – 136.

Kontakt: trixis_mail@web.de

Geteilter Feminismus? – Zur Quotierungsdiskussion in der autonomen Frauenhausbewegung, *Tanja* **Brückmann**, *Eva-K.* **Hack** *(Frauenhaus Kassel)*

Inhalt: Die Quotierungsdiskussion in den autonomen Frauenhäusern basiert auf der grundsätzlichen Forderung von Migrantinnen und schwarzen Frauen eine breitere Diskussion über institutionalisierten und verinnerlichten Rassismus in der weißen deutschen Frauenbewegung anzuregen und die dort bestehenden Machtstrukturen, die die Beziehungen untereinander prägen zu hinterfragen und aufzubrechen. Wir wollen die zurückliegenden Quotierungsdiskussionen aus unserem Blickwinkel darstellen und gleichzeitig der Frage nachgehen, ob ihr Ziel nach einer Veränderung der Mehrheits- und Machtverhältnisse, von Gleichstellung, Selbstbestimmung und Anerkennung hierüber erreicht werden konnte.

Kontakt: Tel. 0561-16317

Frauenarbeit ist mehr als „Arbeit", Dr. *Gisela* ***Notz*** *(Friedrich-Ebert-Stiftung, Bonn)*

Hauptsache Arbeit? - Arbeit, Geschlecht und Politik

Die heutige westliche "Arbeitsgesellschaft" ist im wesentlichen immer noch so strukturiert, daß von einem "Normalarbeitsverhältnis", mit Männern, die in der Erwerbsarbeit arbeiten, und Frauen, die in der Familie und im sozialen Ehrenamt arbeiten und gegebenenfalls ein bisschen mitverdienen, ausgegangen wird. Diesem Arbeitsverständnis liegt die geschlechtsspezifische Arbeitsteilung nach dem Vorbild der bürgerlichen Kleinfamilie zugrunde, nach der sich auch die Arbeitsmänner der unteren Schichten drängten, obwohl sie für Arbeiterhaushalte eigentlich nie funktioniert hat. Die (Wieder)Herstellung dieser traditionellen "Vollbeschäftigung" ist - wenn sie überhaupt möglich wäre - aus feministischer Sicht gar nicht wünschenswert. Sie schreibt für Frauen die Verantwortung für die sog. Reproduktionsarbeiten fest und sichert für Männer den bezahlten Arbeitsplatz. Es ist vor allem dieser verengte Arbeitsbegriff und die nach Geschlechtern strukturierte Welt, die zu "Zukunftsmodellen" führt, die von einem besseren "Arbeitslosenmanagement" der Frauen ausgehen, soziale und geschlechterspezifische Ungleichheit fortschreiben, neue Unterschichtungen festschreiben und zu Modellen für das "gute Leben" stilisieren (Beck 1997, Rifkin 1995, Giarini/Liedtke 1998). Aktuell gehen die Vorschläge der Hartz-Kommission von diesem antiquierten Familienmodell aus (Hartz u. a. 2000). (Nicht nur) das Kapitel, ´Familien-AG` rekonstruiert die bürgerliche Kleinfamilie mit der sozial- und ökonomisch nicht abgesicherter, mithelfenden Familienangehörigen'. Auch die Mini-Jobberin kann von ihren höchstens 400 € nicht leben, auch ihr wird ´Zuverdienst` unterstellt. Die Tatsache, daß viele Frauen mit einem oder mehrer solcher Jobs ihren Lebensunterhalt und den vorhandener Kinder bestreiten müssen, bestraft sie letztlich dafür, dass sie andere Lebensmuster leben. Auch wenn wir wissen, dass Männer und Frauen keine klar gegeneinander abgegrenzten, in sich homogenen Bevölkerungsgruppen sind, ist es nach wie vor die binäre Strukturierung von Öffentlichkeit und Privatheit die die alltägliche Praxis der Arbeitsverteilung bestimmt. Es ist die Kategorie Geschlecht, die neben nationaler Zugehörigkeit, Ethnizität und Klasse entscheidende Marken für den Zugang zu ausreichend bezahlter Arbeit und damit auch für die Konstitution des Selbst- und Fremdbildes der Subjekte setzt.

Mit meinem Beitrag will ich dazu anregen, einen erweiterten Arbeitsbegriff, wie er in der soziologischen Frauenforschung bereits weitgehend benutzt wird, auch zum Gegenstand von Arbeitsmarktforschung, Arbeitsgestaltung und Arbeitspolitik zu machen. Ich versuche dabei, Abgrenzungen zu einem "inflationären" Arbeitsbegriff vorzunehmen, mit dem undifferenziert behauptet wird, alles, was Menschen in ihrer wachen Zeit tun, sei Arbeit. Und ich werde auch aufzeigen, dass eine bloße Erweiterung des Arbeitsbegriffs nicht ausreicht, sondern dass strukturelle Veränderungen in allen Bereichen menschlicher Arbeit und in den Formen des Zusammenlebens unabdingbar sind.

Was ist Arbeit?

Industrie- und arbeitssoziologische Theorien zur Erklärung von menschlicher Arbeit - außerhalb der Frauenforschung - beziehen sich bis heute meist auf die Arbeit, die der (männliche) Lohnarbeiter in Industrie und Verwaltung leistet. Untersuchungsobjekte, -subjekte, Beschäftigte oder Arbeitspersonen? Betroffene oder Akteure sind scheinbar "geschlechtsneutral", egal ob in der Schwerindustrie, in der kleinen Fabrik, im Kaufhaus oder Krankenhaus geforscht wird. Der "Restbereich", die Arbeit, die für die so genannte Produktion der menschlichen Arbeitskraft notwendig ist, bleibt weiterhin privat, unbezahlt, angeblich unbezahlbar, jedenfalls unsichtbar. Frauen, die außerhalb bezahlter Lohnarbeit Arbeiten verrichten, werden nicht zu denjenigen gezählt, die gesellschaftliche Arbeit leisten, so zeigt es auch ein Blick in die Geschichte der Frauenarbeit (Notz 1986, S.139 ff.) Freilich ist die Festschreibung der Positionierung der Frauen in Küchen und Kinderzimmern nicht ohne ihr Zutun zu begreifen (Haug 1999). Und die bloße Behauptung die Hausarbeit sei ebenso produktive Arbeit, die in Verbindung mit der in den großen Fabriken geleisteten Arbeit für die Vergrößerung des Mehrwerts sorge, ändert nichts an den geschlechterhierarchischen Zuschreibungen. Innerhalb der soziologischen Frauenforschung hatte sich - ausgehend von einem globalen Konsens in der Ablehnung von Frauenunterdrückung und Frauenausbeutung - bereits in den 70er Jahren die Erkenntnis der Notwendigkeit der Erarbeitung einer "feministischen Gesellschaftstheorie" durchgesetzt, der ein erweiterter Arbeitsbegriff zu Grunde zu legen ist. Die marxistische Gesellschaffstheorie bot zwar den Raum für eine Theorie der Frauenbefreiung, aber eine unkritische Übernahme der marxistischen Konzepte und Thesen würde unweigerlich zu Schwierigkeiten führen. Dies deshalb, weil diese - ebenso wie die Begrifflichkeit der Kritik der Politischen Ökonomie - lediglich zur Analyse der Funktionsweise des Kapitalismus entworfen worden waren. Der Begriff der "produktiven Arbeit", so wie er im KAPITAL verwendet wird, erfasst den größten Teil der überwiegend durch Frauen geleisteten Arbeiten nicht. Marx entwickelt im KAPITAL die Elemente des Arbeitsprozesses und den Gedanken der Mehrarbeit. Diese wird bezogen auf das produktive Vermögen der Arbeit und auf die unabdingbare Arbeitsmenge, die zur Reproduktion der Arbeitsfähigkeit nötig ist. Die Reproduktion selbst bleibt wiederum als Arbeit unberücksichtigt.

Die Frage, ob Hausarbeit produktiv sei, ob sie als unproduktive, aber "notwendige Arbeit" zu fassen sei, wird- ebenso wie die Frage um Lohn für Hausarbeit - bis heute diskutiert. Claudia von Werlhof hat 1978 bereits in der ersten Ausgabe der 'beiträge zur feministischen theorie und praxis' darauf hingewiesen, daß ohne die Berücksichtigung von geschlechtsspezifischen Arbeitsteilungen und Frauenausbeutung eine Charakterisierung und Typisierung der Logik der verschiedenen Produktionsweisen in der Geschichte nicht möglich ist. Denn damit bleibt auch die ökonomische Ausbeutung in der "Privatsphäre" weitgehend unkommentiert und dies nicht nur deshalb, weil der (meist) männliche Ökonom sich nicht für das Thema interessiert, sondern auch, weil die ökonomische Begriffswelt bereits den Blick verstellt. Sie verwies auf die Allianz zwischen dem Kapital, den abhängig arbeitenden Männern und dem Staat, die alle ein Interesse daran hätten, die Haus(frauen)arbeit unsichtbar zu machen, nicht zu bewerten und nicht zu bezahlen, um insgesamt die Arbeit der Frauen (auch die bezahlte Erwerbsarbeit) abzuwerten und ihre Löhne niedriger als die der Männer zu halten. Sie stellte die Analyse der Hausarbeit als "Nicht-Lohnarbeit", die typischerweise durch Frauen geleistet wird, in den Gegensatz zur Lohnarbeit, die typischerweise durch Männer geleistet wird, und verwies gleichzeitig darauf, daß eine Lohnarbeiterin auch zugleich immer „Nichtlohnarbeiterin" ist. Der Form der Ausbeutung über mehrwertproduzierende Lohnarbeit stellte sie die Ausbeutungsform über Nicht-Lohnarbeit (vor allem Hausfrauenarbeit hier und in der "Dritten Welt") gegenüber (S.25).

Die Marxistin Christel Neusüß weist mit ihrer Marx-Kritik auf die Notwendigkeit der Einbeziehung des Privaten in das Politische. Denn Reproduktionstätigkeiten erscheinen zur Schaffung seiner Privatsphäre geeignet, deren Existenz und Gestaltung (scheinbar) im Belieben eines jeden Einzelnen (bzw. einer jeden Einzelnen) steht. Neusüß nahm das Problem der Zuordnung dieser Tätigkeiten zum Bereich der Nichtarbeit, also zur "Freizeit", auf: "Freie Zeit, Reich der Freiheit, der freien Entwicklung - im Unterschied zur Arbeit, dem Reich der Notwendigkeit, der unfreien Tätigkeit" (1985, S136), das würde für Männer etwas grundsätzlich anderes bedeuten als für Frauen. Für den Arbeitsmann solle sich das "freie Schöpfertum" in der arbeitsfreien Zeit entfalten. Neusüß arbeitete heraus, daß das für die Arbeitsfrau oder auch die Frau des Arbeiters nicht zutrifft. Sie wandte sich gegen einen marxistischen Arbeitsbegriff, nach dem es nach der produktiven Arbeit in der Fabrik nichts mehr zu tun gäbe und verwies auf die vielfältigen häuslichen und familialen Tätigkeiten, die der "Mann Marx" außer acht gelassen habe.

Die Notwendigkeit eines erweiterten Arbeitsbegriffs, der Ausgangspunkt der folgenden Überlegungen ist, liegt darin,, daß sowohl im Bereich der (jetzt) bezahlt geleisteten Arbeiten, als auch im Bereich der (jetzt) unbezahlt geleisteten Arbeiten gesellschaftlich notwendige und nützliche Tätigkeiten verrichtet werden und auch in beiden Bereichen Tätigkeiten, die diesen Kriterien nicht entsprechen. Soll (zunächst) die Trennung zwischen Produktionsarbeit und Reproduktionsarbeit beibehalten werden, so wäre unter "Produktionsarbeit" die instrumentell gebundene, zielgerichtete, gesellschaftlich nützliche Tätigkeit in Produktion und Dienstleistung zu verstehen. Tätigkeiten jenseits der Lohnarbeit (oder einer anderen das Einkommen sicherstellenden Erwerbsarbeit), die zur Erhaltung der menschlichen Arbeitskraft und des menschlichen Lebens notwendig sind, wären dann "Reproduktionsarbeiten".

Der Reproduktionsbereich bezeichnet jedoch in meiner Definition kein "Reich der Freiheit", das dem „Reich der Notwendigkeit" entgegengesetzt ist. Die Arbeiten, die dort geleistet werden, sind vielfältig strukturiert und stets komplementär zum Produktionsprozess. Durch die Abkoppelung von der unmittelbaren Einflussnahme des kapitalistischen Verwertungsprozesses werden dort Zeitstrukturen, Arbeitsformen und psychisch-emotionale Beziehungsweisen möglich, ohne die die Lebens- und Arbeitsfähigkeit der Individuen nicht erhalten und erzeugt werden könnten (vgl. Negt/Kluge 1972). Produktions- wie Reproduktionsarbeiten können sowohl mit Mühsal verbunden sein als auch Befriedigung, Lust und Selbstbestätigung verschaffen.

Zu den Reproduktionsarbeiten gehören Hausarbeitsverhältnisse, Erziehungsarbeit, Pflegearbeit für Alte, Kranke und Behinderte, unbezahlte Konsumarbeit, Subsistenzarbeiten, ehrenamtliche politische und kulturelle Arbeit, Bürgerschaftliches Engagement, „freiwillige" unbezahlte soziale Arbeit, unbezahlte Arbeit in Selbsthilfegruppen. Zu den Produktionsarbeiten gehören ungeschützte Erwerbsarbeit, Teilzeitarbeit, tariflich abgesicherte Arbeit und selbstständige Arbeit. Ein Arbeitsbegriff, der sich auf die Analyse des gesamten Spektrums von Arbeit bezieht, unabhängig von der Entlohnung, muss allerdings auch von verschiedenen Arbeitsorten ausgehen: neben Industriebetrieben, kleinen und mittleren Unternehmungen, Verwaltungen und Projekten und Betrieben aus der Alternativökonomie sind das Einrichtungen im Sozial- und Gesundheitsbereich, Wohlfahrtsorganisationen, Vereine und Verbände, Projekte der sozialen Bewegungen und freilich auch Familien oder andere Wohn- und Lebensgemeinschaften, in denen Haus- und Sorgearbeit organisiert wird. Er erfordert einen erweiterten Begriff von Wirtschaften, der Erwerbs-, Gemeinwesen-, Versorgungs-, Subsistenz- und Haushaltsökonomie einschließt und gleichgewichtig betrachtet. Es geht also nicht nur um einen neuen Arbeitsbegriff, sondern um einen Begriff von Wirtschaft, der alle ökonomischen Bereiche beinhaltet, den Zusammenhang zwischen Reproduktion und Produktion herstellt sowie die Trennung zwischen ökonomischen und (scheinbar) außerökonomischen Bereichen überwindet. Die bestehenden Geschlechterverhältnisse sind so strukturiert, dass die in der Familie und anderen Lebensformen sowie sozialen Organisationen geleistete unbezahlte Arbeit Marktaktivitäten überhaupt erst möglich macht. Anderseits sind die bezahlt geleisteten Marktaktivitäten Voraussetzung für die angebliche Unbezahlbarkeit der Haus-, Sorge- und Fürsorgearbeiten. Wesentliche wirtschaftliche Zusammenhänge können daher nicht verstanden werden, wenn der Blick nicht auf die gesamte Ökonomie gerichtet wird und wenn die unterschiedlichen Arbeits- und Lebenssituationen von Frauen und Männern in den verschiedenen Bereichen nicht in Betracht gezogen werden. Auch die Auseinandersetzung zwischen Kapital und Arbeit findet keineswegs nur im Inneren der Fabrik statt.

Die geschlechtshierarchische Arbeitsteilung
Die beiden Hauptkategorien (Produktions- und Reproduktionsarbeiten) lassen sich nur analytisch trennen. Geht man bei der Definition von Produktionsarbeit alleine von der Tätigkeit des Produzierens aus, so müssten auch viele Arbeiten außerhalb der Lohnarbeit dann gezählt werden, weil auch dort produziert wird. Faktisch müssen Hausarbeitsverhältnisse den Produktionsverhältnissen zugerechnet werden, wenn sie von Putzfrauen, Hausangestellten oder Kinderfrauen gegen Entgelt geleistet werden. Auch leisten "reine Hausarbeiterinnen" Arbeiten, die zu den Produktionsarbeiten gehören; nämlich dann, wenn sie z.B. stundenweise unterbezahlte Aushilfsarbeiten verrichten oder selbstgefertigte Produkte gegen Entgelt veräußern.

An der Tatsache, daß die Zuordnungen zu den verschiedenen Arbeitsverhältnissen sowie die Trennung von unbezahlter und bezahlter Arbeit auch die geschlechtshierarchischen Beziehungen zwischen Männern und Frauen bestimmen, ändern diese Verwischungen nichts. Sieht man von einigen Hausmännern ab, sind in den Hausarbeitsverhaltnissen ausschließlich Frauen zu finden.
Frauen, die Erwerbsarbeitsverhältnisse ausüben, sind dort meist mit Tätigkeiten befaßt, die in hohem Maße partialisiert, niedrig entlohnt, auf den unteren hierarchischen Ebenen angesiedelt sind und dem so genannten "weiblichen Arbeitsvermögen" (kritisch siehe Knapp 7987), das aus der historischen Beschränkung der Frau auf Haus- und Familienarbeit abgeleitet wird, entsprechen.

Es ist die Konzeptionierung der Frau als Hausarbeiterin, die dazu führt, daß viele Frauen in ökonomischer Abhängigkeit leben müssen. Die Notwendigkeit für diese Abhängigkeit wird oftmals mit der Doppelorientierung der Frauen auf Kind und Beruf begründet. Tatsächlich lassen sich für die meisten Frauen die Arbeitsbereiche Erwerbsarbeit und Hausarbeit nicht auseinanderreißen, weil sie über weite Strecken ihres Lebens den physischen und psychischen Anforderungen in beiden Bereichen ausgesetzt sind und diese ausbalancieren müssen (vgl. Becker-Schmidt u.a. 1982; Notz 1991). Die widersprüchlichen und ambivalenzträchtigen Erfahrungen, die dieser Balanceakt erzeugt, haben Becker-Schmidt u. a. (1982) herausgearbeitet. Die immensen Benachteiligungen, die sich für Frauen aus der "Doppelorientierung" ergeben, setzen jedoch vor der Mutterschaft an, wirken weit über diese hinaus und betreffen auch Frauen, die niemals Mütter waren oder werden wollen.

Was ist gesellschaftlich notwendige und nützliche Arbeit?
In meinem Arbeitsbegriff sind destruktive Tätigkeiten, die der Zerstörung von Mit- und Umwelt und kriegerischen Auseinandersetzungen dienen, nicht verankert. Diese Tätigkeiten sind heute meist mit großer gesellschaftlicher Akzeptanz und hoher materieller Alimentation versehen. Für mich fallen sie nicht unter Produktionsarbeiten und schon gar nicht gehören sie zu den Reproduktionsarbeiten. Ich zähle sie zum Bereich Destruktion. Arbeit in Initiativen, die sich gegen Zerstörungsarbeit wenden, wäre gesellschaftlich nützliche Arbeit und daher unter die Reproduktionsarbeiten zu subsumieren. Sie wären für mich wünschenswertes bürgerschaftliches Engagement. Betriebliche Initiativen zur Konversion von Vernichtungs- und Rüstungsindustrie gehören selbstverständlich in den Bereich der Produktionsarbeiten. Die Schwierigkeiten einer Abgrenzung zwischen Destruktion und Produktion - wie auch zwischen Produkt und Destrukt - liegen in der modernen Technikgesellschaft auf der Hand. Technik - z. B. in Form des Autos - kann Gegenstand von Ar-

beit sein, Gebrauchsgegenstand für das Subjekt, Vehikel für persönliche Freizügigkeit oder auch - global betrachtet - Instrument von Umweltvernichtung (Siebel 1990, S.18).
Eine andere Arbeitsform, die ich mit dem oben entwickelten Arbeitsbegriff ebenfalls nicht erfasst habe, ist die "Beziehungsarbeit". Er wird in der Frauenforschung oft verwendet. Kontos/Walser Fehler! Textmarke nicht definiert. (1979, S.97ff.) benutzen diesen Begriff, um damit die psychischen Dimensionen der Hausarbeit fassen. Diese psychischen Dimensionen grenzen sie ab von der materiellen Hausarbeit. Die Schwierigkeit einer empirischen Trennung führen sie auf die Unsichtbarkeit der "Beziehungsarbeit" und die Vermischung derselben mit der "von Arbeit unabhängigen Interessen an menschlicher Beziehung" zurück.

Nach meiner Beobachtung ergeben sich die Schwierigkeiten der Abgrenzung vor allem durch die psychische Durchdringung auch "einfacher" materieller Hausfrauentätigkeiten. Diese psychische Durchdringung erstreckt sich m. E. gleichermaßen auf Hausarbeit wie auch auf unbezahlte Arbeit.
Ebenso auf Hausarbeit als bezahlt geleistete Arbeit. Sie trifft auch auf Erziehungsarbeit zu, wie sie durch Tagesmütter oder von in einer Institution arbeitenden Erzieherinnen geleistet wird. Zweifelsohne sind also mit dem Begriff "Beziehungsarbeit" Anforderungen bezeichnet, die sowohl in der Reproduktionsarbeit als auch in der Produktionsarbeit vorwiegend von Frauen verlangt und auch erfüllt werden. Ein Blick in die Geschichte der Professionalisierung der Heil- und Pflegeberufe zeigt, daß das Image solcher Frauenberufe seit Beginn der Industrialisierung von der jeweiligen gesellschaftlichen Bewertung der "Beziehungsarbeit" abhängt. Das führt dazu, daß einerseits unterstellt wird, die notwendigen Qualifikationen könnten gar nicht erlernt werden, weil sie zum Repertoire "weiblicher Fähigkeiten" gehörten, andererseits wird angenommen, dass infolge komplexer werdender psychischer und physischer

Notlagen eine Verwissenschaftlichung der Ausbildung dringend erforderlich ist (vgl. Notz 1986). Die jeweilige Bewertung der Arbeit ist abhängig davon, ob genügend Frauen zur Verfügung stehen, die diese Arbeit unbezahlt leisten können. Auch davon, ob Männer es wünschenswert finden, in diese Arbeitsbereiche „einzudringen", und in welcher Höhe sozialstaatliche Mittel für diese Arbeiten bereitgestellt werden und davon, ob die Wirtschaft die Eingliederung der Frauen braucht oder nicht, also von Sozial-, Familien- und Wirtschaftspolitik. Ich fasse "Beziehungsarbeiten" nicht unter dem Arbeitsbegriff, weil sie mit allen anderen Arbeiten kohärent sind. Ich betrachte sie als eine zur Ausübung der verschiedenen Arbeiten notwendige Qualifikation. In diesem Zusammenhang zählen sie zu den sozialen Qualifikationen, die - im Sinne einer Entpolarisierung der Geschlechterverhältnisse - von Frauen wie Männern in allen Arbeitsverhältnissen zu erbringen wären. Keinesfalls läßt sich daraus, dass viele Frauen, diese „Arbeiten" erledigen, die Zuständigkeit aller Frauen für die Reproduktion ableiten.

Handlungsoptionen für das Politikfeld Arbeit

Angesichts der gesellschaftlichen und ökonomischen Entwicklung, verbunden mit Erwerbslosigkeit, Orientierungslosigkeit und Armut, aber auch angesichts der gewachsenen Bedürfnisse der Menschen an gesellschaftlicher Teilhabe und eigenständiger Existenzsicherung durch sinnvolle, gesellschaftlich nützliche und möglichst selbstbestimmte Arbeit, kommt es darauf an, Konzepte zu entwickeln, wie die begrenzt vorhandene, sinnvolle, bezahlte Arbeit auf mehr Menschen verteilt werden kann. Das bedingt aber auch Überlegungen für eine gleichmäßige Verteilung der massenhaft vorhandenen jetzt unbezahlt geleisteten Arbeit. Allein die Verkürzung der "Normalarbeitszeit" im Produktionsbereich, für Menschen, die sie jetzt ausfüllen, wird nicht ausreichen. Auch eine Aufwertung der im Bereich der Reproduktion geleisteten Arbeit ohne eine Veränderung der Arbeitsteilung und der Arbeitsorganisation wird nicht ausreichen, um die Probleme forcierter Modernisierung, Individualisierung, rabiater Industrialisierung und Naturzerstörung zu lösen. Schon gar nicht taugt es, wenn immer wieder konstatiert wird, „Arbeit" sei „individuell und kollektiv weniger zentral geworden" und werde mehr und mehr an „den Rand der Biografie" verdrängt (Offe 1982, S. 50 ff.). Es geht dabei um eine Entglorifizierung der Erwerbsarbeit. Frauen haben sich den Zugang zu bezahlter Arbeit gerade erst erkämpft Für viele von ihnen, wie auch für (andere) Erwerbslose klingt es wie Hohn, wenn immer wieder erzählt wird, sie sollten ihre Sinnperspektiven außerhalb der Erwerbsarbeit suchen.

Betrachten wir Konzepte und Strategien zur "Lösung" der aktuellen Arbeitsmarktprobleme, so wird die Verkehrung feministischer Forderungen und Anliegen deutlich. Der von Feministinnen geforderte "erweiterte" Arbeitsbegriff wird zwar aufgenommen, aber geradezu ins Gegenteil verkehrt, indem bisher im Bereich der Reproduktion angesiedelte Tätigkeiten als ‚Arbeit' (Beispiel: care-work) ideologisch aufgewertet werden. Sie sollen Ersatzfunktionen zur Abmilderung der sozialstaatlichen Abbaustrategie übernehmen. Der Staat verabschiedet sich aus der Verantwortung für das Gemeinwohl, indem er an den Familiensinn und Gemeinsinn von BürgerInnen appelliert (vgl. Notz 1999).

(Vor allem) Frauen sollen danach mit "Bürgergeld" (Beck 1997) oder Lohn für Familienarbeit und "Erziehungsgehalt" (Leipert/Opielka 1998) ausstaffiert und aus den Listen der um Erwerbsarbeit Nachsuchenden gestrichen werden. Haus- und Erziehungsarbeit wird unter den traditionellen Arbeitsbegriff addiert; die Notwendigkeit von Strukturveränderungen wird nicht gesehen und die isolierten Arbeitsorte werden keiner Analyse unterzogen. Die Exklusion aus gesellschaftlich organisierter Arbeit mit allen damit verbundenen Nachteilen - unter anderem den Schwierigkeiten der späteren Wiedereingliederung -

wird so reproduziert und die geschlechterhierarchische Grundstruktur von 'Arbeit' zementiert.

Unberücksichtigt bleibt die Tatsache, dass die meisten Frauen gar nicht unter verschiedenen Arbeitsbereichen und Arbeitsorten auswählen können, weil der Arbeitsmarkt für viele keine existenzsichernde Arbeit zur Verfügung stellt, und/oder weil die Optionen aufgrund fehlender Kinderbetreuung und mangelnder struktureller Möglichkeiten, Beruftätigkeit und Kinder haben zu vereinbaren, gar nicht zur Verfügung stehen. Frauen, die in Hausarbeitsverhältnissen arbeiten, bleiben kollektive Arbeitszusammenhänge versperrt. Sie arbeiten nach wie vor isoliert und vereinzelt in ihren Häusern und Wohnungen. Hausfrauen haben keine Kolleginnen, mit denen sie kooperieren und kommunizieren können, mit denen sie sich gegen ungerechte Zumutungen zur Wehr setzen können. Ihre Teilnahme am gesellschaftlichen Geschehen ist begrenzt und meist über die gesellschaftliche Position ihres (Ehe-)mannes bestimmt, auf dessen Informations- und Gesprächsbereitschaft sie weitestgehend angewiesen sind. In der Zukunft muß es darum gehen, die herkömmliche Trennung von ökonomisch und außerökonomisch sowie deren geschlechterspezifische Zuordnung grundsätzlich in Frage zu stellen. Daraus kann dann abgeleitet werden, welcher institutionellen Änderungen es in Beruf, Gemeinwesen und Haushalt bedarf, damit Frauen und Männer die dort anfallenden Arbeiten ebenbürdig erledigen können und damit Geschlechterdifferenzen und schichtspezifische Differenzen abgebaut werden. 'Neuen' Dienstbotinnenmodelle, die weiße deutsche Mittelschichtfrauen auf Kosten von Frauen, die illegalisiert in Deutschland leben, begünstigen, sind keine Lösung der Probleme. Sie führen zu neuen Unterschichtungen (auch) unter Frauen.

Verbindung von feministischer Kritik und Utopie
Notwendig wird eine feministische Wissenschaftskritik, die den traditionellen Begriff Arbeit kritisiert und als völlig falsch entlarvt. Die bloße Erweiterung des Arbeitsbegriffs um Reproduktionsarbeiten reicht nicht. Die Kritik der Arbeit in kapitalistischen Verhältnissen zielt über die Forderung nach Einbeziehung aller jetzt unbezahlt geleisteten Arbeiten in die Lohnform hinaus. Schließlich geht es um eine Kritik an der Lohnförmigkeit auch der jetzt bezahlt geleisteten Arbeit und der Abhängigkeit der bloßen Existenz vom gezahlten Lohn. Und diese Kritik muß geschlechtsspezifisch geführt werden.

Die Kritik muß auch die Inhalte und hierarchischen Strukturen aller Arbeitsbereiche und -orte erfassen. Sie muß also auch die Scheidung zwischen dispositiven Faktoren (Planung, Anweisung, Organisation) und ausführenden Faktoren in allen Arbeitsbereichen enthalten, ebenso wie sie die Ausrichtung auf lebenslange Ganztagsarbeit (für Männer) kritisieren muß, wie die Ausrichtung auf lebenslange Sorgearbeit (für Frauen). Neben die Problematisierung inhumaner fremdbestimmter Arbeitsbedingungen in der Produktionsarbeit muß die Problematisierung des kommunikationslosen Charakters der Arbeit in den Küchen treten, die ebenso wie viele Formen der "Eigenarbeit" und nicht marktvermittelter Versorgungsarbeit vom toten Kapital definiert wird, genau so wie die Arbeit in der großen und kleinen Fabrik und in der Verwaltung.

Konstruktive Kritik kann nur unter den Bedingungen einer Zielvorstellung also einer Vorstellung vom Anderen, Besseren, von sinnvoller Lebens-Arbeit erfolgen. Schließlich geht es um die Aufhebung der entfremdeten Arbeit und um die Zusammenführung von Arbeit und Leben sowie und um die Teilhabe von Männern und Frauen am ganzen Leben. Der Kritikbegriff muß mit einem neuen Utopiebegriff zusammengebracht werden. Das hieße, eine Verallgemeinerung der gesellschaftlichen Gesamtarbeit (bezahlter und unbezahlter, auch gemeinwesenorientierter und ehrenamtlicher Arbeit) auf alle anzustreben, ebenso wie ein Recht auf existenzsichernde, sinnvolle und selbstbestimmte Arbeit für alle Menschen, die das wollen, zu verankern. Erst so können die befreienden und die sozialen Dimensionen nicht marktförmiger Arbeit ohne zusätzliche Ausbeutung wirklich werden. Ziel wäre ein Arbeitsverständnis, in dem Erwerbsarbeit, Haus- und Sorgearbeit, Subsistenzarbeit und die Arbeit im sozialen, politischen, kulturellen, künstlerischen und gemeinwesenorientierten Bereich zeitlich, räumlich und inhaltlich eine Einheit darstellen, in die die Sorge, Verantwortung und Hilfe für menschenwürdiges Leben von Kindern, Jugendlichen, Kranken und alten Menschen integriert werden kann. „Aufwertungskampagnen" würden sich dann erübrigen. Dies wäre eine Gesellschaft, in der die "freie Entwicklung eines jeden die Bedingung für die freie Entwicklung aller ist" (Marx/Engels, MEW 4, S. 482).

Notwendige Voraussetzungen sind eine Verkürzung der Vollzeiterwerbsarbeit (6-Stunden-Tag), eine Wiederaufnahme der Diskussion um Humanisierung und Demokratisierung der Arbeit' – und zwar für alle Bereiche von bezahlt und unbezahlt geleisteter Arbeit-, schließlich soll es nicht um eine Umverteilung des ‚verschimmelten Kuchens' gehen. Notwendig wird auch die Bereitstellung pädagogisch und pflegerisch wertvoller Infrastruktur und bildungspolitischer und gesellschaftlicher sowie normativer Regelungen, die geeignet sind, mit der Verweigerungshaltung der Männer im Blick auf die (individuelle und kollektive) Übernahme von unbezahlter Haus- und Sorgearbeit und der damit verbundenen Verantwortung zu brechen.

Genossenschaftliche und kommunitäre Arbeit- und Lebensformen, in denen sich Menschen zusammenschließen, um gemeinsam Dinge zu tun, die sie alleine gar nicht tun wollen oder können, und die - weil sie mit anderen zusammenleben - ganzheitlich und ohne patriarchale Hierarchien arbeiten und handeln wollen, gehen in diese Richtung. Sie setzen auf die Kraft des Experiments und werden vielleicht immer weitere Gebiete erschließen und ihre Konzepte und Ideen in immer weitere Kreise tragen.

Literatur:

Beck, Ulrich: Was heißt Globalisierung? Frankfurt/M. 1997

Becker-Schmidt, Regina u.a.: Nicht wir haben die Minuten, die Minuten haben uns. Zeitprobleme und Zeiterfahrungen von Arbeitermüttern in Fabrik und Familie, Bonn 1982

Giarini, Orio; Patrick M. Liedtke: Wie wir arbeiten werden: Der neue Bericht an den Club of Rome, Hamburg 1998

Hartz, Peter u.a.: Moderne Dienstleistungen am Arbeitsmarkt, Bericht der Kommission, Berlin 2002

Haug, Frigga: Feministisch arbeiten mit Marx, Manuskript 1999

Knapp, Gudrun-Axeli: Arbeitsteilung und Sozialisation: Konstellationen von Arbeitsvermögen und Arbeitskraft im Lebenszusammenhang von Frauen, in: Beer, Ursula (Hrsg.): Klasse, Geschlecht. Feministische Gesellschafsanalyse und Wissenschaftskritik, Bielefeld 1987, S.236-273

Kontos, Silvia und Karin Walser: ... Weil nur zählt, was Geld einbringt. Probleme der Hausfrauenarbeit, Gelnhausen, Berlin, Stein 1979

Leipert, Christian/Opielka, Michael: Erziehungsgehalt 2000. Ein Weg zur Aufwertung der Erziehungsarbeit. Freiburg 1998

Marx, Karl: Das Kapital. Kritik der politischen Ökonomie. Erster Band (Marx-Engels-Werke Bd. 23), Berlin 1974

Marx, Karl; Friedrich Engels: Manifest der Kommunistischen Partei, Berlin 1988

Negt, Oskar/Kluge, Alexander: Öffentlichkeit und Erfahrung. zur Organisationsanalyse von proletarischer und bürgerlicher Öffentlichkeit. Frankfurt/M. 1972

Neusüß, Christel: Die Kopfgeburten der Arbeiterbewegung oder: Die Genossin Luxemburg bringt alles durcheinander, Hamburg 1985

Notz, Gisela: Frauen, die zum Nulltarif arbeiten, waren immer unentbehrlich. Zur Geschichte der ehrenamtlichen Tätigkeit von Frauen im sozialen Bereich, in: Dalhoff Jutta; Ursula Frey; Ingrid Schöll (Hrsg.): Frauenmacht in der Geschichte, Düsseldorf 1986

Notz, Gisela: Die Arbeit der Frauen. Frauenarbeit in der Bundesrepublik Deutschland, in: Verhaltenstherapie und psychosoziale Praxis, 1989, S.59-81

Notz, Gisela: Du bist als Frau um einiges mehr gebunden als der Mann. Die Auswirkungen der Geburt des ersten Kindes auf die Lebens- und Arbeitsplanung von Müttern und Vätern, Bonn l991

Notz, Gisela: Die neuen Freiwilligen. Das Ehrenamt - Eine Antwort auf die Krise? Neu-Ulm 1999 (2.Aufl.)

Notz, Gisela: Über den traditionellen Arbeitsbegriff und die Notwendigkeit seiner Veränderung, in: Utopie kreativ, November/Dezember 1999, Berlin, S.151-161

Offe, Claus: Arbeit als soziologische Schlüsselkategorie? in: Matthes, J. (Hrsg.): Krise der Arbeitsgesellschaft? Verhandlungen des 21. Deutschen Soziologentages l982

Rifkin, Jeremy: Das Ende der Arbeit und ihre Zukunft, Frankfurt/M., New York 1995

Siebel, Werner: Bürgerliches Subjekt und technische Zivilisation. Der Mensch als Störfall technischer Rationalität, in: Ästhetik und Kommunikation, H.75/199O, S.12-21

Werlhof, Claudia von: Der blinde Fleck in der politischen Ökonomie, in: beiträge zur feministischen theorie und praxis, H.1/1978, S.18-32

Zur Person: Gisela Notz, geboren 1942. Studium Industriesoziologie, Arbeitspsychologie und Erziehungswissenschaften Päd. Hochschule und TU Berlin. Wiss. Referentin in der Forschungsabteilung Sozial- und Zeitgeschichte der Friedrich-Ebert-Stiftung. Lehrbeauftragte an der Universität Marburg. Schwerpunkte in Forschung und Lehre: bezahlt und unbezahlt geleistete Arbeit, alternative Ökonomie, Familiensoziologie, berufliche und politische Bildung, historische Frauen- und Geschlechterforschung.

Ausgewählte Publikationen: Einige Aspekte zum traditionellen Arbeitsbegriff und der Notwendigkeit seiner Veränderung, in: Datze, Dietmar (Hrsg.): Wege aus der Krise der Arbeitsgesellschaft. Berlin 1995, S. 64-172 • Über den traditionellen Arbeitsbegriff und die Notwendigkeit seiner Veränderung, in: Utopie kreativ, H. 109/110, Dezember 1999, S.151–161 • Es geht um Umverteilung! Rotgrün und die Krise des Sozialstaats aus frauenpolitischer Sicht, in: Widerspruch, H. 39/2000, S.55–68

Kontakt: gisela.notz@fes.de, http://library.fes.de/history/fab_sozzeit.html

Kurdische Frauen aus der Türkei, Trauma und Flucht. Kunsttherapie und ähnliche Therapien, *Elke* **Boumans-Ray** *(WIR FRAUEN e.V., Düsseldorf),* *Hamidiye* **Ünal** *(PSZ, Köln)* (liegt kein Text vor)

Menschenrechtsverteidigerinnen, *Begüm* ***Cebisci*** *& Sonja* ***Krautwald*** *(Ver.di, AI)*

Inhalt: Frauen werden in den bis jetzt vorliegenden amnesty international - Materialen oft nicht sehr positiv dargestellt. Beispielsweise heißt das 1995 erschienene amnesty international Buch zum Thema: „Frauen in Aktion; Frauen in Gefahr" oder das 2. im Jahre 2001 erschienene Buch „Geschundene Körper; zerrissene Seelen". Beide Titel sind nicht wirklich ermutigend! Berichte und Bilder von Frauen die sich wehren, bzw. eigene Ansätze zur Bewältigung ihrer Lage entwickeln, kommen zu selten vor. Positiv wären Bilder von Frauen, die handeln, nämlich Menschenrechtsverteidigerinnen.

Ziel des Workshops ist es über Frauen zu berichten, die nicht nur leiden, sondern handeln und die als Menschenrechtsverteidigerinnen erfolgreich sind.

Zur Person: Begüm Cebisci, geboren 1969, stammt aus der Türkei. Sie ist Diplom-Romanistin und arbeitet bei der Deka-Bank.

Zur Person: Sonja Krautwald, geboren 1973, gehört zur „Frankfurter Mahnwache gegen Sozialabbau" und arbeitet als Bibliothekarsassistentin in der Bibliothek des Deutschen Wetterdienstes. Begüm und Sonja sind beide Mitfrauen der Gewerkschaftskoordinationsgruppe von amnesty international und außerdem bei ver.di engagiert.

Anatomie des Kopftuches, *Farzaneh* ***Sharifi*** *(*)*

Inhalt: In dieser Diskussion werden die historischen, sozialen, politischen und psychologischen Aspekte der Verschleierung bzw. der Kopfbedeckung der Frau beleuchtet. Dabei wird die Tatsache benannt, die sich unter dem Kopftuch verbirgt: die Sexualität der Frau.

Die Referentin wird folgende Behauptungen und Fragen zur Diskussion stellen: Kopftuch ist „Männersache"!

Was hat die Verschleierung der Frau mit pornographischer Darstellung des weiblichen Geschlechts gemeinsam? Soll die verschleierte Frau als Symbol des politischen Islams die „säkularisierte Welt" herausfordern? Trennung der Religion vom Staat? Wer setzt die Grenze?

<u>Zur Person:</u> Farzaneh Sharifi, geboren 1956, Teheran, Iran. Studium der Soziologie an der Teheraner Universität bis zur Revolution 1979. Arbeit im Bereich Erwachsenenbildung (Alphabetisierung der Frauen). Teilnahme am politischen Widerstand gegen die islamische Herrschaft. Seit 1985 Studium der Sozialarbeit. Seit 1994 berufstätig als Sozialarbeiterin.

Die Sexsklaverei des japanischen Militärs während des Asienpazifischen Krieges 1933-1945 + **Video:** „Give Me Back My Youth", *Yeo-Kyu* **Kang** *(Koreanische Frauengruppe, Heidelberg)* Vortragstext fehlt

Video: Give Me Back My Youth, *Won-San* **Han**
Während des Zweiten Weltkrieges, der oft als "größte Tragödie der Menschheit" zugeordnet wird, wurden viele Frauen in Asien gewaltsam durch Menschenschmuggel und betrügerische Beschäftigung aus einer Reihe Länder in Asien, einschließlich Koreas, entführt und durch japanische Truppen sexuell missbraucht. Über ein halbes Jahrhundert ist seitdem vergangen. Aber die Wunden der Opfer sind immer noch nicht verheilt. Die überlebenden Opfer der sexuellen Gewalt sind inzwischen 70 - 80 Jahre und es ist tatsächlich schwierig für sie, als Zeugen aufzustehen gegen das Verbrechen. Die Konsequenzen der Enthüllung ihrer lang bewahrten Geschichte könnten zu Verlegenheit und Schmerz führen. Nichts desto weniger fahren sie fort auszurufen, dass sie sich weigern, in Frieden zu sterben, bis sie eine annehmbare Entschuldigung und Entschädigung von der japanischen Regierung erhalten haben.

Dieser Film schildert die verzerrte Wahrheit der neuen Zurückgezogenheit und der Selbstrechtschaffenheit der japanischen Regierung, die die dunkle Geschichte verheimlicht und die japanische Invasion und den Zwang beschönigt. In den USA und in Japan fanden wir Tatsachen, die die Existenz von Frauen beweisen, die von der japanischen Armee als Sexsklaven gequält wurden und über die Brutalität Japans während des Krieges berichten. Wir haben ebenfalls den historischen Fakt hervorgehoben, dass Süd- und Nordkorea das erste Mal seit 1955 sich die Hände reichten in Übereinstimmung um die Ehre dieser Opfer der Sklaverei wieder herzustellen. Außerdem stellten wir das schmerzhafte Leben von Frauen sowohl in Süd- als auch in Nordkorea vor, die immer noch an der Tragödie des Krieges leiden, wie sie moralische und legale Verantwortlichkeit der japanischen Regierung bis zu ihrem Todestag fordern und wie sie sich bemühen, so zu leben, wie sie es von einem menschlichen Leben geträumt haben.

Schluss und Ergebnis

Es ist fast 13 Jahre her seit wir unsere Aufmerksamkeit auf die lang verschwiegene Frage der Opfer der Sexsklaverei durch die japanischen Truppen gelenkt haben. So wie die Zeit vergeht sterben immer mehr Opfer. Das erste Mal wurde dies Thema vorwärts gebracht, als Kim Hak-Sun die Brutalität der japanischen Truppen im August 1991 enthüllte, was dadurch zu einem ernsthaften internationalen Anliegen wurde. Es sind jetzt schon 57 Jahre seit dem Ende des Zweiten Weltkrieges vergangen.

Noch immer nicht können wir die brutalen und unmenschlichen Verbrechen vergessen, die von Japan begangen wurden. Japanische Truppen haben junge Mädchen im Alter von 12 - 13 Jahre verschleppt, um sie zu vergewaltigen und als Sexspielzeuge zu benutzen.

"Women's International War Crimes Tribunal Dec. 7-12-2000, Tokyo, Japan",
Chung-Noh **Gross**

Dieser Film zeigt das Frauentribunal, das in Tokio vom 7. bis 12- Dezember 2000 stattfand.

Vertreter von 8 Opferländern, 70 Zeuginnen, 200 Journalisten und 1000 Zuschauer aus aller Welt waren dabei. Das Ziel des Tokio-Tribunals 2000 war die Fortsetzung des Internationalen Kriegsverbrechertribunals für den Fernen Osten, das 1946 in Tokio stattfand. Schon damals wurden Japans Verbrechen gegen die Frauen und die Verbrechen gegen die Bürger der kolonisierten Länder völlig ignoriert.

Jetzt sollte die japanische Militärregierung wegen der organisierten Sexsklaverei verurteilt werden, denn damit hat Japan die internationalen Rechtsnormen verletzt. Den noch lebenden Opfern sollte die Menschenwürde zurückgegeben und die Rehabilitation ermöglicht werden.

Dafür haben sich Menschenrechtsvertreter in gemeinsamer Arbeit mit anderen Frauen- und Menschenrechtsgruppen engagiert. Das Tribunal konnte durch die asiatischen Frauenorganisationen, durch Menschenrechtsorganisationen und durch Nichtregierungsorganisationen stattfinden. Eine gemeinsame Anklageschrift von Süd- und Nordkorea, nach 8-jähriger Arbeit gegen die Regierung durchgesetzt, wurde verlesen. Ebenso eine Klage von China, Philippinen, Taiwan, Malaysia, Indonesien, Osttimor und den Niederlanden.

Das Korea Council und japanische und philipinische Frauenorganisationen waren die Hauptorganisatoren. Expertengruppen von internationalen Juristen und Richtern wurden gewonnen. So die Ex-Präsidentin Frau Gabrielle Mac Donald als Richterin, sowie die Sonderberichterstatterinnen der UN-Menschenrechtskornmission, Frau Coomaraswamy und Frau Gay MacDougal als Gerichtsbeobachterinnen.

Das System ehemaliger Zwangsprostitution, Sexsklaverei und Zwangsarbeit sowie Frauenhandel sind Verbrechen gegen die Menschlichkeit, dies widerspricht dem Völkerrecht. Das Tribunal sprach den damaligen Kaiser Hirohito, 8 hochrangige Beamte und die japanische Regierung wegen Verbrechens gegen die Menschlichkeit schuldig. Das Tribunal hatte zwar keine Gesetzeskraft, aber eine moralische Autorität, die eine Anerkennung und Durchsetzung des Urteils durch die nationalen Regierungen und internationalen Gemeinschaften verlangt. Durch die Bekanntmachung des Tribunals wurde die japanische Militärregierung ihrer Grausamkeiten und Gewaltverbrechen international entlarvt.

Dieser Film zeigt in erschütternder und bewegender Weise Szenen aus dem Tribunal. Es wird deutlich, dass die Frauen eine außerordentliche Befreiung empfinden, da ihnen von international anerkannten Richtern und vor internationalen Zuschauern Achtung und Ehre für ihr schweres Schicksal gezeigt wird, weil japanische Verbrecher, wenn auch nur symbolisch, vor aller Welt verurteilt werden.

Im Übrigen fand ein Jahr später das endgültige Tribunal in Den Haag statt. Dort wurde das Beweismaterial noch einmal bestätigt. Auch die Alliierten wurden wegen ihrer Verantwortung während des Asien-Pazifikkrieges kritisiert und sollten zur Verantwortung gezogen werden.

Seit 14 Jahren kämpfen das Korea Council gemeinsam mit den koreanischen ehemaligen Zwangsprostituierten und Frauenorganisationen für die Rehabilitation der betroffenen Frauen. Aber leider bisher vergebens!

Es leben ja nur noch wenige und von Jahr zu Jahr sterben mehr. Die letzten Worte von Frau Kang zu einer Leidensschwester waren: „Ich verlasse Dich jetzt aber Du kämpfst auch für mich weiter. Wir müssen unsere Würde zurück haben". Jetzt möchte ich einen kurzen geschichtlichen Abriss geben.

Von 1910 bis zum Ende des zweiten Weltkrieges wurde Korea von Japan offiziell annektiert. Von dieser Zeit an versuchte Japan in Korea alles Koreanische auszulöschen. Es verbot alle Traditionen und Sitten, Koreaner mussten japanische Namen tragen und der Schulunterricht wurde in japanischer Sprache gehalten. Japan beutete Bodenschätze und Landwirtschaft aus, plünderte die Kulturschätze und nutzte die Arbeitskraft der Menschen rücksichtslos für eigene Zwecke.

1937 begann Japan einen Expansionskrieg und überfiel weitere Länder in Südostasien.

Am Ende des Krieges 1945 lebten 450 Mill. Menschen in Südostasien unter japanischer Herrschaft. Schon vor Beginn des Krieges begann die japanische Armee auf Befehl der Regierung junge Mädchen und Frauen im Alter von 12 bis 22 Jahren zur Prostitution zu verschleppen. Die Zahl wird mit 250.000 bis 350.000 angegeben. Aber die Dunkelziffer ist viel höher.

Mit Hilfe vertrauter Mittelsmänner wie Dorfvorsteher, Schulleiter und Lehrer lockte man junge Mädchen anfangs in scheinbar ehrbare Berufe mit guten Verdienstmöglichkeiten. Später ging man brutaler vor. Sie wurden mit Polizeigewalt auf dem Heimweg, von zu Hause, aus dem Schulunterricht und aus der Arbeit entführt. Auch aus den besetzten Gebieten wie China, den Philippinen, Indonesien und Malaysia wurden Frauen in gleicher Weise zur Prostitution gezwungen, jedoch 80 % der Zwangsprostituierten waren Koreanerinnen.

Das Ausmaß an Erniedrigung, Brutalität und Unmenschlichkeit, das die Frauen in Militärbordellen zu erleiden hatten, ist unvorstellbar. Ihre Körper wurden pausenlos wie Apparate benutzt vom frühen Morgen bis in die Nacht hinein, kaum dass Ihnen Zeit zum Essen gegönnt wurde. Oft waren es bis zu dreißig Soldaten am Tage, die eine Frau zu bedienen hatte. Außerdem ließen viele Soldaten ihre angestauten Aggressionen an Ihnen aus und quälten und misshandelten sie.

Frauen, die bereits in den dreißiger Jahren verschleppt worden waren, hatten also teilweise über 10 Jahren zu dienen, eine unvorstellbar lange Zeit der Erniedrigung. Das Vergewaltigungssystem war mit kalter Berechnung organisiert und ein Geschenk des Kaisers an die japanische Armee. Es sollte die Geschlechtskrankheiten, die durch die wilden Vergewaltigungen in früheren Kriegen viele Opfer gekostet hatten, eindämmen und die Schlagkraft des Heeres erhöhen.

Es ist in der Geschichte einmalig, dass eine Armee Bordelle mit sich schleppt. Die Frauen bekamen japanische Namen oder auch nur Nummern und durften nur japanisch sprechen. Sie lebten unter ständiger Bewachung wie in einem Gefangenenlager. Anfang 1943 soll es schätzungsweise 400 dieser Militärbordelle gegeben haben. Wurde eine Frau krank, so tauschte man sie aus. Denn Kranke ließ man verschwinden, wie einen unbrauchbaren gewordenen Gegenstand und ersetzte sie durch weitere junge Mädchen aus Korea.

Als es für Japan 1945 offensichtlich wurde, dass der Krieg verloren war, begann man die Frauen als unerwünschtes Beweismaterial zu beseitigen: sie wurden in einem Schiff versenkt, in Luftschutzkeller gelockt und gesprengt, sie wurden erschossen oder zum Selbstmord gezwungen oder man ließ sie in fremden Ländern allein, wo sie orientierungslos der Sprache nicht mächtig und ohne irgendwelche Hilfen zurückblieben. Wie viele überlebt haben, weiß man nicht.

Für die, die mit Gottes Hilfe überlebt haben und nach Korea zurückkehren konnten, begann eine **weitere Tortur**. Die meisten Frauen waren im konfuzianischen Glauben erzogen.

In dieser Religion zählt die Reinheit mehr als das Leben. Deshalb versuchten sie ihre beschämende Vergangenheit zu verbergen und lebten isoliert unter armseligen Bedingungen, immer auf der Flucht und in Angst erkannt zu werden.

Als 1990 im koreanischen Fernsehen einmal eine Sendung Japans mit einer verfälschenden Darstellung über die Trostfrauen gesendet wurde, die behauptete, die jungen Mädchen und Frauen hätten sich freiwillig zur Prostitution gemeldet, brach als erste der ehemaligen Trostfrauen Frau Kim Haksun 1991 also nach fast **50 Jahren das Schweigen** und berichtete wahrheitsgemäß über die japanischen Zwangsbordelle.

Dadurch erfuhr die Öffentlichkeit zum ersten Mal die erschütternde Wahrheit über die unsagbaren Leiden der betroffenen Opfer. Frau Kim Haksun und drei weitere Frauen erhoben Klage gegen die japanische Regierung und sie forderten eine offizielle Entschuldigung und offizielle Entschädigung. Weitere koreanische Frauen und Opfer aus anderen asiatischen Ländern klagten ebenfalls die japanische Regierung an. Bis heute wurden alle Klagen abgewiesen.

Japan schwieg bis 1992, gab dann aber nach und nach zu, daß die Regierung an diesem Verbrechen beteiligt war, lehnte aber dennoch eine offizielle Entschuldigung und Entschädigung ab. Japan rechtfertigte sich des Alten mit dem Friedensabkommen von San-Francisco 1953 und dem Normalisierungsabkommen von 1965 mit Korea abgegolten sei. Aber die Trostfrauen waren in **beiden Abkommen weder berücksichtigt noch erwähnt.**

Seit 1992 gingen mehrmals Berichterstattungen an die UNO-Menschenrechtskommission ein und die Untersuchungen der UNO ergaben eindeutig, dass diese Verbrechen eine Verletzung gegen die Menschlichkeit und Menschenwürde sind und solche Verbrechen verjähren nicht.

1996 forderte Frau Radika Coomaraswamy, Sonderberichterstatterin der UNO- Menschenrechtskommission zur Gewalt gegen Frauen, die japanische Regierung auf, die Opfer individuell zu entschädigen, sich offiziell zu entschuldigen, Dokumente über die Trostfrauen zu veröffentlichen, das Thema in den schulischen Geschichtsunterricht aufzunehmen und die Täter zu bestrafen.

Seit 1995 erkannte die ILO die Schwere der Verbrechen an der Konvention Nr. 29, die das Verbot von Zwangsarbeit gesetzlich festlegt. Auch sie forderte die japanische Regierung auf, dafür die Verantwortung zu übernehmen.

Ebenfalls 1998 betonte die Rechtsgutachterin der Sonderberichterstatterin der UNO- Menschenrechtskommission Gay McDougall, dass das System der

Trostfrauen als Sexsklaverei und die Militärbordelle als Vergewaltigungslager einzustufen seien.

Man darf dabei nicht vergessen, dass Japan bereits 1923 dem Abkommen der Haager Landfriedensordnung beigetreten war, die den Verbot der Sklaverei beinhaltet und 1953 dem Genfer Abkommen, dass den Verbot der Vergewaltigung bei bewaffneten Auseinandersetzungen ausdrücklich festschreibt. Den Verpflichtungen der Vertragsstaaten, die Konventionen der nationalen Gesetzgebung umzusetzen, ist Japan bis jetzt nicht gefolgt.

Um den internationalen Druck und die Verantwortung umgehen zu können, richtete Japan ein Spendenkonto ein, das aus der japanischen Bevölkerung stammt und nannte es "Friedensfond für die asiatischen Frauen". Die betroffenen Frauen definieren jedoch den Friedensfond und die Zahlung als zweite Verletzung ihrer Menschenwürde, denn sie empfinden es als ein Almosengeld, weil Japan damit die offizielle Entschädigung an die Barmherzigkeit der Bevölkerung delegiert.

Im Dez. 2000 fand in Tokyo das Internationale Frauentribunal statt. Das Tribunal, ein nicht rechtsverbindliches Gericht der Nichtregierungsorganisation, sprach den damaligen japanischen **Kaiser Hirohito** und die **Staatsführung** schuldig.

Auf diesem Tribunal war alles Beweismaterial zusammengetragen worden. Das ermöglichte den Richtern, symbolisch, einen einwandfreien Schuldspruch gegen Japan zu fällen.

Da viele internationale Beobachter teilnahmen, wurden Verhandlungen, und die Verurteilung der japanischen Verbrechen weltweit durch die Medien verbreitet. Japan war zu diesem in seiner Hauptstadt stattfindenden Tribunal eingeladen, jedoch reagierte weder die Regierung darauf noch nahmen japanischen Medien Notiz davon.

So haben die weltweiten Protestaktionen und die Veröffentlichungen und all internationalen Druck **Japans Ignoranz nichts erreicht.** Hierbei möchte ich auch die seit Jan. 1992, also seit 12 Jahren, wöchentlich stattfindenden und immer noch andauernden Mittwochsdemonstrationen vor der japanischen

Botschaft in Seoul Korea erwähnen. Am 17.06.04 ist das 600te Mal Mittwochsdemonstrationen.

Deshalb fordern wir Japans Schuldfrage gesetzlich zu regeln und folgende **speziellen Gesetze für Trostfrauen zu erlassen:**

1. ein Entschädigungsgesetz,
2. eine offizielle Entschuldigung Japans, um den betroffenen Frauen die Würde zurückzugeben,
3. Veröffentlichung der Dokumente und des Beweismaterials,
4. Bestrafung der Täter,
5. Errichtung einer Gedenkstätte,
6. **wahrheitsgemäßer Bericht in den Geschichtsbüchern** (Viele Japaner glauben nämlich noch dass die Trostfrauen freiwillig zur Prostitution gegangen sind oder daß sie Krankenschwestern waren und das Militärbordelle durch private Leute unterhalten wurden.),
7. eine Suchaktion nach überlebenden Trostfrauen in asiatischen Gebieten, um deren Rückführung zu ermöglichen und
8. eine würdevolle Bestattung der verstorbenen Trostfrauen und eine Rückführung der Gebeine nach Korea, der im Ausland Verstorbenen.

Noch immer sind in bewaffneten Kriegen die Frauen Opfer von Gewalttaten. **Ich appelliere an die japanische Regierung** Wahrheit und Gerechtigkeit walten zu lassen, um diesen Verbrechen ein Ende zu setzen. Versöhnung und Heilung der Jahrzehnten alten Wunden sind möglich, wenn Japan endlich aufrichtig die Verantwortung für diese Geschehnisse übernimmt. Es wäre ein bedeutender Schritt für den Frieden zwischen den asiatischen Ländern und außerdem **eine Stärkung der Selbstachtung Japans im Hinblick auf die folgenden Generationen.**

Einführung zum Videofilmvortrag: "Give me back my youth" und "Women's International War Crimes tribunal Dec. 7-12-2000, Tokyo, Japan", *Korea Council*

Ich möchte das Korea Council Drafted for the Military Sexual Slavery by Japan (abgekürzt Korea Council) (oder "Koreanischer Rat für ehemalige Zwangsprostituierte") und die Arbeit für die Rehabilitation der koreanischen zwangsprostituierten Frauen vorstellen.

Seit 14 Jahren kämpfen das Korea Council gemeinsam mit den koreanischen ehemaligen Zwangsprostituierten und Frauenorganisationen für die Rehabilitation der betroffenen Frauen.

Aber leider bisher vergebens!

Die japanische Regierung hat bis jetzt weder offiziell entschuldigt noch entschädigt. Nach ca. 50-jährigem Schweigen, der Grund dafür war:

1. Korea musste sich nach diesem furchtbaren Krieg erst eine eigene Selbständigkeit erarbeiten. Es hatte eine lange Kolonialherrschaft hinter sich, es war zerstört und geteilt. Das alles musste verarbeitet und überwunden werden,

2. Prostitution gilt und besonders, wenn man es mit religiösen Wertvorstellungen misst, als außerordentlich verwerflich. Diese Frauen stehen gesellschaftlich auf niedrigster Stufe und werden gemieden und isoliert. Dabei spielen die Hintergründe, die sie in die Prostitution trieben keine Rolle. Nur die Tatsache zählt und

3. diese Frauen waren meistens sehr jung. Oft wurden sie von der Schulbank weggeholt. Ihr Bildungsstand war gering. Sie konnten aus Unkenntnis von rechtlichen Mitteln keinen Gebrauch machen und scheuten sich dazu, aus Scham an die Öffentlichkeit zu treten.

Trotz des Jahrzehnte langen Schweigens war das Thema Zwangsprostitution nicht vergessen. Seit 1980 recherchierte Frau Yun Chung-Ok und trug ihre

Recherchen anlässlich der "asiatischen christlichen Frauenvereinigung" öffentlich vor.

1990 Gründung des Komitees "Zwangsprostituierte Frauen in Korea", jetzt genannt Korea-Council. Es besteht aus 22 Frauenorganisationen. Außerdem wurde ein Telefondienst eingerichtet, der "Notruf ehemaliger zwangsprostituierter Frauen".

1991 klagt als erste Zwangsprostituierte Frau Kim Hak-Sun mit weiteren zwei Frauen die japanische Regierung an und verlangte eine öffentliche Entschuldigung und Entschädigung in Höhe von 150.000 pro Person. Für ihre Leiden. Das Ausmaß an Erniedrigung, Brutalität und Unmenschlichkeit, das die Frauen in Militärbordellen zu erleiden hatten, ist unvorstellbar. Ihre Körper wurden pausenlos wie Apparate benutzt vom frühen Morgen bis in die Nacht hinein, kaum daß Ihnen Zeit zum Essen gegönnt wurde. Oft waren es bis zu dreißig Soldaten am Tage, die eine Frau zu bedienen hatte. Außerdem ließen viele Soldaten ihre angestauten Aggressionen an Ihnen aus und quälten und misshandelten sie.

Frauen, die bereits in den dreißiger Jahren verschleppt worden waren, hatten also teilweise über 10 Jahre zu dienen, eine unvorstellbar lange Zeit der Erniedrigung.

Unter dem Druck beweiskräftiger Dokumente der japanischen Armee zur organisierten Verschleppung mit dem Ziel Zwangsprostitution entschuldigt sich der Premierminister vor dem koreanischen Parlament. Aber diese Entschuldigung hatte einen inoffiziellen nicht ehrlichen Charakter, eingebettet in die Begrüßung in die Begrüßungsfloskel. Ebenso lehnte Japan eine Entschädigung ab.

Japan schwieg bis 1992, gab dann aber nach und nach zu, dass die Regierung an diesem Verbrechen beteiligt war, als beweiskräftige Dokumente auftauchten, entschuldigte sich der Premierminister vor dem koreanischen Parlament. Aber diese Entschuldigung hatte einen inoffiziellen nicht ehrlichen

Charakter, eingebettet in die Begrüßung in die Begrüßungsfloskel. Ebenso lehnte Japan eine offizielle Entschädigung ab.

Japan rechtfertigte sich, daß das alles mit dem Friedensabkommen von San Francisco 1953 und dem Normalisierungsabkommen von 1965 mit Korea abgegolten sei. Aber die Trostfrauen waren in beiden Abkommen weder berücksichtigt noch erwähnt.

Seit 1992 demonstrieren jeden Mittwoch das Korea Council, die ehemalige zwangsprostituierte Frauen und Frauenorganisationen vor der japanischen Botschaft in Seoul Korea. Aber auch diese 600. Demonstration weltweit (17.3.2004) stießen bisher auf die Ignoranz Japans.

Seit 1992 gingen mehrmals Berichterstattungen an die UNO-Menschenrechtskommission ein und -halten bis jetzt an. Die Untersuchungen der UNO ergaben eindeutig, dass diese Verbrechen eine Verletzung gegen die Menschlichkeit und Menschenwürde sind und solche Verbrechen verjähren" nicht.

1996 forderte Frau Radika Coomaraswamy, Sonderberichterstatterin der UNO- Menschenrechtskommission zur Gewalt gegen Frauen, die Japanische Regierung auf, die Opfer individuell zu entschädigen, sich offiziell zu entschuldigen, Dokumente über die Trostfrauen zu veröffentlichen, das Thema in den schulischen Geschichtsunterricht aufzunehmen und die Täter zu bestrafen. 2003 hat Frau Radika Coomaraswamy nochmals die japanische Regierung aufgefordert die Entschädigungsfrage zu regeln. Darauf hat die japanische Regierung geantwortet, sie hätten mit dem Spendengeld schon alles erledigt.

Korea Council nimmt seit 1996 bis jetzt an ILO Conference teil, um das Problem bei ILO zum Thema zumachen. Aber durch japanische Lobbyarbeit scheiterte das bis jetzt.

Seit 1996 erkannte die ILO die Schwere der Verbrechen an der Konvention Nr. 29, die das Verbot von Zwangsarbeit gesetzlich festlegt. Auch sie forderte die japanische Regierung auf, dafür die Verantwortung zu übernehmen. Ebenfalls 1998 betonte die Rechtsgutachterin der Sonderberichterstatterin der UNO-Menschenrechtskommission Gay McDougal, dass das System der Trostfrauen als Sexsklaverei und die Militärbordelle als Vergewaltigungslager einzustufen seien.

Man darf dabei nicht vergessen, dass Japan bereits 1923 dem Abkommen der Haager Landfriedensordnung beigetreten war, die den Verbot der Sklaverei beinhaltet und 1953 dem Genfer Abkommen, das den Verbot der Vergewaltigung bei bewaffneten Auseinandersetzungen ausdrücklich festschreibt. Den Verpflichtungen der Vertragsstaaten, die Konventionen der nationalen Gesetzgebung umzusetzen, ist Japan bis jetzt nicht gefolgt?

Weitere koreanische Frauen und Opfer aus anderen asiatischen Ländern klagten ebenfalls die japanische Regierung an. Bis heute wurden alle Klagen der Koreanerinnen und Opfer aus den anderen Ländern abgewiesen.

Um den internationalen Druck und die Verantwortung umgehen zu können, richtete Japan 1995 ein Spendenkonto ein, das aus der japanischen Bevölkerung stammte und nannte es "Friedensfond für die asiatischen Frauen". Die betroffenen Frauen definieren jedoch den Friedensfond und die Zahlung als zweite Verletzung ihrer Menschenwürde, denn sie empfinden es als ein Almosengeld, weil Japan damit die offizielle Entschädigung an die Barmherzigkeit der Bevölkerung delegiert. Japan versuchte hinterhältige Spendengelder zuzahlen was auch bei einigen Ländern gelungen ist. Aber Korea und Taiwan verweigern die Annahme dieser Almosengelder.

Die japanische Regierung hält durch das Spendengeld schon alles für erledigt.

Um japanisches Spendengeld zu vermeiden, gelingt es 1996 dem Korea Council von der koreanischen Regierung für die betroffenen Frauen monatlich 300 € Unterstützung zu bekommen und eine einmalige Zahlung von 32.000 €. Auch das Korea Council sammelte 1998 mehrmals Spendengelder von der koreanischen Bevölkerung für die betroffenen Frauen. Außerdem veranlasste das Korea Council für die inzwischen alt und krank gewordenen Frauen medizinische Hilfen zu erhalten. Auch die Organisation von Beerdigungszeremonien wurden geleistet (203 Angemeldet davon 60 Tot). Außerdem gelang es dem Korea Council ein Reiseverbot für die Täter durchzusetzen.

Für die nächsten Generationen hat das Korea Council ein Erziehungscenter geschaffen. Die Aussagen der Zeugen wurden dokumentiert. Damit soll die Geschichte der Zwangsprostitution bekannt gemacht werden. Auch bei der Suche nach verstreuten betroffenen Frauen hilft das Korea Council. Außerdem durch Errichtung des Kriegs- und Frauenrechtscenters.

Im Dez. 2000 fand in Tokyo das Internationale Frauentribunal statt. Das Tribunal, ein nicht rechtsverbindliches Gericht der Nichtregierungsorganisation, sprach den damaligen japanischen Kaiser Hirohito und die Staatsführung schuldig.

Auf diesem Tribunal war alles Beweismaterial zusammengetragen worden. Das ermöglichte den Richtern, symbolisch einen einwandfreien Schuldspruch gegen Japan zu fällen.

Da viele internationale Beobachter teilnahmen, wurden Verhandlungen und die Verurteilung der japanischen Verbrechen weltweit durch die Medien verbreitet.

Japan war zu diesem in seiner Hauptstadt stattfindenden Tribunal eingeladen, jedoch reagierte weder die Regierung darauf noch nahmen japanischen Medien Notiz davon.

So haben die weltweiten Protestaktionen und die Veröffentlichungen und all internationaler Druck gegen Japans Ignoranz nichts erreicht. Deshalb fordern

wir Japans Schuldfrage gesetzlich zu regeln und folgende spezielle Gesetze für Trostfrauen zu erlassen:
1. ein Entschädigungsgesetz,
2. eine offizielle Entschuldigung Japans, um den betroffenen Frauen die Würde zurückzugeben,
3. Veröffentlichung der Dokumente und des Beweismaterials,
4. Bestrafung der Täter,
5. Errichtung einer Gedenkstätte,
6. wahrheitsgemäßer Bericht in den Geschichtsbüchern (Viele Japaner glauben nämlich noch dass die Trostfrauen freiwillig zur Prostitution gegangen sind oder dass sie Krankenschwestern waren und dass Militärbordelle durch private Leute unterhalten wurden.),
7. eine Suchaktion nach überlebenden Trostfrauen in asiatischen Gebieten, um deren Rückführung zu ermöglichen und
8. eine würdevolle Bestattung der verstorbenen Trostfrauen und eine Rückführung der Gebeine nach Korea, der im Ausland Verstorbenen.

Noch immer sind in bewaffneten Kriegen die Frauen Opfer von Gewalttaten. Ich appelliere an die japanische Regierung Wahrheit und Gerechtigkeit walten zu lassen, um diesen Verbrechen ein Ende zu setzen.

Versöhnung und Heilung der Jahrzehnte alten Wunden sind möglich, wenn Japan endlich aufrichtig die Verantwortung für diese Geschehnisse übernimmt.

Es wäre ein bedeutender Schritt für den Frieden zwischen den asiatischen Ländern und außerdem eine Stärkung der Selbstachtung Japans im Hinblick auf die folgenden Generationen.

Ausstellungen: Freitag 16.00 bis Sonntag 16.00Uhr

Women's International War Crimes Tribunal, *Chung-Noh* **Gross**

Bildmeditation „Comfort –Women"

ein großer baum in der mitte

die starken äste ragen weit

in den endlosen himmel

rosa blätter segeln durch die luft

sacht der erde zu

der wind hält den atem an

ein duft von kirschblüten

breitet sich aus

bedeckt das mädchen

wie sie daliegt

nackt

die seele kann noch weinen

doch ihre blöße spürt sie nicht

sie will sich klein machen

ganz klein

am liebsten in die erde versinken

wohin auch sonst

sie schämt sich

hände vors gesicht

niemanden will sie sehen

keiner soll sie erkennen

der himmel ist hell und weit

aber das sieht sie nicht

in ihr ist es nacht

bleibt es nacht

eine dämmerung ist nicht in sicht
und die morgenfrische
will nicht aufkommen
nicht bei ihr
stillstand
zwischen himmel und erde
ist sie in sich zerrissen
und da liegt sie auch
der mächtige baum
voll leuchtender blätter
mit den zahllosen kirschblüten
sinnbild der übermacht japans
steht auf einem hügel
ein grabhügel
gefüllt mit den ungezählten gebeinen
mädchen und frauen koreas
verwelkt vor ihrer lebensblüte
verscharrte zukunft
verborgene hoffnungen
versteckt in der tiefe
der preis also
für stärke und macht
ehre stolz und würde genommen
von hingehaltenen knochen
eine soldatenhand
wie ein verdorrter ast
ragt aus dem stamm
greift ins leere
keine berührung

die einzige verbindung geht
über die toten schwestern
noch liegt sie da
wann erhebt sie sich
und geht los?

Bildmeditation zu: Kang Duk-Kyung "Unterm Kirschenbaum" (Intergrity Stolen) von Carsten Rostalsky

Zur Person: Chung-Noh Gross ist ehrenamtliches Vorstands Mitglied des Frauenmenschenrecht-Center des Korea Council to the Women Dratfted tor Military Sexual Slavery by Japan

Kontakt: chunqnoh@addcom.de

Gegen die israelische Besatzung palästinensischen Landes, *Paula **Abrams-Hourani** (Frauen in Schwarz, Wien)*

Inhalt: Paula Abrams-Hourani berichtet über die Aktivitäten der „Frauen in Schwarz" in Wien und über die Motivation der Frauen (und Männer), die sich einsetzen für einen gerechten Frieden. In der Gruppe sind Christen, Juden, Atheisten. Ihr Ziel ist, die Mauer des Schweigens, des Wegschauens zu durchbrechen. Aktionen und Veranstaltungen werden organisiert. Informationen, Artikel und Websites werden am Infotisch verteilt.

Wir hoffen, dass wir auch in Deutschland Frauen motivieren können, sich in ähnlicher Weise einzusetzen für die Rechte der Palästinenser.

Zur Person: Paula Abrams-Hourani ist Gründerin der „Frauen in Schwarz", Wien. Seit Juni 2001 macht die Gruppe Mahnwachen gegen die israelische Besatzung palästinensischen Landes. Sie folgt damit einem Aufruf der israelischen Dachorganisation von 10 Frauenfriedensorganisationen -Coalition of Women for Just Peace.

In Israel wurde die Organisation der „Frauen in Schwarz" 1988 gegründet. Sie gehört zu den 10 Frauenfriedensorganisationen.

Paula Abrams-Hourani ist auch Mitglied der Europäischen Juden für einen gerechten Frieden, eine Gruppe, die im September 2002 in Amsterdam gegründet wurde.

Arbeitsgruppen19 - 27 (16.00 Uhr - 17.30 Uhr) Neue Mensa
Hören und Schweigen der persönlichen Erfahrungen von ehemaligen „Trostfrauen" (+ **Video**: Women´s International War Crimes Tribunal), *Prof. Myung-Hye Kim [Internationales Netzwerk der Koreanischen Frauen in Deutschland (KOWIN), Cambrigde]* Übersetzung aus dem Koreanischen Kyong-Ae **Hyun**

„Diese Geschichte, ich habe sie am Anfang aus Scham nicht richtig erzählen können."
„Wem kann ich meine Geschichte erzählen? Vielleicht weiß das der Himmel."
„Wie kann ich mich nur rächen?"
„When people cannot represent themselves, they have to be represented".
(Karl Marx)
„Wenn sich die Menschen nicht selber vertreten können, müssen sie vertreten werden". (Karl Marx)

Vorwort

Wir alle haben irgendwo im Herzen mindestens eine Erinnerung, an die wir uns nicht erinnern möchten. Wegen des Schmerzes, den die Erinnerung enthält, der verlorenen Selbstachtung, der Wut und den anderen verschiedenen Gefühlen, die sich nicht klar erfassen lassen. Wir möchten sie als eigene tief im Herzen begraben und ihre Existenz selbst verleugnen.

Diese "privaten Erinnerungen" bleiben aber nicht immer begraben. Wenn nicht durch mich selbst, werden sie durch die Anderen oder durch unerwartete Ereignisse aufgeweckt, angereizt, erinnert und manchmal als eine "gesellschaftliche Erinnerung" rekonstruiert.

Das Erinnern und die Erzählung des Vergangenen geschieht nicht automatisch. Die Art und Weise der Erzählung vom Vergangenen ist verschieden, weil die Erzählung nicht in der Vergangenheit, sondern im Kontext der Gegenwart geschieht. Deshalb fragen wir immer, wann und wo die Erinnerung uns stutzig macht, danach, wer erinnert, was erinnert wird und mit welchen Absichten und aus welcher Anschauung heraus erzählt wird.

1991 wurde in Korea im Rahmen der Frauenbewegung damit begonnen, aus den individuellen Erinnerungen der ehemaligen "Trostfrauen" ("Trostfrauen": Während der 2. Asien-Konferenz der Solidaritätskomitees für die Opferfrauen (Tokyo 1993) wurde beschlossen, die Bezeichnung "Trostfrauen" durch den Begriff "Military Sexual Slavery by Japan" zu ersetzen, weil er den Tatbestand und die Begleitumstände genauer trifft. Aber der Ausdruck erschreckte selbst die Opfer und weil das Wort "Trostfrauen" auch in den damaligen offiziellen Dokumenten Japans auftauchte, hat man sich darauf geeinigt, das Wort weiterhin zu benutzen und zwar in Anführungszeichen.) ihre Geschichte zu rekonstruieren. Ich möchte im Folgenden die methodischen Fragen zur Rekonstruktion der Geschichte, die ich im Jahre 2002 durch meine Arbeit gemeinsam mit 20 anderen MitarbeiterInnen gewonnen habe, anhand der Interviews exemplifizieren.

I. Änderung der Sichtweise seitens der WissenschaftlerInnen

Von den WissenschaftlerInnen wurde das Problem der "Trostfrauen" eher als abscheulich empfunden und als eine vergangene Geschichte, die man nicht erinnern wollte, so dass man sich zunächst auch nicht wissenschaftlich damit befassen wollte. Sie sahen darin ein politisches Problem, das auf dem Wege der konkreten Forderungen nach Entschuldigung, Entschädigung und Wiedergutmachung gegenüber der japanischen Regierung zu lösen sei. Nachdem die japanische Regierung nicht darauf reagierte und die Geschehnisse leugnete, haben sich diese WissenschaftlerInnen zunächst mit den Quellen und den Lösungsstrategien der Frauenbewegungen in Asien befasst und deren Zusammenarbeit, Zielsetzung und Erfolge beschrieben.

Es gab und gibt immer noch große Schwierigkeiten bei der Wahrheitsfindung, weil ein Großteil der offiziellen Dokumente von der japanischen Regierung schon frühzeitig vernichtet worden war bzw. unter Verschluss gehalten wurde. Um diese Schwierigkeiten zu überbrücken begann man die überlebenden Frauen selbst zu befragen. Dabei ergaben sich methodische Fragen, die uns heute beschäftigen.

II. Die Erzählung der "Trostfrauen"

1. Erinnerung und Erzählung der Lebensgeschichte

Die Erinnerungen sind nur im Spiegel der Gegenwart, d.h. im Kontext der Gegenwart, abrufbar. Geschichte entsteht, wenn eine Person ihre Lebensgeschichte erzählt, die von einer anderen Person gehört und aufgeschrieben wird. Dabei gibt es keine fließenden, vollständigen Erinnerungen, sondern die Bruchstücke subjektiver Erinnerungen. Das Aufschreiben der Lebensgeschichte geschieht von Anfang an nicht anders als durch die Zusammenarbeit von erzählender und hörender Person, und zugleich mit der Erzählung beginnt die Interpretation der Lebensgeschichte. Das Erinnern ist nicht dasselbe wie die Vergangenheit. Auf je eigene Weise wird die Vergangenheit in der Erinnerung rekonstruiert.

Es besteht eine Differenz zwischen dem Erinnerten und der Geschichte, weil die individuellen Erinnerungen und Erfahrungen durch den jeweiligen gesellschaftlichen Kontext mitgestaltet, vermittelt und interpretiert werden. Insbesondere, wenn es sich um kollektive Erinnerungen handelt, fließen unterschiedliche Interessen mit ein. Dazu gehört, und das scheint paradox, die "Technik des Vergessens", die das Erinnern der überlebenden Frauen unmerklich lenkt, so dass man von einer "Politik des Erinnerns" sprechen kann.

Ich zitiere eine koreanische Wissenschaftlerin, Frau Choi, die die politische Bedeutung der Erinnerungsarbeit wie folgt beschrieben hat: "Die Erinnerungsarbeit mit den Opferfrauen darf sich nicht auf die staatliche Barbarei und deren Leugnen durch Japan beschränken, sondern betrifft genauso das Stillhalten der koreanischen Regierung über die Beschädigung durch den japanischen Kolonialismus und die patriarchalische Struktur der koreanischen Gesellschaft selbst, die die Opferfrauen über 50 Jahre lang zum Schweigen verurteilt hat. Die Aufarbeitung der Erinnerung der Frauen soll die bisherige Geschichtsschreibung zum Gegenstand haben und sie aufheben. Ursprünglich traten die Opferfrauen durch den Akt ihrer Erzählung als Subjekt der Geschichte auf. Die patriarchale Geschichtsschreibung jedoch hat sie als Objekte der Geschichte vereinnahmt (und sie für ihre Zwecke instrumentalisiert). Als politischer emanzipatorischer Akt muss deshalb der Versuch bewertet werden, in der Erzählung der Frauen gleichzeitig Mechanismen der Unterdrückung durch patriarchalische Strukturen aufzudecken."

2. Das Herauskommen aus dem Schweigen

Obwohl das Problem der "Trostfrauen" seit 10 Jahren bekannt ist und obwohl es noch überlebende Frauen gibt, ist die ganze Wahrheit noch nicht ans Licht gekommen.

Die Beschämung, die den überlebenden Frauen durch konfuzianische (patriarchalische) Weltanschauungen auferlegt worden war, hat sie seit ihrer Rückkehr nach Korea zum Schweigen gebracht. Sie konnten über ihre seelischen und körperlichen Verletzungen nicht sprechen. Die öffentliche Solidarität, die Mittwochsdemonstrationen vor der japanischen Botschaft in Seoul und die Publikationen haben die Opferfrauen zu aktiv Handelnden gemacht; einige Frauen, nicht allen war es möglich geworden, das über 50 Jahre lang dauernde Schweigen zu brechen.

Bis 2002 hatten sich 205 Frauen gemeldet, 66 Frauen (32%) sind inzwischen verstorben, 139 (68%) leben noch, 63 Frauen (32%) haben sich an den Interviews beteiligt, die im Jahre 2002 in 5 Bänden publiziert werden konnten. Ein sechstes Band mit vertieften Interviews von weiteren 16 Frauen wird 2004 erscheinen, also noch in diesem Jahr. 50 Frauen konnten für Interviews (aus welchen Gründen?) nicht gewonnen werden.

3. Charakteristika der Frauen, die bei den zuletzt interviewten Frauen gewonnen wurden, deren persönliche, familiäre und soziale Hintergründe.

a) Bildung

Keine Schulausbildung (8 Frauen), Abbruch der Grundschulbildung (4 Frauen), übrige (4 Frauen). Die Frauen konnten generell kaum lesen, schreiben und rechnen.

"Die Schule hat uns nur bis zur 2. Klasse Koreanisch gelehrt, dann wurde es verboten; auch Koreanisch sprechen durften wir nicht. Wer das tat, wurde sofort mit Ohrfeigen bestraft... bis zur 4. Klasse, ohne Abschluss ging ich weg (im Klartext: wurde ich verschleppt)."

b) Alter zum Zeitpunkt der Verschleppung

Die Herkunftsorte liegen über ganz Korea verstreut: Seoul (1 Frau), Chungchong Do (3 Frauen), Cholla-Do (3 Frauen), Kyongsang-Do (6 Frauen), Pusan (1 Frau), Pyongan-Do (2 Frauen) Sie wurden zwischen 1935-44 verschleppt, die meisten 1942, als der Krieg seinen Höhepunkt erreichte. Die Frauen waren damals zwischen 13 und 19 Jahre alt und davon 13-jährig (1), 14-jährig (2), 15-jährig (1), 16-jährig (7), 18-jährig (2), 19-jährig (1) Die meisten waren 16 Jahre alt.

"Ich, die keine Erfahrung hatte und noch unschuldig war, musste gleich am Anfang 7 Gäste (Männer) empfangen."

"Meine Glieder wurden zerrissen, ich kann das mit Worten nicht beschreiben, ich war ein 17-jähriges Kind."

"Ich war verbraucht mit 15 Jahren und bin invalide geworden."

c) Methoden der Verschleppung

Zwei Frauen wurden direkt von japanischen Soldaten zwangsverschleppt. In den meisten Fällen waren die Frauen von japanischen Polizisten (5) und Soldaten (2) in Begleitung von Koreanern zwangsverschleppt worden. Auf Anordnung japanischen Militärs wurde 1 Frau von koreanischen Polizisten, 1 Frau von koreanischen Soldaten und 3 Frauen von Koreanern zwangsverschleppt. Zwei Frauen wurden auf Empfehlung von Dorfältesten bzw. -vorstehern weggeschickt. Die Zwangsverschleppung kam häufig vor (6 Pers.). In den meisten Fällen geschah dies durch Verlockung (8 Pers.), d.h. es wurde ordentliche Arbeit, gute Bezahlung und ein besseres Leben versprochen.

"Ich war gerade am Dorfbrunnen, um einen gefüllten Wassertopf fort zu tragen, da klopfte mir jemand auf den Rücken, ich drehte mich erschrocken um und sah einen Soldaten, einen japanischen Soldaten mit dem Stern hier (an der Schulter) und dem Schwert an der Seite und einer Soldatenmütze auf dem Kopf."

"Junge Frau, sieh mich an, sagte jemand. Was wollen sie? fragte ich. Müh Dich nicht so ab, komm lieber mit uns. Ich werde Dir einen guten Job verschaffen, sagte er."

"Wenn ich in Japan in einer Seidenfabrik arbeitete, könnte ich viel, viel Geld verdienen, ich würde eine schöne Stadt sehen und viel Geld verdienen, ich sollte mich hier nicht so abmühen und ich könnte das Geld den Eltern schikken, sie könnten davon ein Feld und sogar ein Reisfeld kaufen und gut leben."

d) Das Leben als "Trostfrau"

Die Dauer betrug generell ein bis acht Jahre. Nur vier Frauen wurden 1 bis 2 Jahre als "Trostfrau" festgehalten. Fünf Frauen haben 3 bis 4 Jahre als „Trostfrau" gearbeitet. Sieben Frauen mussten 5 bis 8 Jahre als „Trostfrau" leben.

„Zum Teufel mit den Fabriken. Es gab weniger als nichts. Stattdessen mit Stacheldraht umzäunt, ein langer Raum, in Zellen unterteilt, in dem viele

Frauen eingepfercht waren. Alle möglichen Sorten von Männern kamen und überfielen mich. Alle Sorte Männer".

„Ich hatte mir im Traum nicht vorstellen können, dass mich so viele Männer überfallen würden".

„Damals haben uns diese Kerle wie Tiere behandelt, nicht als Menschen... also gleich nach dem Frühstück kamen die hereingestürmt".

„Sonntags ging es zu wie in einem Ameisenhaufen... täglich mussten wir 30, 40 Soldaten über uns ergehen lassen... ob es 10 oder 20 Minuten dauerte, wusste ich nicht. Augen fest zu, lagen wir wie die Fische auf dem Markt, wir..."

„Wenn der Sonntag kam, bekam ich schon vorher Herzklopfen. Es gab die Tage, in denen ich bis zu 27 Soldaten aushalten musste. Sie hatten nicht mal Zeit ihre Schuhe auszuziehen. Nur mit Kondom (Saku?) kamen sie rein und so gingen sie wieder. Die Anderen klopften schon an die Tür, damit er sich beeilte. Der eine zog sich beim Rausgehen noch an, der andere zog sich beim Reinkommen schon aus. Damals, damals war es am allerschlimmsten."

„Ich war schwanger und wusste nichts davon und wurde so nach Singapur verschleppt... nach einigen Monaten hatte ich eine Geburt, ich wurde nicht ins Krankenhaus gebracht, das Kind lag verkehrt... ich bin fast gestorben, (das Kind) ist gestorben, vielleicht besser so für mich... etwa nach einem Monat haben sie mich gezwungen, die Gäste wieder zu empfangen."

„Ich war wie ein Sträfling... ich glaube aber, nicht mal ein Sträfling wird so behandelt."

e) Krankheiten

Die Frauen haben durch die psychische und physische Unterdrückung und die sexuelle Ausbeutung viele verschiedene Krankheiten bekommen. Unter den Krankheiten, die von den 16 interviewten Frauen genannt wurden, sind Geschlechtskrankheiten (8 Frauen) am häufigsten. Es gibt Frauen, die zwangssterilisiert worden waren (2 Frauen), die drogenabhängig wurden (2 Frauen), um die Qualen zu lindern, die geistig krank wurden (1 Frau) und die den Versuch unternommen hatten, Selbstmord zu begehen (2 Frauen) oder wegzulaufen (3 Frauen).

„Mein Unterleib wurde gedreht, verletzt, hat geblutet. Wenn ich nur dran denke, ach... ich konnte nicht normal laufen... im folgenden Jahr nach meiner Verschleppung von zu Hause, ich glaube, ich war 15 Jahre alt, bekam ich die Geschlechtskrankheit. Ich bekam viele Injektionen von der Nr. 606 ...Ich habe auch viel Opium genommen."

„Sozusagen, ein schneller Weg... man kann nur verrückt werden. Ich bin verrückt geworden."

„Ich sah keinen Ausweg, mal nahm ich Rattengift, mal versuchte ich, mich aufzuhängen. Ich wollte nur sterben, nur sterben."

Die Krankheitsgeschichte gehört zu dem Teil, über den die Frauen am liebsten gar nicht sprechen möchten. Daher ist vorstellbar, dass Sie außer den genannten Krankheiten noch viele andere Krankheiten hatten. Alle Frauen haben ausgesagt, dass sie jedes Mal geschlagen worden sind und durch Messerstiche verletzt wurden, wenn sie nicht gefügig waren. Die Narben davon tragen sie immer noch.

„Die Offiziere kamen völlig betrunken an. Mit dem langen Schwert, das Du kennst, drohten sie, den Kopf abzuschlagen, wenn man ihren Forderungen nicht folgte."

„Ich war einmal krank... konnte mich nicht schnell genug ausziehen. Mit dem Schwert drohte er mir...ach, mein Kleid wurde zerrissen und mein Bauch wurde verletzt. Darunter musste ich sehr lange leiden. Mein Bauch ist voll von Narben".

"Wenn sie einmal mit dem Gürtel auf mich los schlugen, bekam ich so schlimme blaue Flecken, dass die Soldaten am nächsten Tag erschrocken wegliefen, als sie die blauen Flecken auf meinen Körper gesehen hatten".

Die Krankheiten, an denen die Frauen vor 50 Jahren gelitten haben, wirken bis heute verheerend nach. Sie leiden außer an altersbedingten Krankheiten gehäuft an verschiedenen Krankheiten gleichzeitig, z.b. an einer Hautkrankheit, an Magen- und Kopfschmerzen, sie bekommen Wutanfalle, Beklommenheit in Brustraum, leiden an Albträumen, Geisteskrankheiten, Angstzuständen, Depressionen, Kontaktangst, Verfolgungswahn, Alkoholismus, Kreuzschmerzen, Rheumatismus, Verstopfung, Asthma, Lungenfellentzündung, Speiseröhrenentzündung, Herzkrankheit, Leberzyrrhose, Hochblutdruck, Diabetes, Grauer Star, Osteoporose, Zahnfleischentzündung, Sehkraftschädigung.

Das Alter dieser Frauen zum Zeitpunkt des Interviews (2002) lag zwischen 74 und 83 Jahre. Zumal, wenn sie sich gesundheitlich in so einem schlechten Zustand befanden, konnten wir nicht wissen, wann sie sterben werden. In der Tat starb eine Frau kaum ein Jahr später nach diesem Interview.

„Durch Schläge wurde mein Rückgrat so ein bisschen verschoben. Als ich jung war, waren die Schmerzen noch erträglich. Aber jetzt sind die Schmerzen sehr schlimm geworden."

„Ich bekomme Wutanfalle. Wenn sie einmal ausbrechen, fällt die ganze Dekke auf meinem Kopf.

Ich werde in Angstzustände versetzt, mein Herz klopft. Mein vergangenes Leben war so qualvoll, davon habe ich jetzt die ganzen Schmerzen am Körper... ach, ich habe nicht nur eine Krankheit, habe ein krankes Herz, Diabetes, Osteoporose... habe nur noch Schmerzen".

„Ab und zu, wenn ich einschlafe, schweben mir diese Kerle vor den Augen. Wenn ich aufwache, kann ich nur...ach, ach".

Durch ihre Erfahrungen als "Trostfrauen" haben die Frauen auch seit ihrer Rückkehr nach Korea kein Leben wie andere Frauen führen können, d.h. das Leben mit einmaliger Heirat und mit Kindern. Die Charakteristika Ihres Lebens lassen sich wie folgt beschreiben:

f) Heiraten

Als die Frauen 1945 nach Korea zurückkehrten, waren sie noch junge Frauen im Alter von 16 - 27. Dennoch war unter ihnen nur eine Frau, die geheiratet und Kinder bekommen hatte. Die Anderen sind nicht verheiratet (2 Frauen), sind die zweite Frau ihres Mannes (5 Frauen), leben zusammen, ohne verheiratet zu sein (6 Frauen) oder sind geschieden (4 Frauen). Die meisten Frauen leben in einer Form von Partnerschaft.

„Nach der Befreiung kehrte ich zurück. Ich war noch jung, dennoch konnte ich nicht ans Heiraten oder an Männer denken. Abscheu hatte ich vor den Männern... Wenn ich jetzt die Frauen sehe, die verheiratet leben, kommt ein Groll in mir hoch... ich, der die Frauenwürde weggenommen wurde... meine ganze Jugend habe ich verloren."

„Ich habe mal ans Heiraten gedacht...aber es ging nicht so, wie ich wollte, ich bin ja unfruchtbar."

„Wenn jemand sich für mich interessierte, habe ich mit ihm eine Zeit lang zusammengelebt. Dann habe ich ihn verlassen. Er war ein verheirateter Mann und hatte, glaube ich, zwei Kinder oder so."

g) Gebärfähigkeit

Über die Hälfte der Frauen sind gebärunfähig (9 von 15 Frauen). Die meisten Frauen von ihnen zogen die Kinder aus der ersten Ehe des Mannes auf oder adoptierten Kinder. Gebärerfahrungen haben nur 6 Frauen.

„Weil ich unfruchtbar bin, kann ich kein Kind bekommen. Nach so vielen Männererfahrungen und dem Säubern mit eiskaltem Wasser ist es unmöglich, schwanger zu werden."

„Nach ein oder zwei Jahren der Zurückgezogenheit habe ich einen verheirateten Mann getroffen. Er war 10 Jahre älter. Er kam eines Tages mit einem Säugling nach Hause, den er von einem Seitensprung her hatte. Nach einer Weile wollte er das Kind weggeben. Ich habe ihn gebeten, das nicht zu tun, so dass ich es aufziehen konnte, weil ich selber nicht gebären konnte. Ich habe es so lieb gewonnen, als ob ich es selber geboren hätte."

h) Lebensunterhalt nach der Rückkehr

Die Frauen sorgten für ihren Unterhalt durch verschiedene Tätigkeiten. Da die beruflichen Möglichkeiten für die Frauen allgemein beschränkt und der Bildungsstand dieser Frauen sehr niedrig war, arbeiteten sie meistens als Haushaltshilfen oder als Angestellte in Vergnügungsbetrieben, in denen sie ihr Leben "ähnlich wie als Trostfrau" in der Vergangenheit führten. Oder sie unterhielten einen Straßenverkauf, einen kleinen Kiosk oder ein Weinlokal. Sie arbeiteten in der Fabrik, auf Baustellen und beim Bauern. Es gibt auch Frauen, die durch die Ausübung spezieller Tätigkeiten z.B. als „Schamanin" ihr Leben bestritten haben.

„Ich hab mich sehr abmühen müssen. Viele Jahre habe ich als Haushälterin in Familien und in Restaurants gearbeitet. Du weißt nicht, wie schwer die Arbeit in Restaurants ist... den riesigen Kochtopf musste man mit kalten Wasser und giftigem Spülmittel saubermachen, davon bekam ich ein "Hausfrauekzem", das mich fast zu Tode gequält hat... die Arbeit im Familienhaushalt war am schlimmsten, man musste die Unterwäsche von der Hausherrin waschen, den ganzen Tag Zimmer sauber machen, wach bleiben, wie spät es auch war, bis all die Familienmitglieder des Hauses zurückgekommen waren, nur weil ich die Tür aufmachen musste."

„Ich habe alle möglichen Arbeiten angenommen. Frag mich nicht."

i) Zusammenleben

3 von 13 Frauen leben heute allein, 6 Frauen leben mit eigenen Kindern oder als Pflegemütter der kleinen Kinder, 2 Frauen mit anderen ehemaligen "Trostfrauen". Nur 2 Frauen leben mit dem Ehemann. Die meisten Frauen klagen über ihre Einsamkeit und darüber, dass sie nicht heiraten konnten. Die mei-

sten Frauen trösten sich mit Alkohol und Zigaretten. Das religiöse Leben nimmt einen großen Teil ihres täglichen Lebens ein. 3 Frauen sind buddhistisch, 2 katholisch und 2 protestantisch.
„Wenn ich nicht rauchen kann, sterbe ich. Ich hab hier (in der Brust) eine Wut. Wenn ich an diese Kerle denke, die mir dieses Gräuel angetan haben, bekomme ich einen Wutanfall."
„Die Zigaretten sind heute mein Ehemann und meine Kinder. Bis jetzt war es so. Ohne Zigaretten gibt's nichts Lebenswertes. Damals, mit 16, habe ich das Rauchen von einer anderen >Trostfrau< abgeguckt, ich kann bis heute nicht damit aufhören."
Eine Flasche Kräuterreiswein trinke ich in drei Tagen. Dennoch kann ich manchmal nicht einschlafen. Diese und jene Gedanken, Erinnerungen an die Vergangenheit, das Heimweh, Gedanken an mein zerstörtes Leben... länger als zwei Stunden am Stück kann ich nicht schlafen."
„Obwohl ich ein Mensch bin, habe ich niemanden, an den ich mich anlehnen kann."

III. Arbeiten mit den Zeuginnenaussagen
Die methodische Problematik und deren Bedeutung
1. Der soziale Hintergrund der InterviewerInnen
In dem Interview mit den Frauen taucht als erstes die Frage auf, wer diese Frauen aufsucht und wer mit ihnen spricht. Das Alter, das Geschlecht, der Familienstand der InterviewerInnen, ihr Informationsstand über die "Trostfrauen", die Interviewtechniken und ihr Engagement in sozialen Bewegungen, z.B. in der Organisation "Korean Council für die ehemaligen Zwangsprostituierten" spielen eine große Rolle. Insbesondere ist das Geschlecht der InterviewerInnen von entscheidender Bedeutung. Z.B. weigern sich die Frauen, von ihrem Intimleben einem Mann zu erzählen. Der Familienstand der InterviewerInnen stellt auch eine wichtige Variante dar. Die Interviewten möchten

den jungen, unverheirateten Frauen nicht gerne die Geschichte erzählen, die sie als junge Frauen qualvoll erfahren haben, weil sie denken, dass sie "kein Vorbild für die Jugend" sein könnten.

„Ach... ich hoffte, dass diese Fragerei zu Ende geht. Diesmal ist es aber besser, weil sie eine Frau sind. Ihnen kann ich eine solche Geschichte leichter erzählen. Ach, wie könnte ich (Männern) erzählen, dass ich so viele >Gäste< empfangen habe... wie könnte ich?"

2. Die Lage der Frauen

Die Frauen fühlen sich allgemein sehr unsicher, wenn jemand von Außen kommt wie die ForscherInnen. Sie sind in diese unsichere Lage hinein geraten durch die beobachtenden Blicke ihrer Umgebung, der Familie/der Verwandten, des Staates. Außer dem gemeinsamen Kontakt mit dem "Korean Council" sind die Frauen Aufgrund ihrer privaten Entscheidung mit der koreanischen Regierung, der japanischen Regierung und den Medien in Kontakt getreten, wodurch sie schließlich in einem Interessenkonflikt gerieten. Sie halten daher die BesucherInnen von außen für potentiell "gefährliche Denunziatorlnnen ihrer Geheimnisse". Zu ihrem Geheimnis gehören die konkreten Lebenserfahrungen am "Trostort" und die Gefährdung ihrer Identität durch die Aufdeckung ihrer "Trostfrauen"-Existenz.

Die Frauen haben Angst davor, sie könnten ihre private und die staatliche Unterstützung verlieren, wenn ihnen durch versehentliche Versprecher etwas entfährt, das möglicherweise den Kriterien der ehemaligen "Trostfrau" nicht entspricht. Das Schweigen und das Leugnen war für die Frauen eine sehr wichtige Überlebensstrategie, die ihnen ein Leben in Würde ermöglichte und gleichzeitig erlaubte, soziale Beziehung mit den Anderen auf der Basis von Vertrauen und Liebe anzuknüpfen.

3. Die Beziehung zwischen den Frauen und den InterviewerInnen

Zwischen beiden herrscht oft ein Spannungsverhältnis, indem die Eine das "Geheimnis" bewahren, die Andere das Geheimnis aufdecken will. Da für die Eine das Schweigen eine Überlebensstrategie, für die Andere das Schweigen ein Hindernis ist, das beseitigt werden soll, ist denkbar, dass die Eine die Andere als eine bedrohliche Person mit hinterhältiger Absicht erlebt. Das Erzählen bedeutet für die Eine eine Qual, für die Andere ist es die Sammlung der Forschungsmaterialien, die gefühlsneutral vorgenommen wird. Während die Eine versucht, Teile der Vergangenheit zu vergessen, um Schmerzen zu lindern, hat die Andere das Bedürfnis bzw. fühlt sich dafür verantwortlich, die Erinnerungen möglichst vollständig wiederherzustellen. Zwischen der Selbstzensur der ehemaligen "Trostfrauen", d.h. dem Erzählen der Geschichte, die sie gerne erzählen und der Geschichte, die die ForscherInnen durch das Interview "auf jeden Fall" hören möchten, besteht ein Spannungsverhältnis, das in den folgenden Aussagen der Frauen gut zum Ausdruck kommt:

„Es war so menschenunwürdig. Wenn ich mich an all die Schmerzen erinnert hätte, hätte ich nicht überlebt... hätte ich nicht überlebt." „Geschichteschreiben. Ich bin nicht dagegen, aber ich muss auch leben."

„Fragen wir nicht nach der Vergangenheit, ich habe zuviel Schmerzen".

„Wenn ich die verdrängte Geschichte erzählen würde, würde mein Herz explodieren".

„Es war ein Trauma, ein Traum, wie im Nebel kommt es mir jetzt vor... ich kann mich nicht erinnern bzw. ich möchte mich nicht erinnern... irgendwo ist es versteckt... ich frage mich, ob es solches Leben gibt im Menschenleben, ich habe immer noch Herzklopfen, immer noch... solch eine Welt..."

4. Der Verlauf und der Inhalt der Zeuginnenaussage

Das Interview mit den ehemaligen "Trostfrauen", das auf eine "Zeuginnenaussage" zielt, ist ein sehr komplizierter Prozess. Es ist ganz und gar nicht leicht, die Frauen für ein Interview zu gewinnen, die der Aufdeckung ihrer vergangenen Geschichte keine besondere Bedeutung beimessen. Das Erinnern ihrer Geschichte ist von Bedeutung für uns Forscher oder Frauenorganisationen wie das "Korean Council". Für die Frauen aber bedeutet die Erinnerung eine einzige Qual und keine Hilfe für ihr heutiges Leben. Sie antworten zwar, aber ungern und bestimmen einseitig die Termine und bestehen auf selbstzensierte bündige Antworten. Manchmal wirkt das Interview wie ein Katalysator und dennoch ist es ein Prozess der immer wieder aufkommenden "ewigen Beschämung" und eine Erfahrung der Peinlichkeit deswegen, weil die bis jetzt versteckt gehaltenen Geheimnisse gelüftet werden, insbesondere vor dem Ehemann und den Kindern.

"Obwohl die Japaner schuld sind, war ich schuldig, meinen Mann betrogen zu haben... als meine Geschichte bekannt wurde, verließ mich mein Mann. Er ging zu einer anderen Frau und hat jetzt zwei Töchter".

"Ich bin sehr einverstanden mit dieser Arbeit (der Zeuginnenaussage, der Publikation), weil viele Leute davon wissen sollen und nur so die Japaner bestraft werden können. Aber sie dürfen darin meinen Namen nicht erwähnen, damit meine Kinder und Enkel über mich das nicht erfahren."

Zusätzlich zu dieser komplizierten Beziehung zwischen den ForscherInnen und den Frauen taucht, das Problem der Bewertung der Aussagen auf, die authentisch zwar, aber nicht unbedingt objektiv; richtig sind.

Durch die Programme im Fernsehen und durch die Teilnahme an den vom "Korean Council" organisierten Aktionen wie "Zeuginnenaussagen" oder "Mittwochsdemonstrationen" erfahren die Frauen die Geschichte der anderen ehemaligen "Trostfrauen", woraufhin sie dann "ihre eigene Geschichte" reinterpretieren. Oft erfährt man dann bei einem Interview eine "uniforme" oder eine übermäßig politisierte Geschichte.

Bei den InterviewerInnen ist es nicht viel anders. Auch die ForscherInnen sammeln die Informationen, d.h. das "Vorwissen" durch die Medien und die bestehenden Forschungsergebnisse, und diese beeinflussen dann die Methode der Interviews bis hin zur Interpretation der Interviewinhalte. Z.B. kann es passieren, dass die InterviewerInnen Ausdrücke, die die Interviewten gebraucht haben, tauschen mit denen, die ihnen geläufig sind. Es besteht außerdem die Gefahr, die Lebenserfahrungen der Frauen auf ihre Erfahrung als "Trostfrau" zu reduzieren und so zu interpretieren. Oft werden die vielfältigen individuellen Lebenserfahrungen der Frauen außer Acht gelassen, zumal die meisten Frauen auch eher die Erinnerung an die Familien betonen, die sie seit ihrer Verschleppung in der Kindheit vermissen, als die Qual ihres Leben als "Trostfrau".

"Ich versuche, nicht zu weinen, aber es klappt nicht. Der Grund, warum ich weine, ist die Erinnerung an meine Eltern. Ich hätte so gerne eine Flasche Reiswein für meinen Vater gekauft. Da es mir nie gegönnt war, bin ich so traurig."

"Ich wünsche mir am meisten, dass ich meine Mutter einmal sehen könnte. Ich habe keinen anderen Wunsch. Wenn ich sie doch im Traum sehen würde. Ich weiß nicht, ob ich sie sehen werde, wenn ich sterbe."

5. Probleme bei der Redaktionsarbeit

Obwohl das Leben der allgemein als "Trostfrauen" bezeichneten Frauen individuelle Verschiedenheiten aufweist, konnten wir, das Forschungsteam, allen Frauen nur eine einheitliche Form der Fragen anbieten, um den Kriterien für die "Zeuginnenaussage" gerecht zu werden. Dabei gingen individuelle Erzählungscharakteristika der Frauen verloren und schließlich wurden ihre Lebenserfahrungen nur als "das Leben einer Trostfrau" materialisiert.

Während sich die Interviews mit den Frauen auf ihre Aussage und die Wahrheitsfindung konzentrieren, taucht für die ForscherInnen die Frage auf, wer diese Geschichte lesen wird und wie sie aufgenommen wird, z.B., ob es irgendwelche Anhaltspunkte gibt, aus denen "die japanischen Ultrarechtsgruppe ihren Vorteil zieht". Wenn das der Fall ist, dann stellt sich die Frage, ob solche Anhaltspunkte bei der Redaktionsarbeit im Voraus herausgenommen werden sollen oder nicht und wenn ja, bis zu welchem Grad? Neben dieser politischen Frage gibt es das Problem der Prioritätensetzung zwischen dem Erzählten und dem Aufgeschriebenen. Der Akt des Erzählens ist ein Prozess, bei dem eine Sache in einem bestimmten Kontext wieder zur Erscheinung kommt (totality of performance). Dazu gehören nicht nur die durch die Stimme vermittelten Informationen, sondern auch die sichtbaren Faktoren der Informationen. Wie können wir den Gesichtsausdruck, die Sprache des Körpers, die Art des Sprechens, die Narben und Merkmale des Körpers der Erzählenden und die Ortsgegebenheit im Erzählungsmoment etc. lesbar machen? Ist es möglich, den geschriebenen Text mit dem visuellen Text zusammenzubringen? Ferner, in wie weit müssen die Erzählungen durch die Geschichte und die offiziellen Dokumente der japanischen Regierung verifiziert werden? All diese Fragen sind wichtige Faktoren, die das Endprodukt, d.h. die "Zeuginnenaussagen", beeinflussen.

IV. Zusammenfassung

Die Erfahrungen der ehemaligen "Trostfrauen" des japanischen Militärs sind authentische individuelle Erfahrungen. Dennoch haben sie einen großen Anteil an der Konstituierung der offiziellen (kollektiven) Erinnerung an den Kolonialismus durch Japan. Das individuelle Ich der "Trostfrau" wurde durch das Medium "Nationalismus" als "kollektives Ich", d.h. Korea als eine unschuldig geopferte Nation, rekonstruiert. Was aber bei dieser Gegenüberstellung zweier Nationen, Korea als die Opfernation und Japan als die Täternation, in Vergessenheit geraten ist, ist die Tatsache, dass die beiden Nationen eine patriarchalische Gesellschaft sind, in der die soziale Position der Frauen einen großen Unterschied im Vergleich mit der des Mannes aufweist.

Die bisherigen Untersuchungen beschäftigten sich hauptsächlich mit den Aussagen und Erinnerungen der "Trostfrauen" als Erfahrungssubjekte. Dabei - bei der Frage nach dem Wahrheitsgehalt - wurde zu wenig berücksichtigt, inwieweit der individuelle und soziale Kontext nicht nur der (kolonialen) Vergangenheit, sondern ebenso der Gegenwart den Erinnerungen der Frauen zusetzen, d.h. sie beeinflussen und verändern. Wenn wir uns klar machen, dass das Erinnerte immer auch Teil (Bestandteil) der Gegenwart ist, kann sich die Analyse nicht auf das Erinnerte selbst beschränken, sondern muss den Kontext -die Einfluss nehmenden Faktoren - in die Analyse mit einbeziehen. Da sich im Falle der Zeuginnenaussagen die Untersuchungen bisher auf die Beschreibung der vergangenen Tatsachen beschränkt haben, ist es schwer, die Position der Opferfrauen im Kontext der Gegenwart eindeutig zu bestimmen.

In meinem Vortrag habe ich versucht, zu vermitteln, wie sich auf Grund einer breitangelegten, wissenschaftlich fundierten Analyse der Lebensgeschichte der noch lebenden "Trostfrauen" ihre Identitäten ermitteln lässt, nämlich durch die „Transformation ihres Bewusstseins" d .h. auf dem Weg vom Schweigen zum Aussprechen (zur Bewusstmachung der Komplexität ihrer gesamten Lebenssituation). Das Problem der "Trostfrauen" ist nicht das Vergangene, es ist das Problem der Gegenwart. Die Forschung soll deshalb nicht nur auf Verifizierung der Wahrheit, im Sinne von Tatsachenermittlung, hin ausgerichtet sein, sondern nach dem Bedeutungszusammenhang fragen. Diese Fragestellung wird die Grenzen der bisherigen Geschichtsschreibung, die sich auf die Zivilisation, den Männerzentrismus, die Totalität etc. gründet, aufheben, und die Stimme, die in der Geschichtsschreibung bisher nicht auftaucht, zu Gehör bringen. Diese Arbeit ist das Unterfangen, das Leben der Frauen in ihrer Authentizität und Gegenwärtigkeit deutlich zu machen.

In letzter Zeit werden in Korea die Stimmen derer lauter, die der Meinung sind, dass das Problem der "Trostfrauen" immer noch Einfluss auf die Gegenwart der koreanischen Gesellschaft nimmt. Das Problem der "Trostfrauen" sei in der Gesellschaft Koreas mit seiner patriarchalischen Familienstruktur und in den ungleichen Beziehungen zwischen Korea und Japan immer noch präsent.

Stimmen der "Trostfrauen"...
"Wenn ich damals dort gestorben wäre, hätte niemand von dieser Geschichte erfahren können."
"Bitte, was sie gehört haben, erzählen sie es weiter."
"Sie dürfen es nie, nie vergessen."

Gibt es die böse Schwiegermutter?!!! Selbsthilfeinitiative für drangsalierte Schwieger-„Töchter" UND Partner, *Brigitte C.* **Neumann** *(*)*

Es gibt sie immer noch. Mir ist klar, dass nicht alle Schwiegereltern bösartige Menschen sind, denen es Freude macht, die Frau ihres Sohnes als unfähigen Menschen zu erklären und ihr die eigene Lebensart als einzig richtig überzustülpen.

Der Auslöser für diese Initiative war der Besuch einer jungen Frau bei mir. Wir hörten Musik und plötzlich brach sie in Tränen aus. Sie sagte: „Diese Leute machen mich noch verrückt, ich weis nicht mehr wie ich mich verhalten soll. Wenn mir etwas passiert, sorge dafür, dass ich in ein gutes Heim komme." Die junge Frau war ganz offensichtlich dem Zusammenbruch nahe. Ich war wie erstarrt, konnte erst viel später nachdenken und die Erinnerung an selbst erlebte Tyrannei durch Schwiegerleute wurde wach.

Ich hatte schon vor etlichen Monaten hautnah mitbekommen, wie diese Schwiegerleute die junge Familie im Griff haben. Ich habe den jungen Mann angebettelt, „hilf deiner Frau". Aber er war ohne jede Regung.

Wenig später versuchte ich mit seiner „mächtigen" Mutter in sachlichem Ton über Abstand und Respekt, auf den auch jüngere Menschen Anspruch haben, zu reden. Nach mehrmaligen Gesprächen sah ich, dass mit Tyrannei nicht zu reden ist. Beim letzten Versuch von meiner Seite standen die Schwiegerleute mit geballter Kraft vor mir (Mutter, Vater und die alte Oma) und brüllten im Chor irgendetwas auf mich ein. Sie waren wohl überzeugt, „die werden wir nun verjagen." Zu dumm, ich hatte keine Angst vor der geballten Selbstherrlichkeit. Die ungnädige Frau-Mutter des jungen Mannes konnte ich durch Beharrlichkeit aus der kreischenden Gruppe lösen. Das folgende Gespräch allein mit ihr war für die Katz.

Ich machte keinen weiteren Versuch, hielt mich von allem weg. Die Rache für meine ungeheure Frechheit, mich diesen Leuten in den Weg zu stellen, kam. Mütterchen hetzte ihren Sohn, den Mann der jungen Frau, gegen mich auf. Ohne Nachfrage bei mir, warf er sich seiner Mutter zu Füßen und ließ mir durch seine Frau ausrichten, „mit Dir will ich nichts mehr zu tun haben. Wir lassen uns in unseren Familienansichten nicht stören. Dich geht das überhaupt nichts an. Wenn meine Mutter etwas meint, hat sie automatisch immer Recht. Da brauche ich nicht nachzudenken."

Einige Zeit später sah ich einen Artikel von Ruth Gall in der Frankfurter Rundschau. Sie hatte in Augsburg eine Initiative für drangsalierte Schwiegertöchter gegründet. Ich setzte mich mit ihr in Verbindung. Wir sprachen lange miteinander und der Wille für gequälte Schwiegertöchter und Partner, auch etwas zu tun, wurde bei mir dringend. Frau Gall hatte 1995 schon Verbindung mit betroffenen Frauen im ganzen Bundesgebiet. Es dauerte nicht lange, da meldeten sich bei mir Frauen aus Hessen zum Thema. Verschiedene Zeitungen interessierten sich für unsere Selbsthilfeinitiative. So kam dieses Problem aus dem eisernen Schweigen heraus. Nun, wenn endlich über diese Not der Frauen geredet wird, kann diese Art der Gewalt und Menschenverachtung gestoppt werden. Wenn zwei Menschen heiraten, geht die junge Frau nicht in den Besitzt der alten Leute über. Ein neuer Lebenskreis ist entstanden. Das Recht auf eigenständiges Leben muss selbstverständlich sein. Auch dem Mann der jungen Frau muss klar sein, dass die Zeit des „gehorsamen" Kindchens spätesten mit der Wahl seiner Partnerin zu Ende ist. Er hat die Pflicht seiner Frau ganz und gar zur Seite zu stehen, seinen Eltern ganz deutlich die Grenzen zu setzen. Die junge Frau soll mit erhobenem Kopf, selbstbewusst den Eltern des Mannes begegnen. Sich keine Demütigungen und Abwertungen gefallen lassen. Sich nicht durch Einmischung, Bevormundung, üble Nachrede, Überwachung das Leben zur Hölle machen lassen. Ich nicht zum Spielball von Bosheit und Eifersucht erniedrigen lassen.

Dass sie den Sohn irgendwelcher Eltern heiratet, bedeutet nicht, dass sie sich den älteren Leuten unterordnen muss, praktisch der Trottel der scheinbar übermächtigen, alles besser wissenden, kontrollesüchtigen, großmäuligen Schwiegerleute zu sein. Frauen ihr müsst nicht den Eltern gefallen. Die junge Frau und ihr Mann sind die Partner. Zieht nicht ins Haus der Eltern, damit unterwerft ihr euch. Ihr seid niemandem Untertan. Lasst es nicht zu, weil es schon immer so war, dass die alten Leute die Schlüsselgewalt behalten, denn damit seid ihr in ihrer „Gewalt". Lasst nicht Herrschsucht und Menschenverachtung über euch zusammenschlagen. Eine Frau und ein Mann haben sich für einander entschieden und haben da Recht, ihr Leben nach eigener Regie einzurichten. Die Würde des Menschen ist mit der Heirat nicht an die Schwiegerleute verkauft worden. Das Demutsgetue des jüngeren Paares ist völlig unsinnig. Es muss endlich klar sein, dass die alten Leute bloß, weil sie älter sind, keine Sonderrechte haben, sich nicht benehmen können wie Sklavenhalter. Altwerden ist kein Verdienst für den das jüngere Paar im „Gehorsam und Demut" vor den Eltern wie Marionetten herumspringt, ja Angst hat. Es muss sich ständig maßregeln und erpressen lassen, vor Oma und Opa herumkriechen.

Schüler wurden in einer Zeitung für Eltern nach Oma und Opa gefragt. Ein 15-jähriger Schüler erzählt: „Wir haben leider eine Großmutter, die hat Haare auf den Zähnen. Sie meint alle müssten in unserer Familie nach ihrer Pfeifen tanzen. Deshalb fürchten wir uns alle vor ihr." Wer von ihnen, liebe Zuhörer, findet diesen Zustand richtig?

Dem jüngeren Paar muss klar sein, dass sie zusammenleben/zusammenstehen wollen. Es ist möglich, dass der Mann zu seiner Frau sagt: „Stell dich nicht so an, es sind meine Eltern, die sind eben so. Oder seine Frau gar als Lügnerin abstempelt, wenn sie ihm sagt, was seine Eltern mit ihr anstellen. Weil er sich als „ewiges Kind" behandeln lässt, muss seine Frau sich an miserable Behandlungen durch seine Eltern „gewöhnen", alles schlucken, was sich diese Leute an Bevormundung und Schikane einfallen lassen. Ihr Frauen kommt aus eurer Angstecke, wir haben nur dieses eine Leben und kein Mensch, auch nicht die Alten, haben das Recht dieses Leben zum Grauen zu machen. Müsst ihr Angst haben, dass eurer Mann/Partner euch verlässt, wenn ihr seinen Eltern nicht „gehorcht" auf Eigenständigkeit besteht? Geht Er dann zu Mama/Papa zurück? Ich appelliere ganz dringend an die Männer, der betroffenen Frauen, besinnt euch wen ihr geheiratet habt, und doch hoffentlich lieb habt, mit ihr wollt ihr doch leben?! Oder doch lieber kritiklos und dumm den Alten unterworfen sein?! Und eure Frau in dieses grausige Spiel hineinziehen. Wenn ihr nicht eigenständig mit eurer Frau und Partnerin leben wollt, warum hatte ihr geheiratet?

Wacht endlich auf aus eurem „Kindchen-Schema". Ihr habt nur dieses eine Leben und kein Mensch, auch nicht eure Eltern haben das Recht, es euch und eurer Familie zum Grauen zu machen.

Das Buch von Ruth Gall Problemfall Schwiegermutter/Vater ist auch für euch bestimmt. Es heißt auch Zusammen mit dem Partner aus der Krise!!!

Eine der von Schwiegermutter/Vater-Tyrannei betroffenen Frauen erlaubt mir über ihre eigene Geschichte zu reden. Sprach über die Eifersucht und Missgunst, die ihr ins Gesicht geschlagen wurde. Die Frau des Sohnes ist keinem Fall „recht". Wie kann der „Junge" es wagen, eine Frau zu lieben als seine Mutter. „Das dumme Ding" (die Frau des Sohnes) wird schon sehen, dass sie als Mensch keine große Bedeutung hat. Es kommt diesen Menschen nicht in den Sinn, die jüngere Frau zu achten und zu respektieren. Zumal der Mann/Partner der jungen Frau nicht zu ihr steht. Er „wagt" es nicht, seine Eltern in die Schranken zu weisen. So verrückt sie sich auch benehmen. Es gibt für sie keine Grenzen. Die Erfahrung der jüngeren Frau ist, dass solche Schwiegerleute es nicht zulassen, dass andere Familienmitglieder, auch von Seiten der jüngeren Frau sich untereinander gut verstehen. Sie intrigiert, lügt, verleumden, erfinden üble Nachreden, hetzen die Menschen gegeneinander auf. Der Mann der jüngeren Frau springt kritiklos und in Demut und ewigen Gehorsam seinen Eltern gegenüber auf diese Hetzereien an. So wird Ausgrenzung betoniert. Offenbar soll ein geschlossener Kreis gefestigt werden. Was nicht „die Familie des Mannes" ist (dass er eine neue Familie gegründet hat, gilt nicht) wird mit Bosheit und Hinterlist entfernt. Schwiegertöchter sollten aufhören, die „Schuld" für übles Miteinander sich selbst zu geben. Diese Art der Menschenverachtung kann nur aufrecht mit Selbstbewusstsein und energischem Verhalten auch dem Mann/Partner gegenüber ausgerottet werden.

Zur Person: Brigitte C. Neumann. Mitte der 90er Jahre wurde ich mit dem Problem tyrannischer Schwiegereltern durch jene junge Frau konfrontiert – Es gibt sie immer noch!!!
Kontakt: Tel: 069-586956

Frauen/Lesbenprojekte unter dem Globalisierungsdruck im Neoliberalismus,
*Eva-K. **Hack** (FrauenhausKassel/FrauenNetz Attac)*

Inhalt: Die Umstellung der Frauenprojekte im Gesundheitssektor, im sozialen und kulturellen Bereich auf Leistungsverträge in Verbindung mit Qualitätsmanagement ist in vollem Gange und wird auch innerhalb der feministischen Zusammenhänge kontrovers diskutiert und eingeschätzt. In diesem Workshop wollen wir der Frage nachgehen, in welcher Verbindung diese Umstellungsprozesse mit der Globalisierung, Privatisierung und Kommerzialisierung des sogenannten Dienstleistungssektors stehen und welche Auswirkungen sie auf die Projekte der FrauenLesben-Bewegung haben und haben werden. Eine kurze Einführung in das WTO-Dienstleistungsabkommen „GATS" (Allgemeines Abkommen über Dienstleistungen) wird ebenso Bestandteil dieses Workshops sein, wie der Austausch von Erfahrungen und Einschätzungen.

Kontakt: Tel. 0561-16317

Brief von Margit **Hofmeister**
Bericht über den Kongress internationaler Frauen „Zukunft braucht Vergangenheit - Zukunft braucht uns Frauen"

Ich reiste am **Freitag** 26.März 2004 aus dem Süden Deutschlands (Bad Waldsee) zusammen mit meiner Freundin aus Ravensburg zu Eurem Kongress an. Wir hatten darüber schon im Vorjahr in der Zeitschrift „Wir Frauen" die Ankündigung gelesen und uns den Termin reserviert.

Um 15 Uhr treffen wir in der Wolfgang Goethe-Universität Frankfurt ein und konnten uns bei Kaffee, Tee und Kuchen erst einmal stärken. Die Frauen waren voller Erwartung. Eifrig wurde begrüßt und erste Kennenlern-Gespräche geführt, letzte Vorbereitungen getroffen.

Ausstellungen wie die, über die Nobelpreisträgerinnen und die Geschichte der Kriegsprostituierten in Korea wurden aufgebaut und der letzte Schliff gegeben. Beide Ausstellungen haben mir sehr gut gefallen.

Faszinierend war die Vielschichtigkeit und die Kompetenz der anwesenden Frauen. Beeindruckend waren die Dokumente über die lange und intensive Vorbereitungsarbeit. Maria del Carmen Gonzalez Gamarra, als Seele dieses zweiten Kongresses, die mit Herz und Verstand diesen zweiten Kongress in

Angriff nahm und Mitstreiterinnen suchte und fand um zu sehen, was sich seit dem ersten Kongress getan hatte. Erkennen mussten die tapferen Frauen, dass es in der Zwischenzeit nicht einfacher für Frauen-Frei-Räume in Deutschland geworden ist. Das zeigten auch die vielfältigen Beweise der Verweigerung von öffentlicher Akzeptanz und Unterstützung. Trotzdem oder gerade deshalb ist dieser Kongress internationaler Frauen ein Beweis vom Mut dieser Frauen und verdient unsere höchste Anerkennung.

Um 18.30 Uhr begann das **Eröffnungspodium**.

Frauen aus drei verschiedenen Generationen und verschiedenen Ländern berichteten eindrucksvoll von Ihrem Leben, einzigartig und doch exemplarisch von Frauenleben gestern, heute und morgen. Beeindruckend war die Offenheit, mit der die Frauen auf dem Podium uns Kongressteilnehmerinnen an Ihrem Leben und Ihren Erfahrungen teilnehmen ließen. Sie erschlossen sicher Erlebniswelten, die vielen fremd waren. Teils ging es um Migration und Integration, Frauenleben früher, heute. Die jungen Podiumsteilnehmerinnen stellten uns Ihre Erfahrenswelt in der Jugend heute lebendig dar. Kommunikation ist sehr wichtig.

Wir entdecken, dass Worte nicht für jede Frau und jede Generation gleich belegt sind. Zum Beispiel das Wort Gender Mainstreaming hat für viele ältere Frauen eine positive Bedeutung, da wir darin mehr Gleichberechtigung und Gerechtigkeit zwischen den Geschlechtern erhofften. Die jüngere Generation sieht in diesem Wort eher eine Gefahr, da die jungen Frauen nicht im Hauptstrom fliessen möchten sondern ihre Chance nur dann sehen, wenn sie sich abheben, gegen den Strom schwimmen und auf ihren eigenen Selbstwert setzen. Danke für dieses lebendige Lernen. Dieser Abend war ein Beispiel, dass jeder Frau Lehrende und Lernende im Leben ist.

Am **Samstag** begann der Kongress mit einem phänomenalen internationalen Frühstücks-Brunch.

Anschließend besuchte ich den **Workshop** „Das universelle in unserer Beziehung. Die Beziehung der Ungleichheit (**Affidamento**) und die Entdeckung eines neuen Paradigmas". Spannend war hier der Austausch zwischen den italienischen Philosophinnen und der Referentin Gisela Jürgens - der Austausch in zwei Sprachen, da auch eine koreanische Teilnehmerin dabei war.

Anschließend besuchte ich den interessanten Workshop „Anatomie des **Kopftuches**" mit Farzaneh Sharifi. Hervorzuheben wäre, dass Sie ein Kopftuch und Spiegel mitbrachte, uns die Handhabung erklärte und uns Teilnehmerinnen das Kopftuchtragen ausprobieren ließ. So konnten wir uns besser in die Situation der Verschleierung und Kopfbedeckung einfühlen. Hier wurde mir wiederum das Verwirrspiel (Verschleierung) mit Wörtern deutlich. Das Kopftuch gehört nicht zu dem Frauenkörper. Es ist nicht natürlich. Es ist Männersache. Wir müssen klar sehen und jede Unterdrückung erkennen und diese bekämpfen.

Nächster Workshop für mich war „Frauen/**Lesbenprojekte** unter dem Globalisierungsdruck" mit Eva-K. Hack

Sie gab eine kurze Einführung in das WTO-Dienstleistungsabkommen „GATS". Es war beängstigend die Auswirkungen der Privatisierung und Ökonomisierung zusehen. Vor allem den kleinen, effizienten und menschennahen Projekten wird die Existenzgrundlage entzogen. Was bedeutet für uns Qualität. Verstehen wir das gleiche unter dem Wort oder gibt es verschiedene Ansätze. Was ist der Maßstab? Das Ökonomische oder das Menschliche. In unserer regionalen Landschaft regiert schon längst heimlich die Weltwirtschaft. Seien wir wachsam. Näheres unter www.attack.de.

Zwischendurch stärkten wir uns an einem internationalen Büfett und amüsierten uns bei Quiz und **feministischer Tombola**.

Der **Samstag** endete mit einem feuersprühenden, kulturellen Frauenpower-Abend. Einfach großartig. Er wird mich mit seinen Eindrücken und Melodien noch lange begleiten.

Am **Sonntag** schloss der Kongress internationaler Frauen mit einem letzten Höhepunkt. Dem großen Podium. Prof. Chiara **Zamboni** glänzte mit ihrem klaren Blick und philosophischen Ausführungen. Fazit: Das Patriarchat ist zu Ende. Was kommt danach?

Wir Frauen sind angehalten mehr denn je mutig mitzugestalten und Frauen-Räume zu bewahren und auszubauen.

Mein herzlichster Dank gilt allen, die diesen ,,Kongress internationaler Frauen" möglich gemacht haben.

1964 "Gastarbeiter", 1984 "Ausländer", 2004 "MigrantIn". Zur Begriffsentwicklung, *María del Carmen* **González Gamarra** *M.A.* (*)
(Vollständige Workshopsvorlage)

Einleitung

[**Fettgedruckt** auch in Zitaten: Hervorhebung der Autorin]

Das *Wort* kann heilen. Es kann auch zerstören. Das sind die zwei Extreme des Wortes, wenn wir Freud Glauben schenken.

Begriffe sind **Symbole** für Systeme, Werte, Wünsche, Ängste, Emotionen, u.ä. Aber Symbole sind gleichzeitig Repräsentanten einer codierten Welt.

Sprache ist ein *Code*. Wir leben in einer codierten Welt, wenn wir Hèléne Cixous Glauben schenken.

Worte und *Symbole* sind definitorische Aspekte einer Gesellschaft. Worte und Symbole setzen **Grenzen** und bestimmen somit die (menschliche) *Identität.* Wer bestimmt, der definiert. Wer die **Definitionsmacht** innehat, bestimmt jede Form von Identität, wenn wir Gerda Lerner Glauben schenken.

Durch *Worte* und *Symbole* kann eine Integration, Assimilation, Vereinnahmung bis hin zur Auslöschung von Identität stattfinden. *Worte* und *Symbole* können jedoch auch **Abwehrmechanismen** in Gang setzen. **Trotzreaktionen** entstehen. Ein Abgrenzungsprozeß setzt ein. Oder eine **Politik der Ausgrenzung** wird von einer Regierung begonnen. Wenn es denn so ist, wie hat sich jeder - ob fremdbestimmter oder selbst gewählter - Begriff für Menschen ohne deutsche Staatsbürgerschaft entwickelt, die zur Arbeit in der BRD nach 1954 kamen, da der Begriff identitätsstiftend wirkt? Ich werde versuchen, die Begriffsentwicklung für diese Menschen von 1954 bis 2004 darzustellen und ab 1964 insbesondere für Nicht-Deutsche Frauen und Mädchen.

1964. Gastarbeiter und/oder Gastarbeiterin?

1964 wurde die italienische Supercrema in „Nutella" umbenannt (*Supercrema*, FR 10.01.04)

April 1964 wird im Haus Gallus an der Frankenallee der Frankfurter Auschwitz-Prozeß fortgesetzt. Die Geschichte von vor 1945 ist, wie die Begriffsverwendung für Nicht-Deutsche zeigt, auch danach präsent in der **Pressesemantik**. Dieser geschichtliche Hintergrund darf bei der vorgestellten Begriffsentwicklung nicht vergessen werden.

10. Juni 1964 schreitet ein feierlicher Zug von Gelehrten zur 50-Jahr-Feier der Gründung der Johann-Wolfgang-Goethe-Universität vom Portal des Hörsaalgebäudes zur Kongreßhalle auf dem Messegelände. Viele Professoren erzählen ihren Studenten „nichts von den Mühen der Emigration" (Monika Carbe. Was war los in Frankfurt 1950-2000, S.55). „Emigration" meint hier die ausgewanderten Deutschen zwischen 1933 und 1945. 1964 gärte es bereits in den Köpfen einiger Deutschen, die mit der „deutschen Vergangenheit" nicht zu Recht kommen.

September 1964 kommt Frau Rosa (Name geändert) mit einem Touristenpaß in die Bundesrepublik Deutschland. Ihre ersten Eindrücke dieser Reise schildert sie wie folgt: „Beim ersten Versuch wurde ich an der **Grenze (1)** zu Spanien angehalten und mußte zurück, weil man mir auf diesen Touristenpaß einen Stempel gemacht hatte, der mir die Arbeitsaufnahme erlauben würde. Nur, dieser Stempel durfte nicht auf dem Touristenpaß sein. Ich sollte einen anderen Paß besorgen. Es war für mich - die ich mich schon von dem Dorf verabschiedet hatte, sehr schlimm, nach Hause zurück zu müssen. Ich schämte mich und ging deswegen nicht nach Hause, sondern gleich in die Stadt, wo ich dann etwa eine Woche verbrachte, bis ich neuen Paß bekam. Dann kam ich nach Frankfurt. Hier sollte mich jemand abholen. Und tatsächlich war da am Hauptbahnhof eine Frau, die mir Zeichen machte. Ich dachte: >Was will jetzt die Verrückte von mir?< und achtete nicht mehr auf sie, absichtlich nicht. Sie gestikulierte weiter, aber ich ignorierte sie und beschloß, ein Taxi zu nehmen, denn ich hatte die Adresse, wo ich hin mußte. Ich dachte: >ich gehe jetzt hinter allen her, weil sie sicher auch zum Taxistand gehen, dann setze ich mich in ein Auto und zeige dem Fahrer diesen Zettel.< Aber so leicht war es nicht. Ich fand zuerst nicht den Taxistand. Dann habe ich gedacht: >Rosa, du schreibst jetzt das Wort ´Taxi` auf einen Zettel und zeigst ihn den Leuten. ´Taxi` ist international, alle werden verstehen, was du willst.< Gut, ich schrieb ´Taxi`, und mit dem Zettel ging ich zu zwei Frauen, die in einer Ecke waren, aber als sie mich mit dem Zettel in der Hand sahen, drehten sie sich um und ignorierten mich. Ich konnte das nicht verstehen. Lange Zeit dachte ich an diese Szene und habe sie nicht verstanden. Gut, zu meinem Glück hatte die Frau, die mich tatsächlich abholen wollte, nicht aufgegeben, und nach ein paar Runden und noch ein paar Zeichen fanden wir zueinander." (Mit Koffern voller Träumen ..., 2001, S.122). Rosa kam in die BRD zum Arbeiten mit einer bereits **gebildeten Identität (2)**, zu der ein **ausgebildetes Grenzgefühl (3)** von sich, den **Grenzen anderer (4)** und der **Umwelt (5)** gehören. Auch Sprache gehört zum Grenzgefühl; denn sie bildet dieses Grenzgefühl mit aus. Die Unkenntnis der Sprache bei Rosa bestimmt ihre ersten Eindrücke dieses Landes, d.h. auch die Bildung der neuen **eigenen Grenzen** (6) in der neuen Kultur und **Wahrnehmung** der **Grenzen anderer** (7). Da sie nicht über die (Fremd)Sprache verfügt, kann sie ihr (Grenz)Gefühl für ihre Umwelt nicht adäquat dechiffrieren, eine missverstandene Geste nicht korrigieren und Grenzempfindungen anderer nicht einsortieren, so daß sie eine lange Zeit ein (Grenz)**Gefühl** (8) von sich mitträgt, „ich habe sie nicht verstanden", was ihre Identität und ihr Grenzgefühl im neuen Land neu mitprägt. Aber auch die andere Seite erlebt dieses **Grenzgefühl** als **Spiegelbild** (9). Nur als Spiegelbild? Über das Grenzgefühl und der Identitätsbildung der „Spiegelseite", handelt auch diese Begriffsentwicklungsschilderung, denn dieses (deutsche) Grenzgefühl definiert Begriffe für Nicht-Deutsche. Meine Analyse ist ohne Gewähr.

Geschlecht, Symbole, Grenzen

Am 10. September 1964 wird der *Millionste Gastarbeiter* auserkoren und von den Deutschen Arbeiterverbänden mit einem Moped (Zündapp) gefeiert (Christine Huth-Hildebrandt. Das Bild von der Migrantin. 2002, S.93). Huth-Hildebrandt kommentiert dieses Bild: „Schon hier spiegelt sich die Relevanz der Geschlechterdifferenz in den dargestellten Bildern wider, auch wenn die Migrantinnen im Alltagsdiskurs offiziell unter den Begriff des Gastarbeiters subsumiert wurden". „Als *Einemillionster Eingereister* **symbolisierte** er einerseits den Erfolg der Industrie" (ebd., S.94) und auf der anderen Seite: „Migrantinnen und Migranten erscheinen als Zahlen und Statistiken, als konkrete Personen wurden sie höchstens zur **Symbolisierung** von etwas genutzt." (Ebd.) Frauen und Männer werden zu „Etwas", zum Objekt deklariert, d.h. namenlos (identitätslos) doch symbolisiert wird. Und so wie die Deutschen Bundesverbände den *Millionsten Gastarbeiter* feiern, will sich auch der Präsident der Bundesanstalt für Arbeit am 28. November 1964 ein solches Ereignis nicht entgehen lassen. Doch dieser *Gastarbeiter* ist bereits „namenlos", so Huth-Hildebrand. Symbolisierungen, wie z.b. der Begriff Gastarbeiter können zu **namenlosen** (menschlichen) **Identitäten (10)** beitragen. Namenlos soll fast jede/r *Gastarbeiter, Ausländerin* und *MigrantIn* bleiben. Es sei denn, sie werden wegen „kriminellen Delikten" von den Medien hervorgehoben, wodurch sie eine „böse" Identität erhalten (Fall Mehmet). Die Hervorhebung dieser **negativen Identitätszuschreibung (11)** zielt oft nur auf eine Strategie: **Ausgrenzung (12)**. *Ausgrenzung*, ob in der realen Politik oder durch die Verwendung von bestimmten Begriffen, Symbolen u.ä. für „Objekte", die auch Subjekte sein können, stellt den Versuch dar, **Grenzen von Identität (13)**, der eigenen oder der anderen, zu markieren. *Grenzen* ist das Stichwort in meiner Begriffsentwicklungsdarstellung.

„Grenzen" als abendländische Errungenschaft?
Wir leben in einer westlich-weißen-imperialen Kultur in der Worte, Symbole und Identität eng miteinander verknüpft sind. Sie erschaffen sich gegenseitig. Diese bilden somit die Identität eines Subjekts (oder „Objekts"). Auch der Begriff *Gastarbeiter*, der in den 60ern zum *Symbol* wird auf der einen Seite (für beide Seiten) trägt auf der anderen Seite zur Identitätsstiftung (beider Seiten) bei. Auf dieser **(Grenz)Identität (14)** wurden Begriffe wie Ausländerin und MigrantIn entfaltet und auf dieser Grundlage ist die Frage berechtigt: warum wurden, die ab Mitte der 50er in die BRD zur Arbeit eingewanderten Menschen mit Geschlecht, Ethnie und sozialer Status mitgebrachten Identität, *Gastarbeiter, Gastarbeiterin* genannt? Welche **Abgrenzung** (auf der einen Seite) **(15)** wurde damit verfolgt und welche **Identität** (auf der anderen Seite) **(16)** war/ist entwickelt? Und wie hat sich der erste Begriff für diese Menschen von 1964 über 1984 zu 2004 entwickelt? Interessant bei dieser Fragestellung ist für mich auch die Frage nach der semantischen Verwendung in der Pres-

se für Frauen und Mädchen, die damals vor, mit und nach Männern in die BRD zum Arbeiten kamen und auch eine aus mindestens drei Faktoren bestehende Identität mitbrachten: Sexus, Ethnie und sozialer Status. Eine weitere Frage lautet: Wurde die (*Gastarbeiter*)Frau, wie Huth-Hildebrandt oben formuliert, wirklich unter dem Begriff *Gastarbeiter* subsumiert und nicht unter *Gastarbeiterin*? Und warum wurden diese Menschen nicht Emigranten genannt, da der Begriff seit 1945 bekannt war?

Rückblende

Eine kurze **Begriffschronologie** nach 1945 lautet: Nach „dem Ende des 2. Weltkrieges flohen 4,7 Millionen **Vertriebene** und **Flüchtlinge** aus den von Deutschland abgetrennten Gebieten in die Bundesrepublik; bis Ende 1950 kehrten mehr als 4 Millionen **Kriegsgefangene** zurück; 1,8 Millionen **Flüchtlinge** aus der **Ostzone** bzw. der DDR kamen bis zum Mauerbau 1961 in die Bundesrepublik" (doc.server.bis.uni-oldenburg. de/publikationen/Proarb 99/kap03.pdf). In „den 60er Jahren wurden **ausländischen Arbeitskräfte** angeworben und seit Ende der 1980er ist eine große Zahl von **Spätaussiedlern** und von Flüchtlingen in die Bundesrepublik gekommen". Von Frauen ist, so die Semantik, kaum die Rede in diesem neuzeitlichen Text, der weiter schildert: „Die Anwerbung der so genannten **Gastarbeiter** seit Mitte der 50er Jahre war dabei ausschließlich arbeitsmarktinduziert und nur temporär geplant." (Ebd.) 1960 wurde zum Aufbau der Bundesrepublik Menschen aus europäischen, nicht aus allen europäischen Ländern benötigt, die je nach Land woher sie kamen, einen „anderen" Begriff von der Dominanzgesellschaft bekamen.

Tabellarisches

1952 kommen die ersten Italiener in die südbadische Landwirtschaft,
1954 leben 72.000 Ausländer in der BRD und (insgesamt) 7,6% Arbeitslose,

1955 **Abkommen:** Italien. Es existieren mittlerweile 80.000 Ausländer,

1956 **Abkommen:** Japan. 95.403 Ausländer,

1957 leben 104.603 ausländische Arbeitnehmer in der BRD (23.800 Niederländer, 18.300 Österreicher, 18.600 Italiener, 10.500 Ostblockstaaten),

1960 **Abkommen:** Spanien und Griechenland (70.000 Italiener, 30.000 Spanier, 20.600 Griechen),

1961 **Abkommen:** Türkei (der Frauenanstieg beträgt 31%, 62.3137 Auslandsarbeiter),

1963 **Abkommen:** Marokko und Korea (850.000 **Gastarbeiter**, 116.000 **Gastarbeiterinnen**, davon 1.300 Österreicherinnen),

1964 Abkommen: Portugal. Die Eine-Million-Gastarbeiter, Gastarbeiterin **Grenze** ist erreicht und **0,8% Arbeitlose**,

1965 **Abkommen:** Tunesien (30,9% Italiener, 10,4% Türke. Insgesamt 1.118.616 Gastarbeiter),

1968 **Abkommen:** Jugoslawien (1.018.859 Ausländer),

1969 existieren 1.365.635 Ausländer in der BRD,

1974 leben über 4 Millionen Ausländer in der BRD und 2,6% Arbeitslose,

1982 ist die Zahl der Ausländer auf 4,7 Millionen gestiegen in der BRD,

1984 sind 4.363.600 **Ausländer, Ausländerin** hier und **9,1% Arbeitlose**,

1987 kommen 1,4 Millionen Aussiedler zu den Ausländern in der BRD hinzu,

1990 ist der Frauenanteil auf 44% gestiegen,

1994 sind 6.990.110 Ausländer in der BRD und 16% Arbeitslose,

1998 leben 7,3 Millionen Ausländer in der BRD,

1999 sind 2.053.564 **Türken** in der BRD, 1.858.672 **EU-Bürger**, davon 822.522 Frauen,

2004 gibt es 7.319.000 Ausländer in der BRD und 17% Arbeitslose. (Diese Zahlen variieren je nach Quelle, die an dieser Stelle aus Platzgründen entfällt.)

Alle Abkommen zwischen 1955 und 1959, so der Soziologe Münz, sind ausschließlich ökonomisch motiviert. In der Regel wurden „männliche - Arbeitskräfte auf Zeit und nicht Einwanderer angeworben." (Ebd.) Auch die *Gastarbeiter* gingen davon aus, daß sie nur eine geringe Zeitspanne hier arbeiten würden. Doch die Rezession (1966/67) und Ölkrise (1973) führten zu einem Rückgang der Ausländerbeschäftigung. In diesen Zeiten wird aus dem ersten *fremdbestimmten semantisch-männlichen Gastarbeiter* der *semantisch-männlichen Ausländer* reformuliert. D.h. die ersten nicht mehr willkommenen Ausländer waren Resultat einer misslungenen Wirtschaftsform. „Diese Entwicklung vom Gastarbeiter zum **Einwanderer** ging einher mit einer Bedeutungszunahme der außerhalb des Arbeitsbereiches liegenden Lebensbereichs." (Ebd.) D.h., so meine These, nachdem *Gastarbeiter, Gastarbeiterin* um ein reguläres Leben führen zu können, die ihnen **vorgeschriebene Arbeitsplatzgrenze (17)** im Integrationsprozeß überschreiten mussten, reagiert die Mehrheitsgesellschaft mit **politischer Grenzsetzung (18)** in Form von **Ausgrenzungsgesetzen (19)**. **Ängste (20)** werden bei der deutschen Bevölkerung zunehmend sichtbar und die Erwartungen, *Ausländer* (nicht mehr *Gastarbeiter, Gastarbeiterin*) mögen das (Deutsch)Land verlassen, nehmen zu mit jeder Wirtschaftskrise. Im Laufe der Zeit blieb ein Sockel von **Bleibewilligen**. Was die Ängste nicht beseitigt. In der Folge der Familienzusammenführung ab den 70ern stieg der Anteil der Frauen. 1980 kamen **deutschstämmige** Aussiedler aus der SU, Polen, Rumänien. Dann **Bürgerkriegs-** und **Armutsflüchtlinge** aus Süd-Osteuropa, Afrika und Asien. Die *Gastarbeiter*, so Münz, entwickelten sich über einen Zeitraum von ca. 40 Jahren zu Einwanderer, während „der Grund der Wanderung in die Bundesrepublik bei Aussiedlern die dauerhafte Verlagerung ihres Lebensmittelpunktes" wurde. Doch: „Die Wanderungsbewegungen waren bis in die 80er Jahre vorwiegend von der wirtschaftlichen Konjunktur und der Politik der Bundesrepublik bestimmt." (Ebd., S.29) Dreimal ergaben sich negative Wanderungssalden:

(1966-1967) Konjunktureinbruch, (1973-1977) Ölkrise und (1982-1984) ökonomische Rezession und drei Begriffe gab es für Nicht-Deutsche bis 2004. Dreimal wurden Menschen durch wirtschaftliche Misserfolge des kapitalistischen Systems bedingt missbraucht und aus dieser Gemeinschaft per Gesetz ausgegrenzt; und dreimal wurden **Begriffsdefinitionen** entsprechend den wirtschaftlichen Interessen des „Gastgeberlandes" (re)formuliert. Es gilt also stets die **Begriffsdefinitionsgrenzen (21)** wahrzunehmen, da Begriffe nicht folgenlos für die Identitätsbildung auf beiden Seiten bleiben. Eine Begriffschronologie von 1954 bis 2004 zeigt eine Definitionsmacht vom Begriff, auf die Entstehungsgeschichte einiger Begriffe ich eingehen werde.

Begriffschronologie 1954-2004

Eine Zusammenfassung der oben erwähnten Begriffe der Nachkriegsgeschichte Deutschlands bis heute zeigt eine „Differenzierung", die oft mit einer **Hierarchisierung** dieser Menschen nach Sexus, Ethnie und sozialem Status einhergeht.

Vertriebene, Flüchtlinge, Kriegsgefangene, Flüchtlinge aus der Ostzone, ausländische Arbeitskräfte, Spätaussiedler, Gastarbeiter (**1964**), männliche Arbeitskräfte auf Zeit, Einwanderer, Bleibewillige, Frauen, deutschstämmige Aussiedler (SU, Polen, Rumänien), Bürgerkriegs- und Armutsflüchtlinge (Süd-Osteuropa, Afrika, Asien), Ausländer (**1984**), Aussiedler, Zugewanderte, hierlebende Gastarbeiter, Migrant (**2004**), jugendliche Russlanddeutsche, zugewanderte Nicht-Deutsche, (Spät-) Aussiedler, Zuwanderer, Gastarbeitergeneration zweite, dritte Generation.

Alle diese Begriffe haben trotz augenscheinlicher semantischen Differenzen eine **Gemeinsamkeit**: sie werden in der gängigen Forschung vorwiegend in der **männlich-semantischen Schreibform** verwendet, womit sprachhermeneutisch eine eindeutige geschlechtsdifferenzierte **semantische Abgrenzung (22)** innerhalb der Nicht-Deutschen-Gruppe (bestehend aus zwei Geschlechtern, unzähligen Ethnien und sozialer Status) stattfindet; d.h., die erste nach dem **Sexus** vorgenommene Differenzierung zeigt patriarchalische Züge, die trotz konjunkturbedingter geschlechtsdifferenzierter Begriffsdefinition bis 2004 konstant in der Begriffsentwicklung bleibt.

Semantischer Sexus: *Gastarbeiter, Ausländer* oder *Migrant*?

Der oben erwähnte Soziologe Münz versucht eine Begriffsdefinition für Nicht-Deutsche zu bestimmen, bei der er gleichzeitig erklärt, daß die Definition an der **Begriffsgrenze (23)** oft scheitert. Diese ist aber durchgängig männlich, was Münz ignoriert. „Grenzen", so der Autor, scheinen auch bei **Begriffsdefinitionen (24)** von Evidenz zu sein: „Die Komplexität und die notwendige Differenzierungen zeigen sich auch in der Schwierigkeit, korrekte Begriffe für die Gruppe der Zugewanderten zu verwenden." (Ebd., S.30). Dann fasst er zusammen: Der vor 40 Jahren zugewanderte und hierlebende *Gastarbeiter*, dessen hier geborene und aufgewachsene Kinder werden *Ausländer* bezeichnet. Der „Begriff Migrant trifft nicht die Situation sowohl der zugewanderten Eltern als auch ihrer Kinder", da sie „selbst gar keine Migranten sind." (Ebd.) Als Migrant ist „der jugendliche Rußlanddeutsche, der mit seinen Eltern zugewandert ist, zu fassen. Aufgrund der Herkunft seiner Eltern ist dieser aber rechtlich Deutscher und somit kein Ausländer". Die über das Asylverfahren in die Bundesrepublik gekommenen Personen wiederum sind *Ausländer*, aber keine *Migranten*, da ihr Aufenthalt bis zur Anerkennung oder Ablehnung als Asylberechtigte unter Vorbehalt steht. Trotz „diskriminierender Verwendung von Begrifflichkeiten wird im folgenden aufgrund fehlender Alternativen" für die zugewanderten Nicht-Deutschen der Begriff *Ausländer* verwendet, schreibt Münz. *Migranten* schließt auch die zugewanderten (Spät-)Aussiedler mit ein. Speziellere Teilgruppen werden z.B. Gastarbeitergeneration, zweite, dritte Generation, Flüchtling und Aussiedler genannt, so Münz. Nach dem jeder Terminus semantisch geschlechtsspezifisch konnotiert ist, erklärt Münz:

„Das Recht als >objektiver< Rahmen setzt zusammen mit dem >subjektiven< Rahmen der normativen Orientierungen von Individuen die **Grenzen** innerhalb deren Integration überhaupt nur möglich ist. Diese **Grenzziehungen** sind bei der empirischen Analyse also mitzudenken." (Ebd., S.31) Doch sowohl die **Begriffs-Definitionsgrenze (25)**, wie **Identitätsgrenzen (26)** werden seither nicht nur von außen festgelegt, d.h. fremdbestimmt, sondern auch von innen, durch „neue" Definitionen, die durch (Begriffs)**Verschiebungen (27)** Grenzen **setzen (28)** und diese zu **gezwungenen** Grenzüberschreitungen **(29)** führen, wie die Begriffschronologie *Gastarbeiter, Ausländer, MigrantIn* zeigt. Dabei ist eines interessant: Aus der *Verschiebung* dechiffrieren wir eine *Angst* gegenüber „Fremde", „Andere", auf dessen Quelle ich eingehe, die ich als Ursache für den „deutschen" **Begriffzwang** zur Fremdbestimmung Nicht-Deutscher betrachte.

1954 - Nationalität/Ethnie, Geschlecht/Sexus, sozialer Status/Klasse
Bereits 1954 entnehmen wir der FR, wie die ersten Menschen zur Arbeit nach Deutschland einreisen. Sie hießen „italienische Arbeiter" (*Vorläufig keine italienischen Arbeiter*, FR 30.11.54). Diese Männer gehörten dem Begriff nach ihrer Klasse an, die des *Arbeiters* mit der ethnischen Herkunftsbezeichnung *italienisch*. Der geschlechtsdifferenzierten Semantik nach waren die Arbeiter männlicher Sexus. Was einer logischen Begriffssynthese gleichkommt. Der Klassenbegriff bleibt trotz konjunktureller Schwankungen bis in den 70ern aktuell. Arbeiter werden von der BRD verlangt und Arbeiter kommen mit unterschiedlichen Ethnien. Doch die Stimmung den **italienischen Arbeitern** gegenüber ist nicht positiv. Ein Monat später lesen wir von „Selbstherrlichen Maßnahmen des Bundeswirtschaftsministers" (*Nicht so, Herr Professoren!*, FR 03.12.54). Es werden „keine ausländischen Arbeitskräfte benötigt", denn die: *Wirtschaft kommt ohne Ausländer aus* (FR 07.12.54). Die erste Verwendung des Begriffs Ausländer tritt ab 1954 für nicht willkommene Menschen

auf der offiziellen Sprachebene auf. Einige Tage später wird aus dem *italienischen Arbeiter* der „Fremdarbeiter" (*Signale stehen auf Halt*, FR 08.12.54). **Fremdarbeiter** erinnern an die Zeit vor 1945 und sind 1954 nicht willkommene „ausländische Saisonarbeiter" (*Gegen ausländische Saisonarbeiter*, FR 10.12.54). Ein Streit bei den Verhandlungen um die *italienischen Arbeiter* verschärft sich: die einen brauchen sie, während die anderen mit **nationalen Ängsten** beschäftigt sind (*Streit um italienische Arbeiter verschärft*, FR 17.12.54).

1955

1955 heißt es: *Aus aller Welt kommen die Bewerber* (FR 22.06.55) als „Arbeitsgast in fremden Ländern". Zum ersten Mal entnehmen wir der FR den Begriff **Arbeitsgast**, der vom Gastland **fremdbestimmt** wird. Es heißt: „Gastarbeiternehmeraustausch" sind junge Menschen, die „auf bestimmte Zeit zur beruflichen und sprachlichen Fortbildung ein Arbeitsverhältnis als Gastarbeitnehmer eingehen". 1955 wird zum ersten Mal der konventionbezogene Begriff **Gast** mit dem systemtechnischen Begriff **Arbeitnehmer** symbiotisiert: **Gastarbeitnehmer**. Die Begriffskonstruktion verrät das politisch-mentale Klima jener Zeit. Die Begriffssymbiose hat zwei entgegen gesetzte Begriffe synthetisiert, die nicht viel gemeinsam haben.

Gast und Gastgeber?

Als Gast wird der Mensch betrachtet, der vom Gastgeber **vorgeschriebene Grenzen (30)** gesetzt bekommt und diese Grenzen respektiert, ohne daß er zur Grenzüberschreitung gezwungen wird. Zu den *Gast*-Grenzen gehört auf der einen Seite z.B. eine angebotene Gastfreundschaft, während auf der anderen Seite ein Arbeitsverbot für den *Gast* gilt. Doch bereits mit der Begriffssynthese *Gastarbeitnehmer* wird der *Gast* vom *Gastgeber* zur **Grenzüberschreitung gezwungen (31)**. Denn der *Gast* darf dem Begriff nach nicht arbeiten; doch genau das fordert der Gastgeber vom *Gast*, womit der *Gastgeber* eine Grenzüberschreitung vom *Gast* verlangt. Eigentlich heißt es: Man lädt einen *Gast* ein und man stellt einen *Arbeiter* ein, lernen Kinder in der deutschen Schule die etymologische Betrachtung solcher Sätze. Viel und hart soll der *Arbeiter* arbeiten. Gemütlich und schön soll es der *Gast* haben. Vom *Gastgeber* entsteht also begriffsbestimmt ein definitorisch verursachter **Grenzkonflikt (32)**, der über die Begriffsgrenze hinausgeht. (Semantische) Identitätsverfälschungen können bis 2004 eine Folge falsch benutzter Begriffe sein. Eine **Definitionsmacht (33)** und eine **Identitätsauslöschung (34)** wird mit dem fremdbestimmten Begriff *Gastarbeitnehmer* weitergegeben.

1956

Die *Fremdarbeiter* (*Das umstrittene Problem der Fremdarbeiter*, FR 10.09.55) nehmen 1956 im Bergbau zu und die „italienischen Landarbeiter„ auch (*Italienische Landarbeiter kommen*, FR 16.02.56). Sie gelten als: *Helfer aus dem Süden* (FR 06.04.56) oder als: *Ausländische Saisonarbeiter* (FR 31.05.56) und als: *Fremdsprachige Bergarbeiter* (FR 23.07.56). Die Vielfalt kohärenter Begriffe für Menschen, auf der Suche nach Arbeit in die BRD, nimmt von Monat zu Monat zu. Nachdem Deutschland fast immer noch in Schutt und Asche liegt, lesen wir logischerweise: *Ausländer-Werbung läßt sich verstärken* (FR 24.07.56) und die ersten: *Türkische[n] Landarbeiter* (FR 27.10.56) für das Jahr 1957 sind im Gespräch.

1957

Mit jeder Anwerbung einer neuen Nationalität scheinen die *Ängste* beim *Gastgeber* zuzunehmen. Doch **Ungarnflüchtlinge** (*Gutes Zeugnis für Ungarnflüchtlinge*, FR 23.01.57) scheinen willkommener zu sein als **türkische Landarbeiter**. Anfang jeden Jahres werden die Ängste der deutschen Bevölkerung mit **semantischen Grenzformulierungen (35)** beschwichtigt: „Die

Verwendung von ausländischen Arbeitskräften in der Bundesrepublik werde sich voraussichtlich auch im kommenden Jahr in **engen Grenzen** halten, erklärt der Direktor der Zentrale für Arbeitsvermittlung..." (*Wenig Aussichten auf Auslandsarbeiter*, FR 25.01.57). Der *fremdbestimmte* und jetzt **verschobene Begriff (36)** *ausländische Arbeitnehmer* institutionalisiert sich im alltäglichen Sprachgebrauch. Ende 1957 sollen **japanische Bergarbeiter** in die BRD geholt werden (*Weitere japanische Bergarbeiter*, FR 11.10.57). November 1957 leben in der BRD 104.603 Ausländer. 23.800 Niederländer, 18.900 Österreicher, 18.600 Italiener und 10.500 aus den Ostblockstaaten (*Ausländer*, FR 08.11.57). Unmittelbar nach Veröffentlichung dieser Statistik werden die ersten **jugoslawischen Bergarbeiter** in Deutschland registriert. Gleichzeitig schreibt die Presse über sie: *Schlägerei zwischen italienischen und jugoslawischen Bergarbeiter* (FR 15.11.57).

1959

Bis in die 60er erscheint der Begriff *Gastarbeiter* in der Presse kaum, sondern es herrscht eine Vielfalt von Begriffen bestehend aus mindesten drei Faktoren: Ethnie, Sexus und sozialer Status (*Strenge Bestimmungen für Ausländer*, FR 08.10.59; *1960 noch mehr Italiener*, FR 25.11.59; *Letzter Sammeltransport zur Rückführung italienischer Landarbeiter*, FR 30.11.59).

1960

Anfang der 60er kommen die ersten: *Arbeitskräfte aus Spanien* (FR 11.01.60). Die ursprünglich vor dem sozialen Status vorgesetzte ethnische Zugehörigkeit wird zunehmend hinter dem sozialen Status gesetzt. Januar 1960 befinden sich 30.000 Spanier in der BRD und 70.000 Italiener und ein Monat später heißen sie *100.000 ausländische Arbeitskräfte* (FR 09.02.60). Jetzt sind nicht mehr die *italienischen Arbeiter* die *Fremdarbeiter*, sondern die *spanischen Arbeiter* werden zu *Fremdarbeitern* (*Spanische Arbeiter vermit-*

telt, FR 13.02.60). Eine **Verschiebung** des „Fremden" von der einen zur anderen Ethnie wurde vorgenommen. Und nach dem mehr als zwei Nationalitäten (Italiener und Spanier) hier leben, nimmt die Verwendung des Begriffes „Wanderarbeit" zu (FR 24.02.60). Unmittelbar nach **Wanderarbeiter** erscheint der Begriff: „Hilfsarbeiter". **Hilfsarbeiter** sind jetzt: *Die ersten Griechen im Allgäu* (FR 22.03.60). Wir stellen fest: für jede neu nach Deutschland kommende Arbeiternationalität wird ein *fremdbestimmter Begriff* für diese Ethnie verwendet, auf der anschließend die Bildung einer (Ethnie)**Hierarchie** folgt, obwohl Nicht-Deutsche zunehmend unter dem Begriff *Ausländer* subsumiert werden (*Ausländer angefordert*, FR 07.04.60). Doch während Deutsche Nicht-Deutsche unter *Gastarbeitern* subsumieren, differenzieren sie das eigene westliche Lager (*Spanische Arbeiter für Westdeutschland*, FR 13.04.60). Die mit Fremdbestimmung produzierte Struktur durch eine erzeugende semantische (**Begriffs**)**Verschiebung** wird bewusst konstituiert, auf der die **Frau** auf der unteren Stufe steht, so wie Lerner auch für USA analysiert hat (Gerda Lerner. Zukunft braucht Vergangenheit. 2002). D.h. zuerst wird nach Ethnie, Status und dann Sexus hierarchisiert.

Frauen (vor 1964)
Von den ersten Frauen mit einem latent-rassistischen Unterton in der Berichterstattung ist in der 1. Hälfte der 60er die Rede (*Florencia Rodriguez Hernandez zieht an den Rhein*, FR 02.06.60). Die Frau wird zuerst mit vollständigem Namen, also mit indirekter ethnischen Angabe vorgestellt; d.h. umgekehrt wie einst die Männer präsentiert wurden. Ab den 60ern nimmt die Zahl der nach Deutschland zur Arbeitsaufnahme kommenden Frauen zu. Und als solche werden sie semantisch wahrgenommen und nicht wie Frau Huth-Hildebrandt meint, unter dem Begriff *Gastarbeiter* subsumiert (S.76). Beispiel. *43 Señoritas unter den Palmen in einem Bus gesammelt und nach Remscheid transportiert.* (*Florencia Rodriguez Hernandez zieht an den Rhein*, FR

02.06.60) Die „Señoritas" werden, wie ein Fragespiel präsentiert, das sie (ethnisch) entblößt. Unter den *ausländischen Arbeitskräften* werden zum ersten Mal Frauen gezählt (*Letzte Rettung: Ausländer*, FR 05.07.60), die als solche in den Texten kenntlich gemacht sind. „Auch Wagenwäscherinnen und Putzfrauen sind sehr gefragt. Verschiedene Dienststellen der Bundespost fordern, um den Kräfteengpaß zu mildern, ausländische Arbeitskräfte an." (Ebd.) Unter dem Begriff *Ausländer* oder *ausländische Arbeitskräfte* werden Frauen immer wieder gerechnet, und mit der semantisch-weiblichen Schreibform festgehalten: als **Wagenwäscherinnen** und **Putzfrauen**. Diese Schreibform hält sich über 10 Jahre lang, bis eine **anonymisierende Begriffsverschiebung** erfolgt, die wiederum ca. 10 Jahre anhält. Auch in Angaben über die zunehmende Ausländerzahl werden Frauen als Frauen kenntlich gemacht und nicht wie Huth-Hildebrandt schreibt, unter *Ausländern* waren die *Ausländerinnen* meint (S.28).

In den ersten Monaten des Jahres 1960 sind unter 55.000 Arbeitskräfte 900 Frauen aus Italien gekommen und „5.300 Anforderungen liegend für Spanien vor, darunter über 1.000 für Frauen." (*Ein Arbeitsloser für vier Stellen*, FR 28.07.60.) Auch in Kelsterbach treffen sich August 1960 die ersten *Griechinnen* zum Appelwoi trinken (*Das Grundgesetz gibt die Antwort*, FR 10.08.60). Mit zunehmender Anzahl *ausländischer Arbeitskräfte* nimmt jedoch der semantisch-männliche Sprachgebrauch *Ausländer* zu. Gleichzeitig erscheinen Frauen mit der geschlechtsspezifischen Bezeichnung und der ethnischen Zugehörigkeit zunehmend in Artikelüberschriften (*Griechische Arbeiterinnen für Wetzlar*, FR 26.08.60): „Wetzlar. Frauen und Mädchen aus Griechenland sollen vom Wetzlarer Arbeitsamt für ein Jahr verpflichtet werden, um den Arbeitskräftemangel in der Wetzlarer Industrie zu beheben. Die ersten 50 Griechinnen werden bereits im September in Wetzlar erwartet. (...) Versuche des Wetzlarer Arbeitsamtes, Frauen und Mädchen in Italien und Spanien anzuwerben, seien gescheitert. Man sehe es dort nicht gern, daß jüngere Arbeiterinnen ins Ausland gehen." (Ebd.) Während die Presse, als Grund für das Scheitern des Anwerbens von Frauen schreibt, zu Hause würde man die Frauen und Mädchen nicht in die Fremde allein ziehen lassen, analysiert Huth-Hildebrandt diesen Zustand als falsch: Die Frauen konnten nicht angeworben werden, weil sie nicht als Arbeitslose im eigenen Land registriert waren (S.77). Falsche Analysen (oder Projektionen?) werden sichtbar; d.h.: sie dürfen nicht in die Fremde ziehen, obwohl sie als mutig beschrieben wurden, wie später zu sehen sein wird. **Falsche** „Analysen" und **Projektion** verweisen auf Angst.

Die Nachfrage nach *Ausländern* bleibt konstant 1960. Es sind „darunter 3.000 Frauen" gemeint (*Ausländer weiterhin gefragt*, FR 08.10.60). Mit *ethnisch bezeichneten Frauen* beginnt Ende 1960 die Familie nachzurücken (*Familien kommen nach...*, FR 14.10.60) und der *fremdbestimmte Begriff Gastarbeiter* erscheint einmal in Verbindung mit dem Begriff **Wettkampf** (*Gastarbeiter-Wettkampf,* FR 03.11.60). Dieser Begriff suggeriert auf den ersten Blick eine Hierarchie unter Gastarbeitern, [(italienische) Landarbeiter, (spanische) Bergarbeiter, (griechische) Hilfsarbeiter usw.] Ein Wettkampf kann seitdem oft unter den Nicht-Deutschen beobachtet werden. Während dessen steigt die Zahl der „weiblichen Arbeitskräfte" auf 42.000 (*Ausländer arbeiten gern in Deutschland*, FR 09.11.60). Ende 1960 startet die FR die Reihe: *Ausländische Arbeiter in der Bundesrepublik I* (FR 04.10.60). Die Begriffsentwicklung in diesen drei Artikeln geht vom Begriff *Ausländer* (Artikel I) aus, die „143.700 Italiener, 20.600 Griechen, 16.400 Spanier" sind, aus dem der Journalist mit einer rhetorischen Frage **Gastarbeitnehmer** macht: „Wie leben die ausländischen Arbeitnehmer in der Bundesrepublik, die der offizielle Sprachgebrauch >Gastarbeitnehmer< nennt?" (Ebd.) Obwohl der *fremdbestimmte Begriff Gastarbeitnehmer* in der Presse kaum vorkommt, suggeriert der Autor einen „offiziellen Sprachgebrauch", den es nicht gibt, auch wenn er ihn selbst in seinem Artikel II einmal benutzt (*Das Leben ausländischer Arbeiter in der*

Bundesrepublik II, FR 28.10.60) und ihn in seinem Artikel III zum „fremden Arbeiter" (*Das Leben ausländischer Arbeiter in der Bundesrepublik III*, FR 05.11.60) reformuliert. Doch nicht nur Italiener, Griechen und Spanier auch **Afghanen** arbeiten und leben hier (*Afghanen an Handwerkstischen*, FR 12.11.60). *Ausländer* sind zu *ausländischen Arbeitern* geworden und unter ihnen arbeiten in Kelsterbach 25 Frauen (*Am Zahltag hat das Postamt Hochbetrieb*, FR 11.08.60). Es ist die Zeit, in der „viele weibliche Kräfte" gesucht werden (*Noch Arbeitskräfte in Europa*, FR 23.11.60). „Der Bedarf seitens der deutschen Betriebe an weiblichen Arbeitskräften aus dem Ausland wird nach wie vor als sehr hoch bezeichnet. (...) Aus Italien kommen in diesem Jahr 1800, aus Spanien 1500 und aus Griechenland 1200 Frauen, die in der Bundesrepublik eine Beschäftigung aufnehmen". Andere europäische Nationalitäten außer der südländischen sind, wenn auch in geringerer Zahl, vertreten.

„Die 24jährige Isländerin Unnur Sigurdardottir ist von einer Studienkollegin nach Köln eingeladen." (*Der Heilige Abend in der Fremde*, FR 22.12.60) Die ersten *weiblichen Angestellten* im Öffentlichen Dienst werden beschäftigt „als Hauspersonal in Krankenhäusern und Heimen wie auch in der Wäscherei." (*Ausländer in der Stadtverordnung*, FR 30.12.60)

1961. Ethnische Frauen

„*Spanierinnen haben sich bewährt*" (FR 11.01.61), schreibt die Presse als „Hausgehilfinnen". „Wenn wiederum keine deutschen Arbeitskräfte gefunden werden, wird sich der Obertaunuskreis (...), auch weiterhin um die Einstellung von Spanierinnen bemühen." (Ebd.) Die „ausländischen Arbeitnehmerinnen und Arbeiter" (*Unsere Meinung dazu*, FR 11.01.61) werden zunehmend *fremdbestimmte Gastarbeiter* (*Hilfe für Gastarbeiter*, FR 13.01.61) genannt und für sie werden: *Wohnungen für ausländische Arbeitskräfte* (FR 12.01.61) gesucht. Parallel dazu nimmt die Reibung zwischen Deutschen und anderen Ethnien zu. Beispiel: „Streit zwischen einem Algerier und einer deutsche Arbeiterin" (*Schläge mit der Eisenstange*, FR 20.10.61). Und während von *ausländischen Arbeitnehmern* die Rede ist, erscheint zunehmend in Artikelnüberschriften der *fremdbestimmte Begriff Gastarbeiter* (*Auch für Gastarbeiter*, FR 15.02.61). *Der Arbeitsmarkt kennt keine Grenzen* (FR 11.02.61) und Fremde werden im Land benötigt. Bald verlieben sich **japanische Bergleute** in deutsche Mädchen (*Japaner lieben deutsche Mädchen*, FR 27.02.61). Damit bekundet die Presse eine der ersten **intersubjektiven Grenzüberschreitung**, wenn (Fremd)Arbeiter die (Herren)Frauen lieben.

Nicht nur semantische Grenzüberschreitung

Intersubjektive Grenzüberschreitungen können zuerst semantischen Charakter haben (*"Preußische Spanier" leben in Kiel*, FR 22.03.61). Während dessen nimmt die Zahl der zur Arbeit eingewanderten Frauen in der BRD zu. Anfang 61 befinden sich „5000 Ausländerinnen", die verheiratet sind, in Hessen. Obwohl immer wieder Versuche unternommen werden, die *Angst* vor „Überfremdung" zu nehmen, wird subtil mit Türken Angst geschürt (*Tausend Türken für die Bundesbahn*, FR 05.04.61). Auch in den 60ern kommen die ersten „jungen Arbeitskräfte aus **Aegypten**" (*Arbeitslosenzahl sinkt weiter*, FR 06.05.61). Mai 1961 werden: *62.317 Auslandsarbeiter* (FR 25.05.61) gezählt, davon sind 3.213 Frauen. Eine neue Begriffskonstruktion **Auslandsarbeiter**, unter der Frauen gezählt wird, erscheint. 1961 wird die erste: *Griechische Arbeiterin getötet* (FR 03.06.61).

Geburt des Begriffs Gastarbeiter (vor 1964)

Mitte 1961 erscheint zum ersten Mal der *fremdbestimmte Begriff* in einer großen Überschrift: *Gastarbeiter - eine neue Bezeichnung für die Fremden* (FAZ 03.06.61). Darin heißt es: „Auch der Begriff Gastarbeiter klingt nicht fremd und ist auch nicht ohne inneren Widerspruch: Gemeinhin erwartet man vom Gast nicht, daß er beim Gastgeber arbeitet, bei ihm Geld verdient und es zum

Teil auch wieder ausgibt. Auch ist der >Gast< im eigentlichen Sinne nicht darauf bedacht, in möglichst kurzer Zeit möglichst viel Geld zu verdienen, womit er zum Schrecken der >angestammten Dienstleute< wird." (Ebd.) Weiter: „Ob der Ausdruck >Gastarbeiter< Wurzeln schlägt, kann nur die Zukunft zeigen. (...) Auf jeden Fall aber wäre er erfreulicher und handgreiflicher als >Ausländische Arbeitskräfte<, ganz zu schweigen von der vorbelasteten und irreführenden Bezeichnung >Fremdarbeiter<. Wozu dieser Terminus verleiten kann. (...) Der Fremdarbeiter hat sich so zu verhalten, daß niemand von ihm belästigt wird; er hat auch Beleidigungen zu unterlassen. Bei nachlässiger Arbeit kann der Arbeitgeber die sofortige Entlassung des Fremdarbeiters vornehmen. (...) Jedenfalls ist es nicht gleichgültig, unter welcher Bezeichnung, und das will besagen, unter welchem Gesichtswinkel, wir uns mit dem ausländischen Arbeiter auseinandersetzen." (Ebd.) Aus dem Zitat gehen die Rechte des Arbeitgebers (Macht) und die Pflichten des Gastarbeiters (Ohnmacht) formuliert; oder eine **Grenzsetzungsmacht (37)** demonstriert. Als *Gast*, auch Gast/Arbeiter, muß er sich an bestimmt gesellschaftliche Konventionen halten, die ihm auf irgendeine Art und Weise **fremdbestimmte Grenzen (38)** setzt. Die *einseitig - fremdbestimmte Grenzsetzung* weist auf eine Machtdemonstration hin, die zur Frage nach der Identität des Gastgebers und seines Grenzgefühls führt. Aus dem medialen Vorgehen mit „Südländern" lässt sich eine Angst dechiffrieren, die für das Auslöschen anderer Identitäten denkbar wird.

Angst „Kommandiert - zu - werden"
Einige Gründe für Grenzsetzung am Anderen, Fremden, beschreibt der Autor weiter: „Der Südländer ist im Prinzip - sagen wir es gelinde - behördenscheu." (*Gastarbeiter - eine neue Bezeichnung für die Fremden*, FAZ 03.06.61) Eigentlich ist er ein „Schwarzgänger" und verursacht *Angst*, so der Autor. Daher muß der *Südländer* in Grenzen gehalten werden, argumentiert der Autor, weil

der *Südländer* selbst darin sehr geübt ist: „Alle Mittelmeerländer haben eine lange über Generationen reichende Auswanderungstradition. (...) Ganz ohne Papiere, Behördenstempel, Gesundheitszeugnissen, sind sie bestimmt nicht nach Amerika, nach Kanada, Brasilien, Argentinien gelangt. (...) Allerdings können sie - im Gegensatz zu uns - eines auf den Tod nicht ausstehen: dauernd kommandiert zu werden." (Ebd.) „Südländer" bedürfen eine „soziologische Akklimatisierung" (*Bunter Abend für Griechen*, FR 29.06.61), d.h. „Anpassung", die mit Fremdbestimmung erfolgen soll (*Mario lernt Deutsch*, FR 15.06.61). Während das Männliche „akklimatisiert" wird, bleibt sie „klein" gehalten. Die: *Zahl der umworbenen Frauen* (FR 07.09.61) hingegen bleibt gering und sie werden weiterhin semantisch aufgezählt. Als der Spanische Club in Offenbach einlädt, lesen wir: „Rund 800 Spanierinnen und Spanier waren gekommen." (*„Wie ein Kanonenschlag ...*, FR 11.10.61). In den Artikeln der 60er werden geschlechtssemantische Differenzierungen vorgenommen, die im Verlauf der nächsten 20 Jahre abhanden kommen und erst ab den 90ern mit der Forderung nach Einführung des großen „I" wieder eingesetzt werden, als hätte eine weiblich-semantische Ausdrucksform in den 50ern und 60ern nicht gegeben. Zahlreiche Artikel dieser Zeit zeigen die geschlechtsspezifische Sprachbenutzung (*Spanierin muß heim*, FR 14.11.61; *Zwei Taschendiebinnen*, FR 17.11.61).

Emigrant? (vor 1964)

Ende 61 erscheint zum ersten Mal der Begriff **Emigranten**, den er bis dahin nur für die vor 1945 ausgewanderten Deutschen galt (*Emigranten verursachen Tumult*, FR 27.11.61). Zwei Wochen später heißt es: *Gastarbeiter-Anwerbung wird schwieriger* (FR 08.12.61) und im gleichen Artikel fragt der Autor: *Kommen im nächsten Jahr die Türken?* Es wird eine *Angst* gegen *Türken* geschürt und besonders mit „Kindergeld" (*Gastarbeiter erhalten Kindergeld*, FR 14.12.61). Doch als fünf „Bergleute aus Israel in einer deutschen

Grube" umkommen, ist die „alte deutsche Geschichte" 1961 präsent. Die Presse ergreift für Israelis das Wort (*Und immer wieder die Frage: Haßt ihr uns?*, FR 20.12.61). Wäre diese Frage auch gestellt worden, wenn nicht Israelis, sondern Türken umgekommen wären, wie 30 Jahre später der Fall wird?

Fremdbestimmte Gastarbeiter versus ethnische Arbeiterinnen

Während die Männer zu *fremdbestimmten Gastarbeitern* werden, erscheinen die Frauen mit *ethnischer* Bezeichnung vor dem Klassenbegriff, *Arbeiterinnen* wie *griechische Arbeiterinnen* (*Penelope in der Fabrik*, FAZ 23.12.61). Es wird vom „Stolz auf das selbstverdiente Geld" der „Griechinnen" berichtet und von der griechischen Mentalität gegenüber der italienischen. „An italienisches Geschrei hat man sich bei uns gewöhnt, an griechisches offenbar noch nicht recht." (Ebd.) Die Probleme der Griechinnen im eigenen Land beschreibt der Autor: „Die Frauen und Mädchen, die in der Landwirtschaft mitarbeiten und außerdem im ländlichen Haushalt durch Spinnen, Weben, Nähen, Backen, Obstdörren und dergleichen zum Familienunterhalt beitrugen, finden im neuen Rahmen weder häusliche Arbeit noch die erhoffte Möglichkeit, selbständig Geld zu verdienen. (...) Die meisten griechischen Arbeiterinnen, die in Deutschland gesprochen haben, stammen aus Makedonien, soweit sie nicht Athenerinnen sind." (Ebd.) Diesen „Athenerinnen und Makedonierinnen werden bald Mädchen aus allen Landesteilen folgen." (Ebd.) „Die kleinen Griechinnen wollen nicht von den gut gekleideten Deutschen abstechen." (Ebd.) Der rassistische Unterton ist kaum zu überhören, während der Autor schreibt: „die deutsche Arbeiterinnen kümmern sich um ihre ausländischen Kolleginnen nicht." (Ebd.) „Den Umgang mit anderen Ausländerinnen lehnen sie ab. Besonders die Italienerinnen können sie nicht leiden." (Ebd.) Durch den ganzen Artikel hindurch wird eine **Spaltungsexegesse** (39) betrieben. Aber: „In einem Heim fragte ich die Wortführerin, eine flotte Athenerin, ob sie verlobt sei." (Ebd.) Die geschlechtlich-differenzierte Semantik war damals prägend trotz Sexismus – wie heute. Doch schnell werden aus **Griechinnen** „griechischen Gastarbeiterinnen in ihrem Wohnheim in Wetzlar" (*Grüße über Tausend von Kilometern hinweg*, FR 23.12.61). Und bald sind sie nach dem fremdbestimmten Begriff nur noch *anonymisierte Gastarbeiterinnen*: „Die jungen Mädchen - das Alter der Gastarbeiterinnen liegt zwischen 18 und 40 Jahren - haben noch nie eine besondere Freude. Sie werden am Weihnachtssamstag Gäste ihrer 20jährigen Kollegin Mauthia Katsari sein". Der damalige geschlechtsdifferenzierte Sprachgebrauch scheint fortschrittlicher als der heutige mit dem großen „I" gewesen zu sein.

1962

März 1962 lesen wir: „3500 ausländische Gastarbeiterinnen verdienen sich am Main ihr Geld" (*Sabahat fühlt sich in Frankfurt wohl*, FR 16.03.62). Wo zuvor eine *ethnischbezeichnete Gastarbeiterin* stand, steht jetzt eine *ethnisch- anonymisierte Gastarbeiterin* ein. Ein „Novum der letzten Jahre ist es allerdings, daß sich dieser Gruppe von Ausländern viele ihrer Landsmänninnen zugestellt haben. In Frankfurt sind zurzeit 3500 Ausländerinnen - aller Altersklassen übrigens - aus vielen Herrenländern tätig. Und die Tendenz geht, wie Verwaltungsrätin Brauer, die Leiterin der weiblichen Vermittlung des Arbeitsamtes bestätigt, dahin, weitere Italienerinnen, Spanierinnen und Griechinnen nach Frankfurt zu holen, da die Wirtschaft nach wie vor aufnahmefähig ist." (Ebd.). Die Spanierinnen stellen „in der Gruppe der Ausländerinnen mit rund 1000 Señoras und Señoritas heute den Löwenanteil (...). Ihre an feinste Stick- und Näharbeiten gewöhnten Hände eignen sich besonders gut für Geduld erfordernde Arbeiten in der Elektroindustrie oder für knifflige Maschinenarbeit. So montieren denn die dunkelhaarigen Isabels, die Carmencitas, Juanas oder Amparos (...), beispielsweise kleine elektronische Apparate zusammen und betätigen sich als Spulenwicklerinnen, aber auch als Wäscherinnen und Näherinnen, wo man ihnen gut und gern ebenso ausgesprochene Geduldsarbeit übertragen kann.

Auch die 400 an den Main verschlagenen Italienerinnen trifft man vornehmlich in Betrieben der Metallindustrie an. Nahezu 150 arbeiten in hauswirtschaftlichen Berufen, meistens in Krankenhäusern oder Heimen. Denn das Arbeitsamt ist bestrebt, insbesondere die alleinstehenden Ausländerinnen in guter Betreuung, also in modernen Wohnheimen, unterzubringen, wo sie Kontakt zu eigenen Landsleuten haben und sich auch außerhalb der Arbeitszeit geborgen fühlen." (Ebd.) Die Zahl der **Türkinnen** nimmt ab 1962 zu und die Auslöschung der weiblichen Semantik in den Überschriften auch (*Türkenglück in Hessen*, FR 07.06.62), während der Text erzählt: „Eine 22jährige Türkin, aus Istanbul ist in Hessen über Nacht reich geworden." (Ebd.) 1962 ist der *fremdbestimmte Begriff Gastarbeiter* fast hundertprozentig in der öffentlichen Presse etabliert. Um so mehr wird von Frauen in der Presse berichtet, auch wenn die Anzahl von Männern immer noch höher liegt. „Die Mehrzahl der ausländischen Arbeiter ist zwar alleinstehend, aber immer mehr kommen ganze Familien" (*Wir sind viel lustiger als die Deutschen*, FR 16.08.62). Die Männer fuhren „nach Hause, brachten Frau, Mutter, Töchter und Schwiegersöhne mit." (Ebd.) „Daß allerdings drei Schwestern aus Kreta nach Deutschland kommen, um ihre Mitgift zu verdienen, das kommt nicht alle Tage vor. (...) Noch seltener sind jedoch Ehen zwischen Ausländern und deutschen Mädchen. >Das wäre doch eine Dummheit<, " wird ein Spanier zitiert, weil in Spanien der Mann die Hosen anhat. „Damit verscherzten sich die temperamentvollen Südländer manche Sympathien (...) Aber auch die ausländischen Gäste halten nicht mit Kritik hinter dem Berg. (...) Fazit: Menschen anderer Art verstehen zu lernen, ist die Aufgabe, die uns und unseren ausländischen Arbeitern gestellt ist." (Ebd.) Nach den *Italienerinnen* und *Spanierinnen* kommen die unerwünscht und als *Emigranten* bezeichneten

„jugoslawischen Gastarbeiter" (*Jugoslawien unerwünscht*, FR 21.09.62). Nach ihnen wird die: *Anwerbung von portugiesischen Gastarbeitern verstärkt* (FR 22.09.62). 1962 kommt der einmalige Begriff **Gastarbeiterfrauen** vor: „Leitung ließ Gastarbeiterfrauen die Bundesrepublik besuchen" (*Er sah nun sein Kind*, FR 12.11.62). Diese *Gastarbeiterfrauen* sind jedoch Mütter, Ehefrauen, Schwestern von *Gastarbeitern*, die als „Geschenk" zu Besuch in die BRD kommen dürfen zu Weihnachten.

1963

Anfang 1963 ist der *fremdbestimmte und anonymisierende Begriff Gastarbeiter* im Kommen und der Begriff *Ausländerinnen* bleibt aktuell. „Drei Ausländerinnen erleben Frankfurt / Assunda aus Italien ist zufrieden" (*Conchita ist von den >Betonklötzen< enttäuscht*, FR 05.01.63). Der Frauenanteil steigt 1963 und mit dem Anstieg werden Frauen zunehmend unter dem Begriff *Ausländer* subsumiert. „Von den gegenwärtig im Bundesgebiet beschäftigten Ausländern sind 130.000 oder 18,5 Prozent Frauen. (...) Dieser Frauenanteil ausländischer Arbeitskräfte beträgt, absolut gesehen, 26.310 Italienerinnen, 24.300 Spanierinnen und 24.000 Griechinnen." (*Viele ausländische Arbeiter werden erwartet*, FR 11.04.63). „Etwa 850.000 Gastarbeiter" sind bereits in der BRD. „Viele Betriebe versuchen, ihre bewährten ausländischen Arbeitskräfte mit der Zeit dadurch für ihre Treue zu belohnen, daß man ihnen gestattet, Frau und Kinder nachkommen zu lassen". April 1963 haben bereits die *italienischen Gastarbeiter* und auch „arabische und afrikanische" Arbeiter den *fremdbestimmten Begriff Gastarbeiter* übernommen. Auf einem Transparent steht: „Wir Gastarbeiter unterstützen die Forderungen unserer deutschen Kollegen" (*Auf der Schiene zu den Wahlen*, FR 27.04.63).
Mitte 1963 berichtet die FAZ über: *Gastarbeiterinnen sind gefragt* mit dem Untertitel: *Laura, Rosita, Chadché in deutschen Fabriken und Kliniken* (FAZ 20.07.63). Darin wird der *fremdbestimmte semantisch-weibliche Begriff Gast-*

arbeiterin als eine Selbstverständlichkeit verwendet wie „Kolleginnen" oder „Italienerinnen, Spanierinnen und Griechinnen", die in einem Hotel untergebracht sind, das „die Firma L. für ihre Gastarbeiterinnen" gepachtet hat. Sie benötigen eine „junge Dolmetscherin". Denn auch „wenn sie bereits zwei Jahre hier sind, können sich die wenigsten, ob Italienerinnen, Spanierinnen oder Griechinnen, auch nur notdürftig in Deutsch verständigen. (...) Ein knappes Vierteljahr, manchmal auch länger, dauert es, bis die Frauen und Mädchen sich akklimatisiert, bis sie sich dem Arbeitsprozeß angepaßt haben. (...) Akkordtarife und Spätschichten sind bei den Gastarbeiterinnen sehr begehrt. (...) Auf jede vermeintliche oder reale Zurücksetzung reagieren die Südländerinnen äußerst empfindlich. (...) In den Privathaushalt gehen auch Gastarbeiterinnen - gleich welcher Nationalität - nur ungern; (...). Das ausgezahlte Gehalt für Hausgehilfinnen scheint ihnen niedrig, verglichen mit dem Barlohn der Fabrikarbeiterinnen." (Ebd.) Zurzeit „sind von insgesamt 116.000 Gastarbeiterinnen in Deutschland nur knapp 5000 im Haushalt beschäftigt, davon sind allein 1.300 Österreicherinnen." (Ebd.) „Durchschnittlich zweihundert Mark schicken die Frauen monatlich nach Hause. (...) Gastarbeiterinnen haben ihre Kinder selber zu hüten." (Ebd.) Auch Türkinnen befinden sich bereits in der BRD. „Hundertzehn Türkinnen hat der Zerberus zu bewachen, und er nimmt sein Amt ernst. Die Mädchen werden behütet wie höhere Töchter in einem Schweitzer Pensionat." (Ebd.) Das Pensionat wird näher erläutert. „Der Turm ist eingerichtet wie ein modernes Internat. Die Drei-Bett-Zimmer blitzen vor Sauberkeit, blitzsauber sind die Duschkabinen. Was macht es, wenn einige Türkinnen zuerst einmal ihre Haut mit dem schäumenden Scheuersand abschrubben, ehe sie begreifen, daß die Streudose für Kacheln und Wannen bestimmt ist?" (Ebd.) Den *Türkinnen* wird deutsche „Ordnung" beigebracht. „Eine Hausdame, selbst Türkin, bringt sie ihnen bei; zwei deutsche Putzfrauen demonstrieren deutsche Reinlichkeit. (...) Die Firma hat ihre Türkinnen nicht nur musterhaft untergebracht, sie bemüht sich auch nach Kräften, sie beispielhaft zu betreuen. Eine junge Soziologin - sie hat zwei Semester in Ankara studiert - ist als Dolmetscherin und zugleich Mädchen für alles engagiert. Unterstützt wird sie von einer türkischen Lehrerin, die mit dem ersten Transport mitkam. Die junge Lehrerin hat bereits in Istanbul so viel Deutsch gelernt, daß sie in der Buchhaltung des Werkes arbeiten kann. Die Türkinnen kommen aus sozial sehr unterschiedlichen Schichten." (Ebd.) Oft können sie nicht lesen oder schreiben, hält der Autor fest. Die junge **Soziologin** unterrichtet sie. „Bei den geduldigen Bemühungen der jungen Soziologin - sie gibt den Türkinnen am Abend Unterricht - schläft ein Teil der Schülerinnen ein. (...) Die Werksleitung verspricht sich ziemlich viel von ihren Gastarbeiterinnen. (...) Die Türkinnen sind bei den deutschen Arbeitskolleginnen beliebt. (...) Nun vorläufig werden sie gebraucht. Bei den Arbeitsämtern liegen ständig Anfragen nach Gastarbeiterinnen vor, als Frauen verfügbar sind. Deutlich ist das Bemühen zu spüren, die Frauen wirklich als „>Gast<"-Arbeiterinnen zu behandeln, auf ihre Eigenarten und Wünsche Rücksicht zu nehmen. Das Wort >Fremdarbeiter<, das so böse Erinnerung wachruft, ist nicht nur im Sprachgebrauch, es ist auch als Ausdruck einer überheblichen Haltung unmöglich geworden." (Ebd.)

Der *fremdbestimmte und anonymisierende Begriff Gastarbeiter, Gastarbeiterin* ist Ende 1963 etabliert. Und als die ersten „156 Türkinnen in Hattersheim" ankommen, heißt es sogar: „Ledige Orientalinnen leben sich leichter ein als verheiratete Kolleginnen" (*Leben in einer fremden Welt*, FR 08.10.63). Doch bereits 1963 wird die Frage nach: *Kontrolle bei Gastarbeitern?* (FR 13.12.63) gestellt: „Sicherheitsvorkehrungen wurden in der Bundesrepublik getroffen, um zu verhindern, daß vorbestrafte Gastarbeiter in die Bundesrepublik kommen und hier unter Umständen schwere Verbrechen begehen?" (Ebd.) Die ersten **Kontrollbedürfnisse** und Abwehrmechanismen von Seiten des Gastlandes werden mit der Etablierung des *fremdbestimmten und anonymisierenden Begriffes Gastarbeiter, Gastarbeiterin* noch vor Beginn 1964 formuliert.

1964

Januar 1964 betitelt die Presse ca. fünf von 10 Artikeln mit dem *fremdbestimmten Begriff Gastarbeiter, Gastarbeiterin*. Während dessen wird der Wohnraum für fremdbestimmte Menschen zum Problem (*Wohnheim für 150 Gastarbeiterinnen in Hochheim. Die Regierung bittet um Verständnis*, FR 13.01.64). Die *Gastarbeiterinnen* sind bei der Wohnraumsuche: „150 weibliche Arbeitskräfte aus Spanien, Italien, Griechenland und der Türkei". Sie sollten „in einem freiwerdenden Wohnblock des Flüchtlingswohnheimes (ehemaliges Landesflüchtlingslager)" untergebracht werden. Doch einige hochheimer Bürger wollen den Antrag nicht zustimmen. Unmittelbar nach dieser Ablehnung folgen negative Presseüberschriften (*Haftbefehl aufgehoben*, FR 15.01.64; *Mutter von vier Kindern erstochen*, FR 15.01.64), aus denen hervorgeht, *Gastarbeiter, Gastarbeiterinnen* morden aus Eifersucht, was Angst verursacht haben mag. Oder sie fahren „illegal" (*Am Steuer unberechenbar*, FR 18.01.64); der „Fahrer" meint einen Mann, der „sich schon seit 1944 in Deutschland" und bei einem Verkehrsunfall dem Führerschein genommen wird. Begründung des Gerichtes: „Er sei >geistig unkontrollierbar und labil<, hieß es darin, reagiere am Steuer ganz unberechenbar, und schließlich spreche er nach fast 20jährigem Aufenthalt im Lande immer noch ein sehr mangelhaftes Deutsch, was ja auch nicht gerade für seine Intelligenz spreche." (Ebd.) Die: *FDP ist besorgt* (FR 20.01.64) über die „Einbürgerung >südländischer Unsitten<, wie sie bei Auseinandersetzungen zwischen leicht erregbaren Gastarbeitern aus dem Ausland und der deutschen Bevölkerung" vorkommen. Eine neue Begriffszusammensetzung wird aktiv: *Gastarbeiter* aus dem **Ausland**. Es ist die Zeit, **klare Grenzen** (40) zu bestimmen: Gastarbeiter, *Gastarbeiterinnen* kommen aus dem Ausland und werden treffend als **Ausländer** bezeichnet. Nachdem den ersten *Gastarbeitern, Gastarbeiterinnen* die ethnische Bezeichnung, den Sexus und sozialen Status ausgelöscht wurden, stehen auf der Liste „neue": *Gastarbeiter auch aus Chile?* (FR 23.01.64)

Und während die *neuen Gastarbeiter* das Land betreten, bildet sich eine negative Stimmung gegen die ersten *(italienischen) Gastarbeiter*, weil sie zu „aggressiv" sind (*Tolle Tage ohne scharfe Klingen*, FR 23.01.64). Unmittelbar darauf berichtet die Presse über Rauschgifthandel und *türkische Gastarbeiter* (*Rauschgifthandel in Rüsselsheim*, FR 24.01.64), der ein *Hilfsarbeiter* ist. Jetzt sind *Türken* vom sozialen Status *Hilfsarbeiter* zum *anonymisierenden türkischen Gastarbeiter* „aufgewertet". Anders formuliert: „Die Gastarbeiter scheinen zu einem Problem zu werden." (*Rückfahrkarte für die Familie*, FR 01.02.64). Doch in Wahrheit geht es um etwas anderes: „Die vereinzelten tätlichen Übergriffe spielen dabei eine untergeordnete Rolle. Entscheidend ist das Interesse der deutschen Unternehmer an der Arbeitskraft der Ausländer, um deren persönliche Lebensverhältnisse oder die Unterbringung der nachgeholten Familien sich die meisten Arbeitgeber nicht kümmern." (Ebd.) Die „Probleme" verursachen jedoch weniger *Gastarbeiter, Gastarbeiterin*, sondern die Richtlinien, z.B. für die Unterkunft dieser Menschen. Die „Gastarbeiterfamilien" gehen jetzt in die Wohnungen, aus denen vorher die Amerikaner raus gingen, „weil sie sich solche Wohnverhältnisse nicht länger gefallen lassen" wollen. Nach Deutschland folgen: *Bald portugiesische Gastarbeiter* (FR 03.02.64). Auch glaubt die Bundesanstalt für Arbeit, „daß sie darüber hinaus auch noch mehr Griechen und Türken als bisher für eine Arbeit in Deutschland gewinnen kann." (Ebd.) Während dessen ist die Raumversorgung noch nicht geklärt (*320 Mark für ein kleines Zimmer*, FR 03.02.64).

Nach den *temperamentvollen Italienern* werden die *Spanier*, der Reihen nach wie sie in die BRD kamen, in die Presse, einmal als *Täter*, dann als *Opfer* vorgestellt (*Überfall geklärt-Täter frei*, FR 03.02.64). Doch kaum wird darüber diskutiert, ob sie sich in die Betriebsräte wählen lassen (*EWG berät über Freizügigkeit*, FR 07.02.64), verlieren sie vor dem *fremdbestimmten Begriff* die gesetzte Nationalitätszugehörigkeit: sie heißen ab jetzt *ausländische Gastarbeiter*. Die erste offizielle **Ausgrenzung (41)** erfahren diese Menschen, nachdem *Gastarbeiter, Gastarbeiterinnen* nicht mehr in die ihnen vorgeschrieben (begrenzten) **Baracken (42)** bleiben, sondern über diese Grenze hinausgehen in das normale Leben und (deutsche) Gaststätten besuchen (*Für Gastarbeiter verboten*, FR 07.02.64). *Baracken* erinnern sowohl an die Zeit vor 1945 aber auch an eine *eng- und fremdbestimmte Begrenzung*, die nach **Kontrolle** und **Vernichtung** ausgerichtet ist.

Einwanderer?

April 1964 heißt es in einer Kritik der „Kirchenzeitung für das Erzbistum Köln" über das gegenwärtige System der Beschäftigung *ausländischer Arbeitskräfte* in der Bundesrepublik (*Gastarbeiter sind Einwanderer*, FR 13.04.64): „Das Blatt stellt in einem Artikel die Frage, ob die ausländischen Arbeiter weiterhin als Gastarbeiter oder als Einwanderer angesehen werden sollen." (Ebd.) „Wenn die Industrieproduktion auf dem gegenwärtigen Stand gehalten oder noch gesteigert werden solle, müsse der Mut aufgebracht werden, die ausländischen Arbeitskräfte nicht als Gastarbeiter, sondern als Einwanderer anzusehen." (Ebd.) Doch ein Monat später verkündet die FR: *Gastarbeiter bilden „Parlament"* (FR 04.05.64) in Stuttgart. „Damit wollen sie eine Einrichtung schaffen, in der sie die Probleme aller in der Bundesrepublik beschäftigten ausländischen Arbeiter erörtern und zu lösen versuchen. (...) Der Präsident ist der Vorsitzende des italienischen >Bundes der Emigrierten in Deutschland< (...). Die Gastarbeiter bezeichnen sich selbst als >Emigrierte<". Kaum wird ein *selbst gewählter Begriff* beansprucht, hält die andere Seite für sich fest; es geht um das: *Richtiges Verhältnis zu Gastarbeitern* (FR 05.05.64). Ein Monat später werden: *80.000 Arbeitslose weniger* (FR 06.05.64) gezählt und die Bundesrepublik muß noch mehr *Ausländer* anwerben. Sie kommen aus Italien, Türkei, Griechenland, Spanien und Portugal und **Frauen** mit **Schleiern** sind unter den *Ausländern*.

Frauen und Schleier (1964)

Die steigende Zahl von *Ausländern* wird bezeichnet als: *Die Völkerwanderung zum Arbeitsmarkt* (FR 09.05.64). „In der ersten Zeit, als die spanischen Gastarbeiterinnen sich die Haare blond färbten, um für Deutsche, und die deutschen Mädchen, schwarz um für Spanierinnen gehalten zu werden, standen die Kavaliere bei Schichtschluß mit ihren Wagen vor dem Werk Schlange. Jetzt stehen die Spanierinnen entlang der Chaussee, winken, wollen mitgenommen werden in die nächste Stadt." (Ebd.) „548.916 [*Gastarbeiter, Gastarbeiterin*] waren es am 30. September 1961 und 828.743 zwei Jahre später." (Ebd.) „Etwa ein Fünftel von ihnen waren Frauen, jede zweite ist verheiratet. (...) Kein Türke mehr der heute noch die unverschleierte Frau auf der Straße für käuflich hält." (Ebd.) Zum ersten Mal wird **Frau, Schleier, Türke** in einem Artikel synthetisiert. Während der Autor rassistisch über den *Türken* berichtet, verhält sich der „türkische Fortschritt" von deutscher Seite aus betrachtet sexistisch, wenn Begriffe **Türke** und **Hure** in einem Atemzug in Verbindung gesetzt werden. **Rassismus** und **Sexismus** geht Hand in Hand vom weiß-männlichen Subjekt aus. Parallel dazu beginnen die ersten Integrationsschritte: „Nach den Italienern und Spaniern haben nun auch Frankfurt 1.760 türkische Gastarbeiter einen gemeinsamen Treffpunkt" (*Zweite Heimat für türkische Gastarbeiter*, FR 26.06.64). Die *ersten fremdbestimmten Gastarbeiter, Gastarbeiterinnen* sind jetzt *Auslände*r, Ausländerinnen und die letzten *Türken* werden sofort zu *fremdbestimmten Gastarbeitern*. Diese **semantische Verschiebung** setzt sich bis 2004 ohne Unterbrechung fort. Bei den gemeinschaftlichen Treffen, so der Text weiter, betreut die „Türkin Ülkü Grükan, gleichfalls Studentin in Frankfurt" ihre **weiblichen Landsleute**. Mit der zunehmenden Seßhaftigkeit von *Gastarbeitern, Gastarbeiterinnen* beginnen sowohl die rassistischen wie sexistischen Angriffe bereits mit der Berichterstattung (*Eiserner Jungfrau im Bahnhof*, FR 08.07.64); anders formuliert: **offene Ausgrenzung**.

Erste Ausgrenzungen und Hierarchisierungen

Mit dem Verbot vom Gaststättebesuch für *Gastarbeiter, Gastarbeiterinnen* kommt der *fremdbestimmte Begriff* mit großen Lettern in der Überschrift vor. Je höher der „Personalmangel" in deutschen Betrieben, desto größere „Probleme" mit Gastarbeitern, Gastarbeiterinnen außerhalb der Werkstoren entstehen (*Personalmangel wirft große Probleme auf*, FR 15.08.64). Denn die Menschen gehen im normalen Leben über die **vorgeschriebenen Grenzen (43)** der Werkstore in die Gesellschaft ein. „Die Unternehmer haben große Sorgen. 933.000 Gastarbeiter haben es nicht vermocht, die Kluft zwischen dem Bedarf und dem Angebot an Arbeitskräfte zu überwinden. (...) Zwischen den westdeutschen Unternehmern herrscht daher ein ständiger >stiller Krieg< der die Abwerbung von Arbeitskräften zum Ziel hat." (Ebd.) Vom „stillen Krieg" ist das friedliche Geschlecht nicht weit entfernt; darunter werden schwer umworben „bei den Behörden und Verwaltungen Stenotypistinnen und Kontoristinnen. Hier konnte eine Entspannung nur dadurch eintreten, daß man schreibmaschinenkundige Studentinnen einstellt." (Ebd.) Auch „Serviererinnen" werden in der Gastronomie dringend gesucht. „Ein Versuch, aus dieser Klemme herauszufinden, ist die Einstellung von Frauen für Halbtagsbeschäftigungen. (...) Voraussetzung sei aber die sorgfältige Auswahl der Arbeiterinnen". Die *weibliche Semantik*, wie wir sie heute kaum noch kennen, war 1964 Standard in den Reportagen. Gleichzeitig wollen die ersten *Griechinnen* nicht nach Hause zurück. Eine „32jährige Griechin", die „als Gastarbeiterin tätig ist", wird gerichtlich aufgefordert, nach Hause zu ihren Kinder zurückzukehren, als der Mann erfuhr, daß sie ein „Liebesverhältnis zu einem anderen griechischen Gastarbeiter" unterhält (*Sie wollte nicht heimkehren*, FR 17.08.64).

Ausländerin (1964)

Mittlerweile leben: *100.000 Gastarbeiter aus 100 Ländern in Hessen* (FR 28.08.64). „Die Ausländerinnen sind vor allem im verarbeitenden Gewerbe (7.614), und hier insbesondere im Textil- und Bekleidungsgewerbe (2.323) sowie in der Eisen- und Metallwirtschaft (5.136) tätig." (Ebd.) Die Zahl der vermittelten *Ausländer, Ausländerinnen* ging entsprechend der Jahreszeit zurück. „Ende Juli 1964 wurden in Hessen rund 39.060 offenen Stellen für Männer und 28.800 für Frauen registriert. (...) Der Rückgang betraf ausschließlich offene Stellen für Frauen". Der *fremdbestimmte - anonymisierende Begriff Gastarbeiter, Gastarbeiterin* ist auf dem Weg sich in allen Überschriften zu etablieren (*Der Überfall auf einen Gastarbeiter*, FR 03.09.64), auch wenn es manchmal um einen „türkischen Gastarbeiter" geht. Bald wird auch ein >*Sozialwerk für Gastarbeiter*< gegründet (FR 31.08.64), denn die Industrie erwartet: *Bald eine Million Gastarbeiter* (FR 03.09.64). Eine **magische Grenze (44)**. Während die Seite vom Gastland sich über die *Eine - Million - Gastarbeiter - Grenze* freut, konstatiert die andere Seite eine Anzahl von Ängsten (*DGB: KP beeinflußt Gastarbeiter*, FR 09.09.64). Doch als: *Der millionste Gastarbeiter in Köln feierlich empfangen* (FR 11.09.64) wird, ist er statt dem errechneten Spanier, ein Portugiese. „Sie überreichten dem Mann in blauer Arbeitshose, grauem Hemd und brauner Jacke, der verlegen seinen breitkrempigen Hut in der Hand hielt, einen großen Nelkenstrauß und bugsierten ihn auf den Rennsitz eines Mopeds." (Ebd.) Daß gerade der *Millionste Gastarbeiter* mit blauem Arbeitshosen einreist, wo doch *Gastarbeiter* mit „karierten Latschen" nach Deutschland loszogen, scheint etwas konstruiert zu sein, wie sich später herausstellen wird. Nachdem die Anwerbung der Portugiesen nicht gut gelaufen war, haben die Unternehmer statt dem Spanier als Eine-Million-Gastarbeiter einen Portugiesen ausgewählt, um die Menschen in Portugal zur Auswanderung nach Deutschland zu motivieren. Mit falschen Zahlen und Fakten wurde 1964 wie 2004 Politik betrieben.

September 1964 wird die erste „Gastarbeiter-Fibel" herausgegeben (*Appell an Gastarbeiter: Nicht so stürmisch*, FR 16.09.64). Es wird der Umgang mit den „Angehörigen des schwachen Geschlechts näher beschrieben." (Ebd.) Denn die „Ausländer sind oft recht hilflos" (*„Umleitung" als Straßennamen* ..., FR 18.09.64). Die *fremdbestimmten Gastarbeiter, Gastarbeiterinnen* verlieren ihre geschlechtsdifferenzierte Sexusangabe, in dem sie unter einem einzigen *fremdbestimmten Begriff Gastarbeiter* subsumiert werden. In dieser Zeit sind „insgesamt 135.500 Gastarbeiter in das Bundesgebiet vermittelt. (...) zur Zeit sind noch rund 47.000 offenen Stellen für Ausländer, darunter 16.400 Frauen." (Ebd.) Der *fremdbestimmte, anonymisierende und sexusdominierte Begriff Gastarbeiter* wird demontiert mit Themen wie Kinder, Kindergeld u.ä. (*Kein Gastarbeiter mit 23 Kindern*, FAZ 09.10.64). Die erste Kampagne gegen *Gastarbeiter*, ein *türkischer Gastarbeiter*, wird gestartet.

Auch zur Weihnachtszeit erwartet die Bundesbahn einen „Ansturm der Gastarbeiter" (*Weihnachten in der Heimat*, FR 21.10.64). Hunderttausend Menschen werden mit einer Semantik ihrer Ethnie und sozialer Statusbezeichnung beraubt mit dem Oberbegriff *Ausländer* (*110.000 Ausländer in Hessen beschäftigt*, FR 22.10.64). Diese *Ausländer* sind „5.000 ausländische Gastarbeiter aus dem EWG-Raum", also Menschen, von dem keiner mehr weiß, trotz **Grenzbezeichnung** „EWG" (**45**), woher sie kommen und was sie sind. Insgesamt sind nach den Schätzungen etwa „1.950.000 Arbeitnehmer in der diesjährigen Saison tätig gewesen, davon 650.000 Frauen. (...) Ende September 1964 waren insgesamt 110.558 nichtdeutsche Arbeitnehmer (darunter 22.000 Frauen) in Hessen beschäftigt (...). Die Ausländer gehörten fast 100 Nationen an".

Gastarbeiter: „Eigentum"

Eine andere größte Gruppe: „5.000 Gastarbeiter der Volkswagen-Stadt haben Sportvereine und eine eigene Wochenzeitung gegründet" (*Wolfsburgs*

Italiener bewältigen die Freizeit, Süddeutsche Zeitung 22.10.64). VW-Wolfsburg besitzt, wie Autos, „seine Italiener", die, „4.900 italienische Gastarbeiter" sind, unter denen sind auch „italienische Facharbeiter, die machen jedoch ein kleines >Häuflein< aus". Diese Hervorhebung spaltet eine Ethnie nach **Facharbeitern** und **Arbeitern**. Während dessen gehen die Angriffe gegen *Gastarbeiter, Gastarbeiterinnen* weiter, weil sie zu viele Kinder haben (*Kinderreichster Gastarbeiter*, FR 23.10.64). Die negative Berichterstattung wird intensiviert, besonders gegen die letztere eingereiste größere Gruppe.

Türkische Gastarbeiter

Als ein *türkischer Gastarbeiter* in der Nähe vom Frankfurt-Zoo festgenommen wird, weil er ein parkendes Autos die Reifen zerschnitten hat (*Gastarbeiter festgenommen*, FR 29.10.64), fragt die Presse: *Gastarbeiter ein schwieriges Problem?* (DIE WELT, 28.10.64). Eine statistische Erhebung präsentiert: „Die Ansicht der Deutschen über die Gastarbeiter"; 32 % kommen mit *Gastarbeitern* gut aus, 32 % haben keine Probleme mit *Gastarbeitern* und 42% glauben, daß *Gastarbeiter* hinter den Mädchen her sind. „Die Männer in der Bundesrepublik äußern sich zum Problem der Gastarbeiter in der Bundesrepublik entschiedener als die Frauen", sie haben *Angst* um „ihre" Frauen. Der *fremdbestimmte und sexusdominierte Begriff Gastarbeiter* ist in der Presse institutionalisiert und die zuletzt nach Deutschland eingewanderten Arbeiter werden bereits nur als *Gastarbeiter* bezeichnet (*Türkische Gastarbeiter gedachten der Gründung ihrer Republik. Arbeitsminister feierte mit*, FR 02.11.64) und am: *Nationalfeiertag der Türken* (FR 05.11.64) schreibt die FAZ: *50.000 Türken in diesem Jahr* (FAZ 06.11.64) kommen, was das Gefühl einer „Invasion" von Türken, also *Angst* hinterläßt. Begriffe: *Türke, Ausländer* und *Arbeitslosigkeit* werden in einem Atemzug aufgezählt 1964.

Teile und Herrsche - Logik

Während von Menschen nicht deutscher Herkunft die Rede ist (*Mahmoud soll Guiseppe weichen*, FR 17.11.64), verrät nur der Untertitel Spaltung: *Viertausend Jordaniern droht Hinauswurf aus dem Wunderland*. Solche Titel zeigen eine fremd versuchte Spaltung unter *ausländischen Arbeitskräften*; hier mit „4.000 Jordanier illegal". Diese „dunkelhäutigen Söhne Jordaniens" wurden als „>Touristen als brauchbare und sehr anstellige Arbeitskräfte im Land behalten und ihre Aufenthaltsgenehmigung anstandslos verlängert. Erst jetzt, da genügend Giuseppes in Deutschland sind, setzt man den Mahmouds den Stuhl vor die Tür." (Ebd.) Die rassistische Berichterstattung ohne Grenzen und mit Spaltungsexegesen darf trotz guter Absicht des Autors nicht ignoriert werden.

Gastarbeiterin

Während der Begriff *Ausländer* Ende 1964 in der Presse Platz nimmt, bleibt die *Gastarbeiterin* eine Zeitlang auf der semantisch-sichtbaren Ebene präsent. Unter: *Wünsche und Sorgen der Gastarbeiterinnen / Eine Umfrage in den Betrieben* (*Verdienste Geld - verlorene Zeit?*, Süddeutsche Zeitung 26.11.64) werden die Sorgen von Spanierinnen, Griechinnen, Österreicherinnen, Italienerinnen, Deutschen, Französinnen näher geschildert. [Warum heißen die Deutsche nicht Deutschinnen?] „In einer solchen Runde fühlt sich Chariklia gewiß nicht mehr als Ausnahme, als Gastarbeitskraft." (Ebd.) Die Frauen als „**Gastarbeitskraft**" können sich von dem verdienten Geld „Kleidung und Essen" leisten, während zu Hause „nur ein Entweder-Oder!" möglich ist, zitiert die Zeitung eine *ethnienlose Gastarbeiterin*. Doch es werden nicht immer gute Erfahrungen mit deutschen Kolleginnen gemacht. „Nur wenige Gastarbeiterinnen haben indessen ähnlich gute Erfahrungen gemacht. Das Verhältnis zu den deutschen Kolleginnen ist in der Regel unpersönlich, weder herzlich noch feindlich. Die Gründe dafür liegen vor allem bei den

Sprachschwierigkeiten, denn die Gastarbeiterinnen verfügen selbst nach mehrjähriger Tätigkeit in Deutschland über sehr mangelhafte Deutschkenntnis." (Ebd.) Der Text ist durchgängig mit einer weiblichen Semantik verfasst: Es heißt *Gastarbeiterin, Italienerin, Tellerwäscherin, Untermieterin, Arbeitskollegin, Südländerin* usw. Aber auch der Begriff „Landsmännin" wird verwendet. „In der Regel jedoch zieht es Maria, Demetra und Teresa in die Bundesrepublik, weil sie glauben, unter günstigen Umständen viel Geld verdienen zu können." (Ebd.) Die Gründe ihrer Reise nach Deutschland sind unterschiedlich. Sie übernehmen fast jede Arbeit, um viel Geld zu verdienen. „Den Rekord darin halten einige Griechinnen, die als Tellerwäscherinnen und Stubenmädchen in einem Hotel arbeiten." (Ebd.) Ihre Wohnverhältnisse? „>Wer einmal seine Wohnung an Gastarbeiterinnen vermietet hat, tut es gewöhnlich nie wieder<, sagt ein Personalchef. Nicht daß die Hausbesitzer prinzipiell etwas gegen Gastarbeiterinnen hätten; aber die Dinas und Antonias aus dem Süden, sind anders als normale Untermieterinnen: lebhaft, ausgelassener - oft auch lässiger. So kommen Klagen von den anderen Mietern; auch müssen manche Sonderwünsche berücksichtigt werden, mit einem Wort: Gastarbeiterinnen sind unbequeme Gäste." (Ebd.) Trotz „unbequemer" *Gäste* werden sie dennoch benötigt und dementsprechend hierarchisiert (*Am Rhein weht ein kühlerer Wind als am Po*, FR 27.11.64). „Die Señora Supersaxo, Sozialarbeiterin aus Spanien, begegnet einem freilich noch heikleren Problem bei ihren Schützlingen in ein Remscheider Heim. Einige heißblütige Töchter Kastiliens fanden die frommen Tabus ihrer Heimat im feuchten Klima des Niederrheins nicht mehr so gegenwärtig und gaben ihrer verständnisvollen Heimleiterin nach geräumter Frist Anlaß, sich über die hohen Preise in deutschen Kinderheimen zu beklagen, die sich eine ledige Gastarbeiterin nicht leisten könne; (...) Da meldete sogar ein Vertreter des veranstaltenden Landschaftsverbandes Rheinland, Widerspruch an. Diesen Spanierinnen werde genauso geholfen wie einem deutschen Mädchen in gleicher Situation; nicht mehr und nicht weniger." (Ebd.) Es gibt also **gute** *Spanierinnen* und solche, die „uneheliche" Kinder auf die Welt bringen, lautet die Spaltungsbotschaft.

Gastarbeiterpolitik mit deutschem Kapital
November 1964 offenbart die Presse, die Unternehmer feierten in Köln einen falschen Millionär (*Das Moped fuhr zu früh*, FR 20.11.64). Um die Abwanderung von Portugiesen zu mobilisieren, wählten die Vertreter von Industrie September 1964 einen Portugiesen, doch dieser war einer von den „beschäftigten nichtdeutschen Arbeitnehmer[n] genau 985.556. Anscheinend brauchte aber die Bundesregierung der Arbeitgeber den bereits von ihr vorausgesagten >Millionär<, und so machten man ihn eben. Wie zu erfahren ist, so sind die Anwerbungen von Arbeitskräften im Ausland in letzter Zeit, insbesondere in Portugal, nicht so erfolgreich gewesen, wie man es sich wünschte." (Ebd.) Im gleichen Monat diskutiert Fritz Dietz, Präsident der Industrie- und Handelskammer mit der Vereinigung ausländischer Geschäftsleute, daß „eine Beschäftigung von mehr als einer Million Gastarbeiter nach Ausschöpfung einheimischen Arbeitsreserven werfe bei Erweiterung oder Einrichtung neuer Werke mit US-Kapital in der Bundesrepublik die Frage auf, ob es nicht richtiger sei, aus der latenten Arbeitslosenreserve der USA mit mehreren Millionen Unbeschäftigten eine wenigstens teilweise Deckung des Arbeitsmarktes zu ermöglichen." (Ebd.) Schließlich belaufe sich der „Anteil des US-Kapitals an der deutschen Gesamtinvestition (...) auf etwa drei bis vier Prozent". „Dem deutschen Kapital müsse auch unter den gleichen Bedingungen wie dem US-Kapital in den USA die Beschäftigung garantiert sein." (Ebd.) Das Deutsche mit Unterstützung des US-Kapitals bestimmt die *Gastarbeiter* (und nicht mehr *Gastarbeiterinnen-*)Politik während Ost und West Deutschland 1964 in Konkurrenz stehen (*DDR bemüht sich um Gastarbeiter*, FR 26.11.64). Das Jahr 1964 geht zu Ende und die Vorurteile gegen *Gastarbeiter* nehmen zu, daher ruft die: *Konferenz der Evangelischen Kirche über Ausländerfragen zur Auf-*

klärung gegen Vorurteile (FR 03.12.64) auf. Doch als im „Centro Italiano" sich „drei junge Damen und elf Herren" treffen, um die deutsche Sprache lesen und schreiben zu lernen (*Ich liebe Dich – ohne Fehler*, FR 11.12.64) erfahren wir nicht nur, warum diese Frauen Deutsch lernen wollen, sondern auch ihre Namen, aus denen ihre Ethnie erraten werden soll. „Maria Grazia, die Packerin, möchte sich besser mit ihren Kolleginnen verständigen können. Carla, die Studentin, braucht Sprache, um Bodenstewardeß zu werden. Adriana, um Empfangsdame im Hotel zu werden." (Ebd.) Die Bekanntmachung des persönlichen Namens trägt zur **ethnischen Entblößung (46)** von Frauen bei, was einer **Grenzüberschreitung** gleichkommt, wie Frauen 2004 durch den Zwang, das Kopftuch abzulegen, entblößt werden (Chiara Zamboni. Vortrag: Das Patriarchat ist zu Ende. 29. März 2004, Goethe – Universität - Frankfurt). Nachdem ethnisierte Frauen „entblößt" werden, folgt eine weitere semantische Spaltung unter den Männern einer ethnischen Gruppe.

Ausländer oder Gastarbeiter? (1964)

Unter der Überschrift: *Anliegen für die Feiertage* (FR 14.12.64) wird zwischen *Ausländern* und *Gastarbeitern* differenziert. *Ausländer* sind jetzt: „amerikanische Soldaten und Zivilpersonen. An den Universitäten studierenden jungen Leuten aus aller Herren Ländern, in den Betrieben arbeiten Praktikanten aus den Entwicklungsländern, und schließlich wird die Zahl der Gastarbeiter in Deutschland immer größer." (Ebd.) *Ausländer* sind nicht einzig und allein *Gastarbeiter*, aber *Gastarbeiter* sind Teil der *Ausländer*. Doch wenn *Gastarbeiterin* semantisch durch *Gastarbeiter* ausgelöscht und *Gastarbeiter* durch *Ausländer* aus-gegrenzt gemacht wird, kann er/sie entsubjektiviert, zum Gegenstand wie „Zugvogel", „Ameise" u.ä. deklarieren. Sie sind „Etwas" mit *Symbolcharakter*, daß angegriffen werden darf und kann.

Statt Mensch: „Zugvögel"

Gastarbeiter, Gastarbeiterin sind auch „verspätete Zugvögel, die aus dem kühlen Norden, wo sie Arbeit und Brot finden, in den wärmeren Süden reisen, wo die Angehörigen leben. Es sind in jedem Jahr Zehntausende von Gastarbeitern" (*Endstation Heimat*, FR 19.12.64). In Hessen sind derzeit vom Landesarbeitsamt „83.000 Gastarbeiter beschäftigt, und für diese Männer und Frauen hat man einen Fahrplan der 36 Züge zusammengesetzt". Der Frankfurter Hauptbahnhof hat den „Charakter eines südlichen Volksfestes". Dieser Zustand erinnert „an das Reisen vor der Währungsreform". „Diese Menschen haben noch das Mißtrauen der einfachen Leute." (Ebd.) Zur damaligen Zeit brachten mitunter „die deutschen Firmenvertreter ihre Arbeiter selbst zum Zug. (...). Sie haben mit ihren Gastarbeitern Abschied gefeiert." (Ebd.) Das „Menschliche" war (1964) wichtig, schreibt der Autor: „Schließlich wünscht man, daß die Leute wiederkommen." (Ebd.) In einer dieser Züge trifft der Autor eine „junge Frau mit einem Kinderwagen". „Die junge Frau spricht deutsch, weil sie schon vier Jahre als Gastarbeiterin tätig ist. Pelznäherin, wie sie sagt". Der *fremdbestimmte Begriff Gastarbeiterin* ist (neben *Gastarbeiter*) 1964 fest institutionalisiert.

Neue Gastarbeiter, Gastarbeiterinnen und alte Transporte

Vom ethnisch bezeichneten Mann, Frau zum *fremdbestimmten Gastarbeiter,* zur *Gastarbeiterin* ging es zwischen 1954 und 1964. Dezember 1964 fragt die FAZ: *Wie wird Mann und Frau Gastarbeiter, Gastarbeiterin?* unter der zweideutigen Artikelüberschrift: *Das Schwein im Koffer* (FAZ 19.12.64) mit dem Untertitel: *Die Gastarbeiter und ihr Hauptbahnhof.* Aus den Zügen des Südens drängen sich die „Köpfe neben- und übereinander, bleiche oder bräunliche Männergesichter, Frauengesichter mit Reiseübelkeit oder buntem Make-up, Transportgesichter, die in dem kahlen Bahnhof wie in ein Vexierbild starren noch ohne Regung, als der Zug schon steht." (Ebd.) Jeden „Donnerstag trifft der Gastarbeitertransport aus Madrid in Köln-Deutz ein, rund ein Viertel sind jetzt Frauen, Portugiesen kamen dazu, in dieser Woche waren es aber nur Spanier, rund tausendfünfzig." (Ebd.) Darunter „sechsunddreißigtausendvierhundert spanische Männer, vierzehntausenddreihundert spanische Frauen, dreiundsechzigtausendsechshundert italienische Männer, neuntausendsechshundert italienische Frauen, sechsunddreißigtausend griechische Männer, fünfzehntausendvierhundert griechische Frauen, dreißigtausendachthundert türkische Männer, tausenddreihundert türkische Frauen, tausendsiebenhundert portugiesische Männer, aber nur dreihundert Portugiesinnen, denn die würden nicht mehr geheiratet, erzählt man sich, wenn sie aus Deutschland zurückkämen." (Ebd.) Alle stehen „in Gänsekolonne mit einem Geldschein in der Hand." (Ebd.) „>Wenn man die Schuhe ansieht, weiß man, wo die Leute herkommen< (...). >Sie bringen ihr Essen für die nächsten vier Wochen mit! < In unser Land, wo Milch und Geld und Honig fließen, das ist die Pointe, für das Gastland der Konsumenten eine Herausforderung beinahe." (Ebd.) Und über das Aussehen einiger dieser Frauen schreibt der Autor: „Die Cousine, die ihre Cousinen aus Granada abholt, marschiert nicht mehr in ihren Krokodillederstiefeletten, sie tänzelt nun schon über die Bahnsteige und zieht ihre errötenden Verwandten hinter sich her. Sie ist das verkölnerte Ergebnis dreier Gastarbeiterjahre am Rhein: kornblumenblaue Skihosen, wadeneng, weißer Anorak mit Nylonpelz, die Haare hochtoupiert und goldblond." (Ebd.) Und „man wird sich nahe sein und den nächsten Karneval zu dritt feiern. Daß sie überhaupt nach einer Woche oft nicht wieder zu erkennen seien, diese unscheinbaren Frauen da, versichern hier alle Landsleute auf dem Bahnhof, es klingt daraus der Stolz wohlmeinender Importeure." (Ebd.) Der Autor spart nicht mit eindeutig zweideutigen Formulierungen, die einfach als rassistisch bezeichnet werden müssen. Diese *Gastarbeiterinnen*, schreibt er weiter, werden ab jetzt in folgenden Verhältnissen leben: „Stundenlohn einsiebenundneunzig plus fünfundzwanzig Prozent Zulage ab sechsundvierzigster Arbeitsstunde, durchschnittlicher Lohn zweidreißig bis zweisechzig, wöchentlich zehnfünfzig für Unterkunft, Gemeinschaftsküche. >Viele Frauen schleppen ihre eisernen Töpfe und Pfannen mit, sie wollen kein Geld ausgeben...<". Dann geht es semantisch um die *Besitzerin* einer verloren Damenarmbanduhr im „Verschiebebahnhof". In diesen Zügen kommen, im Rahmen der ersten Familienzusammenführung, „Ehefrauen, die Kinder und immer mehr die Großmütter." (Ebd.)

Großmutter als Herkunft und Zukunftssicherung

Die **Großmütter** sollen die Wohnung hüten und auf die Kinder aufpassen, „denn die nachgereisten Frauen arbeiten bald wie die Männer in den Fabriken". Großmütter sichern mit der Aufsicht der Kinder die Zukunft und mit ihrer Anwesenheit die Herkunft. *Türken* scheinen vom Gastland als „Bedrohung" empfunden zu werden, sowohl für die Zukunft wie Herkunft. Sie müssen „diszipliniert" werden, was eine „Kontrolle" ermöglicht. Das erste was diese Menschen auf dem Bahnhof lernen, so der Autor, ist die „gastgeberische Disziplin". Am Ende stellt der Autor fest: diese Menschen stehen rund um die Uhr nach Beendigung ihrer Arbeitszeit am Bahnhof, „stumm und beobachtend, die anderen in ihrem Kreis und seine Diskussion gekehrt, unbewußte Demonstration einer nicht umwendbaren Andersartigkeit. Sie kamen, um zu arbeiten und nicht zum Konsumieren, aber sie kaufen doch." (Ebd.) Als **Andersartige** werden auch *Türken* betrachtet, obwohl sie nicht anders als andere Ethnien sind.

Klimatisierung Andersartige

Ende 1964 werden: *Für 600.000 Gastarbeiter ein einsames Weihnachten* (FR 23.12.64). Diese nationalitäts- und identitätslos gemachten *Gastarbeiter* sind dem Artikel nach „in der Bundesrepublik tätige Ausländer", oder „die inzwischen akklimatisierten Gastarbeiter". „100.000 ausländische Arbeiter" werden zum ersten Mal mit der nachgeholten Familie oder mit deutschen Freunden feiern. „Vielfach gibt es dann auch noch mit einheimischen Nachbarn Differenzen, weil die Weihnachtsbräuche mehrerer Gastarbeiternationen für Deutsche fremd sind und teilweise Steine des Anstoßes bilden." (Ebd.) „Am besten haben es die rund 92.100 Türken (...). Sie können ausschlafen, brauchen nicht arbeiten und bekommen dennoch vollen Lohn. (...) Problematisch wird es dann bereits mit den 157.400 Spaniern." (Ebd.) Der Weihnachtsbaum hat für sie keine Bedeutung. Sie ziehen den Besuch der Mitternachtsmessen vor, sie besuchen sich gegenseitig, trinken Anis und Schwatzen mit den Nachbarn, „wobei munter weitergetrunken wird. Weil es dabei sehr lebhaft und auch sehr laut zugeht, wird oft die deutsche Polizei von aufgebrachten deutschen Nachbarn bemüht - und ist den spanischen Gastarbeitern das Schönste an ihrem Weihnachtsfest gründlich verdorben." (Ebd.) Die „deutsche Disziplin" erzeugt Wut zwischen zahlreichen Nationen und Deutschen. Noch ist das Jahr 1964 nicht ganz zu Ende und die „Angst", ausländische Männer nehmen „deutsche" Frauen ist „wahr" geworden (*„In Deutschland kümmert sich niemand um uns..."* Besuch bei den Gastarbeitern in Rüsselsheim, FR 24.12.64).

Ethische Auslöschung durch Fremdbestimmung

Anfang 1964 waren in der BRD: *Firmen mit Gastarbeitern zufrieden* (FR 26.02.64); diese waren 290.000 Italiener, 120.000 Spanier + Griechen, 58.000 Holländer, 51.000 Österreicher, 45.000 Jugoslawen, 33.000 Türken, 20.000 Franzosen, 6.500 Belgier, 34.000 Arbeiter aus Staaten außerhalb Europas. Ende 1964 existieren nur „1.014.000" anonym „beschäftigte Gastarbeiter" (*Für 600.000 Gastarbeiter ein einsames Weihnachten*, FR 23.12.64).

1965. Gastarbeiterinnen

Unter einem Foto steht: „Gute Zusammenarbeit zwischen spanischen und deutschen >Sprudelmädchen< leisten die jungen Damen beim Schließen der Flaschen in einem Bad Vilbeler Betrieb. Die spanischen Gastarbeiterinnen (links vorn Josefa), rechts im Bild Carmen und dahinter Angela, sind schon einige Monate in Deutschland und wollen insgesamt zwei Jahre bleiben. Die drei deutschen Kolleginnen im Hintergrund helfen den ausländischen Mädchen über die ersten Sprachschwierigkeiten in echt kollegialer Weise hinweg." (L, FR 13.01.65)

1965 „brachte eine 23jährige spanische Gastarbeiterin in Gießener Klinik" Drillinge zur Welt (*Drillinge*, FR 10.02.65). Von *Gastarbeiterinnen* wird immer weniger berichtet, aber sie werden zunehmend in „kriminellen" Kontext gesetzt (*Spanische Mutter darf bleiben*, FR 23.02.65). „Eine Frau war 1962 in die Bundesrepublik gekommen, um hier ihre beiden Kinder zu besuchen, die schon längere Zeit in der Bundesrepublik arbeiteten. Aus dem Besuch wurde allmählich ein Daueraufenthalt, vor allem als ihr Ehemann in Spanien starb". Die Frau konnte sich helfen, so der Autor, sie „überklebte die dafür vorgesehene Stelle in der Aufenthaltsgenehmigung kurzerhand mit Marken und nahm in einem amerikanischen Betrieb eine Stelle als Küchenhilfe an. Diese plumpe und unkluge Fälschung kam natürlich bald heraus, die Spanierin mußte dafür 200 Mark Geldstrafe bezahlen. Wenn sie aber geglaubt hat, daß damit ihr Vergehen abgetan sei, irrte sie. Das dicke Ende kam noch", so der Autor. Sie muß das Land verlassen. Nachdem sie sich aber verzweifelt an das Verwaltungsgericht gewandt hatte, gelang es dem Richter, „die Ausländerpolizeibehörde zu einem humanen Vergleich zu bewegen: Die Spanierin darf bleiben". Mit solchen „humanen Gesten" ist das Jahr 1965 nicht gepflastert; ab April 1965 werden sie nicht mehr gebraucht (*Firmen brauchen weniger Gastarbeiter als vor einem Jahr*, Kölner Stadtanzeiger 06.04.65). Denn bei Frauen übersteigt die Nachfrage das Angebot. „Das Bundesarbeitsamt hat keine ausreichende Erklärung für diese Situation. Vielleicht ist es der lange Winter, vielleicht ist auch in einigen Branchen schon eine gewisse Sättigung eingetreten, oder es sind nicht genügend Unterkünfte vorhanden. Bei weiblichen Arbeitskräften ist eine Verschlechterung des Angebots eingetreten. Auch aus Italien könnten Frauen nur noch bei Familienzusammenführungen beworben werden, in Spanien verringert sich das Kontingent, weil die Mädchen während der Reisesaison in der Heimat Beschäftigung finden. Auch in Griechenland ist das Reservoir fast erschöpft. Es läßt sind noch nicht absehen, ob es gelingen wird, die angeforderten 6.500 weiblichen Arbeitskräfte zu finden." (Ebd.) Frauen kommen und kämpfen. So ging eine italienische *Gastarbeiterin* vor das Marburger Arbeitsgericht wegen eines befristeten Arbeitsvertrags und bekam Recht (*Gastarbeiterin gewann Arbeitsprozeß*, FR 06.04.65). Wohnen bleibt weiterhin ein Problem.

Wohnen und Grenzen (1965)

Wohn- und Lebensverhältnisse beeinflussen sowohl das **eigene** (47) wie das Grenzgefühl **anderer** für einen (48), womit Raumgrenzen identitätsbildend wirken. „Um die Grundsteuervergünstigung für ein Gastarbeiterinnen-Wohnheim ging es einer Firma bei ihrer >Klage< vor dem Widerspruchsausschuß in Offenbach." (*Um ein Arbeiterinnen-Wohnheim*, FR 23.04.65). Es geht um ein altes Fabrikgebäude, von dem behauptet wird, es sei lediglich unfrisiert und nicht extra neu gebaut, was auch gesundheitliche Schäden für die *Arbeiterinnen* nachziehen würde. „Ein Sachverständiger attestierte, das Heim sei für 36 türkische Arbeiterinnen gebaut, aber zeitweise hielten sich bis zu 50 dort auf. Für 15 bis 20 sei in einem Flur nur ein WC vorhanden. (...) Der Ausschuß erkannte die Schwierigkeiten an, die manche Firmen mit der Unterbringung ihrer ausländischen Arbeiter hat." (Ebd.) Aus *ethnienlos gemachten Gastarbeiterinnen*, die mit der „deutschen Problematik" von vor 1945 konfrontiert werden, werden *türkische Arbeiterinnen* und zuletzt geschlechtssemantischdominierte *ausländische Arbeiter* semantisch reformiert. Es findet eine Verschiebung von einer ethnisch bezeichneten, einseitig anonymisierten Identität hin zum semantisch dominanten Sexus. D.h. nach der Klasse-Rasse (Deutsch/Ethnie) folgt das ethnisch-männliche fremdbestimmte Subjekt (Ethnie/Sexus) und dann die Frau (Sexus/Ethnie), die oft Türkin ist, da andere Frauen nach Ankunft dieser Frauengruppe kaum noch erwähnt werden.

Erste Fremdbegriffablehnung (1965)

Im Mai 1965 sitzen die ersten: *Gäste am runden Tisch* (FR 25.05.65); *Gäste* die nicht als *Gastarbeiter* bezeichnet werden wollen, sondern als *Ausländer*. Damit beginnt die erste Ablehnung des **fremdbestimmten Begriffes (49)** und die Forderung nach einem selbst gewählten Begriff, der eine klare **semantische Ausgrenzung (50)** zeigt. Der erste *Gast* am runden Tisch ist ein „junger Grieche", der aus einem Verein wieder ausgetreten ist, weil sich niemand um diese Menschen bemüht hat. „Die Deutschen sprachen nur miteinander, die Ausländer blieben für sich." (Ebd.) Die nächsten: *Gäste am runden Tisch* (FR 26.05.65) sind *Italiener*, die auch nicht als *Gastarbeiter*, sondern als *ausländische Mitarbeiter* bezeichnet werden möchten. Der Italiener „wendet sich gegen die Bezeichnung >Gastarbeiter<, denn sie träfe nicht zu. >Das Wort Gast hat in meiner Heimat eine andere Bedeutung, die ich bisher nicht in Deutschland gefunden habe<, sagte er im bitteren Ton". Die dritten: *Gäste am runden Tisch* (FR 27.05.65) kommen von der „Iberischen Halbinsel". „Die echten Kontakte zu den Deutschen werden von ihnen auf anderen Ebenen gesucht, doch leider nicht gefunden." (Ebd.) Und die vierten: *Gäste am runden Tisch* (FR 29.05.65) besprechen ein „besonders schwieriges Problem", dass des Feierabends „der ledigen Gastarbeiterinnen. Catharina Emmuclon aus Griechenland ist seit 16 Monaten in Deutschland und bei den Farbwerken in der >Adrema< beschäftigt. Am Feierabend wäscht, bügelt und näht sie. Wenn sie dann um 20 Uhr mit ihrer Hausarbeit fertig ist, sitzt sie meist allein in ihrem möblierten Zimmer. Ähnlich geht es ihren Kolleginnen in den

Wohnheimen der Farbwerke. (...) Sie sehnt sich deshalb nach einer Einladung zu einem Ausflug (...). Leider hat es ähnliches bisher noch nicht gegeben. >Sicher denkt man nicht daran, daß wir anders erzogen wurden und es uns deswegen nicht möglich ist, allein auszugehen<, erklärt sie." (Ebd.) Die *Gäste* sind nicht willkommen, stellen sie immer fest (*Aufgabe für den Vereinsring*, FR 31.05.65). Daher wird über die Möglichkeit von Integration diskutiert. „Als >Gäste< einführen?" (Ebd.) Wie soll das gehen? „Verständnis für einander auf beiden Seiten ist die Voraussetzung - mehr nicht." (Ebd.) „Allerdings ist hier Fingerspitzengefühl erforderlich, denn die >deutsche Art<, alles zu organisieren, wird bei den Ausländern auf wenig Gegenliebe, ja Unverständnis stoßen." (Ebd.) Es ist die Zeit, in der der *geschlechtsdifferenziert fremdbestimmte Begriff Gastarbeiter, Gastarbeiterin* den *selbst gewählten geschlechtlichdominierten Begriff Ausländer* ablöst.

Auch Frauen sind *Gäste*

Als „unsere Gäste" werden zunehmend auch Frauen bezeichnet (*131*, FR 09.06.65). Doch „Gäste" sind *Ausländer*, die Wohnraum benötigen: *Wo sollen die ausländischen Arbeiter wohnen?* (FR 28.07.65) fragt die FR. Die: *Gastarbeiter werden zum Problem* (Süddeutsche Zeitung 11.08.65) und zwar genau nach Ablehnung des *fremdbestimmten Begriffes* und nach Wahl einer eigenen Bezeichnung. Daher, so die Süddeutsche Zeitung, gilt es in Ballungszentren neue Lösungen zu suchen. Denn mit selbstbewussten *Ausländern* gibt es anscheinend „Probleme". Die erste Lösungs-Empfehlung lautet: Zweigbetriebe im Ausland oder im **Grenzland** (51). In diesem Jahr werden auch: *Krankenschwestern aus Indien* (FR 12.08.65) geholt und: *Jordanier wurden abgeschoben* (FR 25.08.65), während es gleichzeitig heißt: *Bolivianische Gastarbeiter für Frankfurt?* (FR 08.09.65) Ethnien werden gegeneinander ausgespielt.

Problemverschiebung-Rassismus

Nach dem „Kindergeld-Problem" (Anfang 1964) hört das Jahr 1965 mit dem „Renten-Problem" auf (*Renten für Gastarbeiter*, FR 15.09.65). „Sorgen auf eventuelle künftige Ansprüche der Gastarbeiter" formuliert der Beauftragte für Hessen im Zentralverband der Sozialrentner. Denn ab 1966 haben „1,2 Millionen ausländischer Arbeitskräfte in der Bundesrepublik Anspruch auf ein Ruhegeld." (Ebd.) D.h. „jährlich 430 Millionen Mark" muß die Rentenkasse für *Gastarbeiter* zur Verfügung stellen (*DGB verteidigt Gastarbeiter*, FR 16.09.65). Von den Frauen ist kaum die Rede. Die einst *fremdbestimmten Gastarbeiter* **haben**, nach Ablehnung der Fremdbestimmung angeblich „Probleme" (*Probleme des Gastarbeiters*, FR 12.10.65), **sind** „Probleme" (*Gastarbeiterin des Landes verwiesen*, FR 24.11.65) oder **verursachen** „Probleme" (*Meyer: Keine Gastarbeiter mehr*, FR 27.11.65), womit eine Begriffsverschiebung von Seite der Definitionsmachthaber einsetzt. Anders formuliert: es wird nach einer Möglichkeit gesucht, die verlorene Definitionsmacht wieder zu erlangen. Die „Teile und Herrsche" - Methode, wie in „kriminelle" und "nichtkriminelle" *Gastarbeiter, Gastarbeiterin* wird zur Strategie.

Kriminelle Gastarbeiterin (1965)

In Bad Homburg wird eine: *Gastarbeiterin des Landes verwiesen* (FR 24.11.65), weil sie im Streit mit einer anderen *Spanierin*, diese mit einem Messer gedroht hat. Der Fall wurde gegen „Nachahmerinnen" entschieden. 1965 werden Stimmen gegen „die" *Gastarbeiter* laut. Jetzt liegt die Betonung auf „die" Gastarbeiter, womit sie eine Abwertung erhalten. Doch die Bundesanstalt für Arbeitsvermittlung will: „Nicht auf Ausländer verzichten" (*Heftige Widersprüche aus Nürnberg*, FR 02.12.65).

1966

Ab 1966 nimmt die Wut auf *fremdbestimmte Gastarbeiter* mit *selbst gewähltem Begriff Ausländer* zu (*>Gast<-Arbeiter müssen nach Hause*, Handelsblatt 07.02.65). Es beginnt eine Welle von Abschiebungen. **Marokkanern** sollen unter Parolen wie >Kein Pardon mehr für Illegale< abgeschoben werden. Und der Innenminister Weyer erklärt im Fernsehen: „Das Land werde, (...), die Rückreise der >Illegalen< selbst gegen den Widerstand vieler Arbeitgeber durchsetzen. Aus Weyers Munde", schreibt der Autor, „ erfuhren die Bundesbürger, daß Länder wie England und Frankreich weniger pingelig mit Leuten dieser Art umgingen." (Ebd.) „1963 schloß die BRD mit Marokko ein Abkommen über die Anwerbung von 2.630 Bergarbeitern." (Ebd.) Drei Jahre später will die BRD aus dem Gefühl, jede **Grenze** sei **überschritten (52)**, die Marokkaner abschieben. Im Artikel wird ein (deutsches) **Grenzproblem** präsentiert **(53)**. „Für die Grenzbehörden war es äußerst schwer festzustellen, wer als Tourist oder als Arbeitsuchender einreiste". Denn „da der Grenzschutz unterbesetzt ist, mußten in vielen Fällen Zollbeamte die Paßkontrolle übernehmen." (Ebd.) D.h. „nach dem Grenzüberschritt nahmen sie ihnen alles wieder ab"; oder sie kamen „auch einfach bei Nacht und Nebel über die >grüne Grenze<". Dennoch gab es immer schon einen wichtigen Grund, Marokkaner anzuwerben, meint der Autor. „Wo harte körperliche Tätigkeit und schmutzige Verrichtungen zu tun waren, die um alles in der Welt kein Deutscher mehr übernehmen wollte, riß man sich gerade um die neuen Marokkaner." (Ebd.) Es existiert also ein **Grenzgefühl (54)**, wenn der *Gastgeber* eine gesetzte Grenze als „überschritten" empfindet, das er weder mit rationalen noch mit ökonomischen Gründen begründet und das er mit Gesetzen setzt; anders formuliert: die einst gebrauchten Menschen werden zuerst **beschimpft**, dann **gedemütigt** und anschließend **ausgewiesen**. Doch selten wird das „deutsche" Grenzgefühl klar beschrieben.

Grenzen (nach 1965)

Unter den Vorzeichen eines „überschrittenen Grenzgefühls" des Gastgeberlandes verschärft sich das politische Klima ab 1966. Auf die *selbst gewählten semantischen Grenzen der Ausländer* reagiert die BRD mit einengenden Gesetzen. „Nach Inkrafttreten des neuen Ausländergesetzes vom 28. April vorigen Jahres [1965] hat sich viel geändert." (Ebd.) Jetzt heißt es: *Gastarbeiter sind nicht mehr so gefragt wie früher* (FR 26.01.66) und die Presse verkündet: *Strenge Maßstäbe bei Gastarbeiter-Anwerbung* (FR 10.02.66); oder: *Auslandsanfertigung statt Gastarbeiter* (FR 24.02.66). Wenn „die" *Gastarbeiter, Gastarbeiterinnen* das (Deutsch)Land nicht verlassen, wird der (begrenzte LebensRaum) Arbeitsplatz, Legitimation ihrer Einreise, ins (Aus)Land verlagert. **Grenzen** werden **semantisch verschoben (55)** und der *gewählte Begriff Ausländer, Ausländerin*, beginnt zum Schimpfwort zu werden (*Ausländer ...*, FR 19.03.66), denn nur „Gäste" werden geduldet aber keine *Ausländer*. Doch Duldung ist nicht Akzeptanz.

Auch die Frauen werden nach *Ausländern* zum „Problem". Sie vermehren sich wie **Ameisen** (*„Frauen wie Ameisen"*, FR 16.04.66), nachdem Männer als „Zugvögel" bezeichnet worden sind. Doch ohne *Ausländer* geht es nicht. „Ausländer haben dazu beigetragen, daß wir unsere Absatzchancen auf dem Weltmarkt nützen können, daß das Sozialprodukt erhöht und der allgemeine Lebensstandard verbessert wird". Ein Weg, *unbequeme Gäste* auszuweisen, besteht im Selektionsverfahren z.B. „legale" bzw. „illegale" *Gastarbeiter*. „Die Bundesanstalt für Arbeitsvermittlung und Arbeitslosenversicherung in Nürnberg drängte schon 1963/64 darauf, aus dem Kreis der >Illegalen< nur noch die Facharbeiter einzustellen" oder aus der EWG (heute EU) wie 2004. „Warum werden nur sie", des „Landes verwiesen und nicht etwa auch Tunesier, Perser oder die über 1.300 -in NRW lebenden Jordanier?" (Ebd.) Die Antwort: „Die Marokkaner bilden eben die größte Gruppe". Aus *Gastarbeitern, Gastarbeiterin* (1964) werden *Ausländer* und diese sind **entweder** legal **oder** >illegale< (Marokkaner). Eine weitere Erklärung für die Ausweisung der Marokkaner lautet: Es scheint, „als habe sich bei uns eine regelrechte Psychose gegen Gastarbeiter breitgemacht< (...), >die Marokkaner sind nicht schlechter als ihre deutschen Kollegen", doch sie gelten als „lästige >Fremdarbeiter<".

März 1966 wird eine statische Erhebung veröffentlicht über: *Arbeitende Gäste* (DIE ZEIT 25.03.66); obwohl die „Gäste" keine *Gäste* mehr sind, sondern *ausländische Arbeitnehmer* in der Bundesrepublik. Der Autor überschreitet mit seiner Begriffswahl die **Grenzen** *ausländischer Arbeitnehmer* (**56**) von denen zur Zeit etwas 1,2 Millionen in der BRD leben. Davon sind 372.000 Italiener, 187.000 Griechen, 183.000 Spanier, 133.000 Türken, 74.000 Jugoslawen und 267.000 „übrige". „Über die Hälfte der Deutschen würden gern eine Stunde in der Woche länger arbeiten, wenn dafür in der Bundesrepublik auf die Beschäftigung von Gastarbeitern verzichtet werden könnte." (Ebd.) Das ist der **Toleranz** und Integrations-Stand 1966. Der Begriff *Gastarbeiter* gilt jetzt als *Symbol* und *Beschimpfung*. Denn in Deutschland „fürchtet man nicht so sehr die Überfremdung wie die Gefahr wachsender Devisenverluste. (...) Wichtig ist, daß viele Industriezweige ohne die Beschäftigung von Ausländern ihre devisenbringenden Exportaufträge gar nicht mehr erfüllen könnten." (Ebd.) Auch in Bad Vilbel wohnen nicht mehr *geschlechtsdifferenzierte Gastarbeiter, Gastarbeiterinnen*, sondern *Ausländer* („*Ich bleibe immer hier*", FR 26.03.66) und von diesen sind „elf Frauen". Mitte der 60er kommen auch die ersten koreanischen **Krankenschwestern** in die BRD.

1974

„Mitte der sechziger Jahre erreichte ein hoch entwickeltes Industrieland einen >unterentwickelten< Zustand: Der Engpaß des Krankenpflegepersonals drohte vielen Krankenhäusern und Kliniken zur Schließung ihrer Betriebe." (Kook-Nam Ruwwe, Entwicklungsarbeiterinnen in Deutschland. Der Überblick, Dezember 1989, S.87). Gemeint sind hier bereits ausgebildete Krankenschwestern, die neben Italienerinnen, Spanierinnen, Griechinnen, Türkinnen, Portugiesinnen usw. kaum in den von mir untersuchten Artikel erwähnt werden. Sie selbst bezeichnen sich als **Entwicklungsarbeiterinnen** für die BRD und nicht, wie von deutscher Seite semantisch verbreitet wurde, für Korea. Im „Zeitraum 1965 und 1976 sind über 11.000 Frauen aus Korea gekommen", also zu einer Zeit, in der der *fremdbestimmten Begriff Gastarbeiterin* bereits auf dem Weg in die Versenkung war. Sie wurden auch als „Engel" oder „Fachkräfte" bezeichnet. Ruwwe schreibt: „Ich begreife langsam, daß ich mich durch glänzende Ausdrücke nicht verblenden lassen" darf, und sie beschließt: „unsere Geschichte in der BRD neu entdecken und neu definieren." (Ebd., S.88) Als wichtig erkennt sie für die Frauen aus Korea: „Dabei überschreiten sie ständig die sichtbaren und unsichtbaren Grenzen. Manche Grenze muß jede für sich überschreiten, manche gemeinsam mit anderen. Wenn diese Grenzgängerinnen ihren Blick bewußt auf ihre Erfolge richten, erkennen sie neben ihren Schmerzen und dem Gefühl des Verlustes ihre Eigenständigkeit und Eigenverantwortung als mündige Bürgerin." (Kook-Nam Cho-Ruwwe, Migrantinnen aus Korea in Deutschland. Korea Forum, Dezember 1996, S.22) Koreanische Frauen werden 1974 auch als Ausländerinnen bezeichnet, ein Begriff der 1984 einen Entfaltungshöhepunkt erfährt.

1984. Ausländerin

Von 1964 bis in die 80er hat sich der *fremdbestimmte Begriff Gastarbeiter, Gastarbeiterin* hin zum *gewählten Begriff Ausländer, Ausländerin* entwickelt. Er verlor bis zu dieser Stufe nicht nur die Ethnienbezeichnung neben dem sozialen Status beider Geschlechter, sondern auch die Geschlechterdifferenz, womit das dominante Geschlecht semantisch überlebt. Doch kaum ist der *selbst gewählte Begriffe Ausländer* im Sprachgebrauch institutionalisiert, rückt die weibliche Semantik *Ausländerin* nach. Als die ersten Untersuchungen zur Gesundheit von *Ausländern* veröffentlicht werden, erscheinen die semantischen *Ausländerinnen* (*Auf kurzem Weg in die Krankheit*, FR 02.01.84). Warum, so der Autor, welche Menschen öfters und welche nicht oft erkranken, kann keiner genau sagen. „Nimmt man einzelne Krankheiten, werden die Unterschiede gravierender." (Ebd.) Schlimmer, so der Autor, ist es mit „der Müttersterblichkeit. Bezogen auf 100.000 Geburten starben 1980 in NRW statistisch 18,2 deutsche Frauen, aber 55,4 Ausländerinnen. 1982 waren es 19,2 deutsche Frauen und 42,4 Ausländerinnen. (...) Die hohe Sterblichkeitsrate der ausländischen Frauen bei einer Geburt werde wesentlich durch unterbliebene Vorsorge beeinflußt." (Ebd.) Über die Gebärfähigkeit von *ausländischen Frauen* gehen die meisten Artikel der 80er nicht hinaus. Obwohl die Gesamtzahl der *Ausländer* in der Bundesrepublik 1983 rückläufig war, „die Zahl der arbeitslosen Ausländer erhöhte sich in diesem Zeitraum aber um 196.000 auf 293.000". *Ausländer* werden zum „Problem", das mit Anwerbestopp gelöst werden soll. Ein bundesrepublikanisch wirtschaftliches Problem soll 1984 mit **Ausgrenzungsversuchen** von *Ausländern* **(57)** gelöst werden.

Januar 1984 wird (wie 1964) wieder einmal ein bundesrepublikanisches **Abgrenzungsprobleme (58)** thematisiert und ginge man nach einigen Politikern, wäre es so, daß „die Bundesrepublik zu letztlich einer der Fremdbestimmung unterworfenen Region Mitteleuropas degradiert würde, die in zunehmendem Maße ethisch, sprachlich und kulturell nicht mehr abgrenzbar sei." (*Käme vielen gelegen*, FR 05.01.84) 20 Jahre nach *Gastarbeiter, Gastarbeiterin* werden (**deutsche**) **Ängste** formuliert, die zu fremdbestimmter Semantik bei Nicht-Deutschen-Menschen geführt haben. Ein gravierendes Abgrenzungsproblem hat sich entlang der Emigrationspolitik von 1954 bis 1984 herauskristallisiert, bestehend aus drei Faktoren: ethisch, sprachlich und kulturell. Drei Faktoren wurden durch Fremdbestimmung bei Nicht-Deutschen von der Dominanzgesellschaft ausgelöscht, weil sie **klare Grenze**

(59) benötigt und jetzt fordert die Dominanzgesellschaft selbst, wegen der "Bedrohung" durch drei Faktoren (!), eine **gesetzliche Ausgrenzung** Nicht-Deutscher.

Deutsches Grenzproblem (1984)

Die deutsche Grenzproblematik wird deutlicher mit dem Wunsch von Politikern, den Nachzug von Ausländern streng **begrenzen (60)** zu wollen (*Union will Nachzug streng begrenzen*, FR 05.01.84). Das „deutsche" Grenzbedürfnis betreibt eine ausländische **Ausgrenzungspolitik (61)**. So meint die Union, aus dem Familiennachzug für die hier lebenden Ausländer darf „>kein schrankenloses Einwanderungsrecht" entwickelt werden. Die in diesem Zusammenhang debattierte „Herabsetzung der Altersgrenze" ist auch eine Form von, den *Ausländern* gegenüber **Grenzen** setzen zu **wollen (62)**. Eine Folge aus der aus *Angst* entstandenen *Abgrenzungspolitik* ist **Kontrolle (63)** über sich wehrende Menschen gegen Fremdbestimmung. Die Presse berichtet Januar 1984, wie die Bundesrepublik die Gastarbeiterzahl verringern will (*Mehrheit: Gastarbeiterzahl verringern will*, DIE WELT 07.01.84). Mit den neuen Ausweisen für Deutsche und der Umweltpolitik wird im gleichen Monat die Ausländerpolitik diskutiert. Ziel: „für einen Stopp des Zuzugs von Ausländern hat sich nach dem Wortlaut der Untersuchung >eine Überwältigende Mehrheit der erwachsenen Bundesbürger< ausgesprochen", das sind ca. 89 Prozent der Bundesbürger. Diese „Ausländerpolitik" verdeutlicht eine Form von **Grenzsetzen** nach **außen (64)**. „Am schlechtesten schnitten hier die Türken ab, für die sich insgesamt eine Eingruppierung von 21,6 Prozent in der tiefsten Stufe" ergab. *Türken* machen seit 1954 anscheinend Angst und werden oft als „Sündenbock" diffamiert. Aus der Entwicklungsgeschichte dieser Zeitspannen und dem so genannten „Problem" Türken, wage ich die Behauptung aufzustellen: die Mehrheitsgesellschaft besitzt eine geringe **Toleranzgrenze (65)** gegenüber Nicht-Deutschen (wie 2004 festgehalten wird) auf der Grundlage eines **instabilen** Grenzgefühls, aus dem sich *Angst* zum **Zwang zur Fremdbestimmung** entwickelt und über **Projektion** entlädt. So daß nach den *Türken* die **Türkin** kommt.

Türkin (1984)
Offene Angriffe gegen *türkischen Menschen*, die größte in die Bundesrepublik eingereiste Gruppe, beginnen. Und so stehen die *türkischen Frauen* unter Beobachtung -1964, 1984 und 2004. Oder ein Teil von ihr: wie neuerdings das Kopftuch.

In der Buchrezension: „*Hier ist alles nicht streng genug*" (FR 14.01.84) von Martina I. Kitschke lesen wir über türkische Frauen mit einer semantisch-weiblichen Schrift, mit zahlreichen Synonymen und den bekannten Spaltungsversuchen innerhalb der größten Frauengruppe. So ist die „Gesprächspartnerin" eine **türkische Frau**. „Die Worte fehlen" den türkischen Frauen. „Aus den mangelnden Sprachkenntnissen aber resultiert Unverständnis gegenüber den Schulproblemen ihrer Kinder. Das gipfelt schließlich in der empörten Feststellung einer Türkin: >Hier ist alles nicht streng genug. (...) In der Bundesrepublik leben zur Zeit ungefähr 400.000 türkische Frauen über 16 Jahre." (Ebd.) Weiter: „Anders als beispielsweise Frauen aus Jugoslawien oder Griechenland verharren die Türkinnen in weitgehender Isolation von ihrer deutschen Umwelt", doch diese Isolation „trifft in gewissem Maß auch auf erwerbstätigen Frauen zu. Sie arbeiten meist als Hilfsarbeiterinnen unter schlechten Arbeitsbedingungen in niedrigsten Lohngruppen; ihre Beziehungen zu Arbeitskollegen und Arbeitskolleginnen sind oft nur funktionaler Art". Viele von ihnen sind auch „Analphabetinnen", womit das Sprachproblem zum Spaltungsvorhaben benutzt wird. Die letzte in die BRD eingereiste größere Frauengruppe wird sofort gespalten in **Analphabetinnen** und **kundige** Türkinnen. Diese Frauen würden sehr gern arbeiten gehen. Doch oft verbietet es der Ehemann, so Kitschke, was Sexismus offenbaren lässt und das Gefühl von „Opfer"; anders formuliert, von Mitleid entstehen lässt, gegen den sich das „Opfer" aus „Dankbarkeit" kaum wehren darf. „Hinter diesem Mitleid und dieser Hilfe verbirgt sich die Überlegenheitsvorstellung der christlichen Gesellschaft." (Cho-Ruwwe, S.23) „Das traditionelle Frauenbild ist auch noch in der Fremde wirksam", kommentiert Kitschke. Dennoch versuchen einige Frauen „aus dieser Isolation auszubrechen", hält sie fest. Durch den ganzen Text zieht sich die weibliche Semantik hindurch sowie der Versuch einer Spaltung und Hierarchisierung unter Frauen. Mittlerweile ist aus dem selbst gewählten Begriff der *ausländische Mitbürger* und aus Frau *Ausländerin* geworden.

Ausländerin (1984)
Eine „Studie über Ausländerinnen in NRW" (*„Die Rückkehrhilfe aus Bonn kann man einfach vergessen"*, FR 02.02.84) legt vor, daß von den 1,4 Millionen *Ausländern* in NRW nur 3.000 die 1983 angebotene Rückkehrhilfe in Anspruch genommen haben. Umso wichtiger, schreibt der Autor, „sei es, die Bemühungen zu verstärken, die auf eine Integration der Ausländer, besonders der Türken und ihrer Frauen und Töchtern, abzielen", meint die „Untersuchung des Instituts für Sozialpsychologie der Universität Köln über das Leben der Ausländerinnen in NRW." (Ebd.) Obwohl der Artikel über *Ausländerinnen* vorgibt zu berichten, geht es um *Türkinnen*. Es findet also auf der einen Seite eine **ethnische** *Hervorhebung* (türkisch) statt, während auf der anderen Seite eine semantische Auslöschung aller Ethnien durch Fremdbestimmung erfolgte.

Ein- und Ausgrenzung?
Nach dem mißlungenen Versuch der Ausgrenzung mit Rückkehrhilfe (1983) geht 1984 die Bundesrepublik auf „Integrationskurs" in die Europäische Gemeinschaft (*Bonn: EG soll verhandeln*, FR 03.02.84). Jetzt wird der Versuch

gestartet, durch Versprechungen der „Anbindung" der Türkei an die EG, eine „andere" Ausgrenzungsmodalität vorzunehmen (wie 2004) unter dem Stichwort „**Europäische Grenze**" (66): **entweder** von **außen** (67) **oder** von **innen** (68) wird gegen Türken vorgegangen (*Demonstration für Ausländer. Motto: Arbeitsplätze statt Ausländerhetze*, FR 19.03.84). An den immer wiederkehrenden Synonymen Entweder-Oder innerhalb der so genannten Integrationspolitik wird die patriarchalische Spaltungs- und Hierarchisierungslogik sichtbar, die nach Ethnien, sozialer Status und Sexus hierarchisiert.

Arbeiterinnen, Ausländerinnen, Türkinnen (1984)

Als sich der Frauenausschuß in Bayern zusammensetzt, um über die Pläne von Innenminister Zimmermann zu diskutieren, wird der Bericht mit der weiblichen Semantik verfasst (*Frauenausschuß in Bayern erteilt Zimmermanns Plänen Absage*, FR 06.02.84): „In einer am Wochenende veröffentlichten Studie beklagte der Ausschuß, (...) die vielfältige Belastung von Ausländerinnen." (Ebd.) Und auf Vorschläge von Zimmermann, bei Inanspruchnahme von Arbeitslosenhilfe erfolgt die Ausweisung, schreibt der Landesfrauenausschuß: „>Die Inanspruchnahme von Arbeitslosenhilfe darf kein Ausweisungsgrund sein< (...). Es sei nämlich nicht einsichtig, warum ausländische Arbeitnehmerinnen und Arbeitnehmer, die durch Jahre ihre Beiträge zum Sozialstaat geleistet hätten, ihn nicht in Anspruch nehmen dürften, wenn sie hilfsbedürftig seien." (Ebd.) Der Landesfrauenausschuß ist auch der Meinung, daß finanzielle „Anreize für die Rückkehr ins Heimatland - etwa die Kapitalisierung von Rentenansprüchen -" problematisch sind. „Denn das brächte besonders den ausländischen Frauen Nachteile". „Der Frauenausschuß registriert besonders bei den Ausländerfrauen eine >Belastung durch eine zunehmende Verunsicherung ihres Lebens hier<. Die besondere Belastung der ausländischen Frauen in ihren Familien wird unter anderem mit der >komplizierten traditionellen Haushaltsführung<, der fehlenden Hilfe der Männer und mit Verunsicherung durch Veränderungen der Familienstruktur begründet. (...) Durch diese vielfachen Belastungen seien die Ausländerinnen in ihrer physischen und psychischen Gesundheit besonders gefährdet. Besonders Türkinnen litten nach rund zehn Jahren hier unter >Erschöpfungsdepressionen<."(Ebd.) *Türkinnen* bleiben Thema. „Die Autorinnen stellen eine >Politik der Verunsicherung< gegenüber Ausländern fest, die durch Mangel an Zusammenhang und durch Einschränkung gekennzeichnet sei. Dazu kämen >wachsende Feindseligkeiten und Schuldzuweisungen durch Teile der deutschen Bevölkerung<. Daraus resultierte das Gefühl für Ausländer, >hier unerwünscht zu sein<. Ausländische Frauen treffen all diese Belastungen besonders" (*Ausländerinnen tragen eine schwere Bürde*, Süddeutsche Zeitung 07.02.84). „Sind die Frauen erwerbstätig, geht es ihnen besonders schlecht: Doppelbelastung, schlechte Arbeitsbedingungen an Frauenarbeitsplätzen, schlechte Bezahlung, oftmals illegale Arbeitsverhältnisse und besondere Bedrohung durch Arbeitslosigkeit - solchen widrigen Umständen sind sie oft noch stärker ausgesetzt als deutsche Frauen. Dazu kommen die spezifischen Nachteile, die sie als Ausländerinnen treffen." (Ebd.) April 1984 leben in Bayern „224.000 ausländische Frauen und 92.000 ausländische Mädchen unter 15 Jahren. 154.000 waren verheiratet; sie haben insgesamt 246.000 Kinder. Von den Frauen waren zu diesem Zeitpunkt 125.000 erwerbstätig, 15.000 arbeitslos; 71 Prozent der erwerbstätigen Frauen waren Arbeiterinnen. Etwa die Hälfte der Frauen kam aus den so genannten Anwerbeländern, die meisten aus der Türkei (59.000), gefolgt von Frauen aus Jugoslawien (38.900), Italien (19.700), Griechenland (16.800), Spanien (4.300) und Portugal (1.570)." (Ebd.) Solange *Ausländer* rechtlich ausgrenzt sind, werden sie als Menschen zweiter Klassen betrachtet und *Ausländerinnen* dritter Klasse. „Besonders die türkischen Frauen" sind oft am Ende. Die 1984 angebotene Rückkehrhilfe haben ca. 17.700 Ausländer in Anspruch genommen. Nach Angaben *der* LVA, haben Ausländer bei acht Jahren Durchschnittsverdienst auf ca. 16.000 DM Anspruch, wenn sie in ihre Heimat zurückkehren. „Die Rückkehr in die Heimat läßt sich", nach einem LVA-Angestellten, „**entweder** durch ein Grenzübertrittsbescheinung **oder** die Bestätigung einer deutschen Auslandsdienststelle - ein Konsulat oder eine Botschaft - nachweisen." (Ebd.) Am gleichen Tag verlangt der „Bundesverband spanischer sozialer und kultureller Vereine" in Kassel für *Ausländer* „ein Wahlrecht mindestens auf kommunaler Ebene" (*„Verhöhnung der Ausländer"*, FR 20.02.84). Auch die **Ausländerbeauftragte** der Bundesregierung, Lieselotte Funcke (FDP) fordert Aufenthaltsrecht für *Ausländer* (*Grubenunglück als Beispiel*, FR 28.02.84). Zur Zeit gibt es „300.000 arbeitslose Ausländern", die die Bundesregierung mit einer Rückkehrhilfe zur Rückkehr in die Heimat bewegen will. Die Fronten verhärten sich, während **Ausländerfeindlichkeit** zunimmt. Die Rückkehrhilfeidee sollte die Zahl der hier *lebenden Ausländer begrenzen*, in dem sie *Ausländer* aus (Deutsch)Land ausgegrenzt. Wie 1965 auch 1985 besteht die Ausländerpolitik darin, Menschen auszugrenzen, indem ihnen durch „neue" Gesetze Grenzen gesetzt werden, wenn die „Bundesregierung ein >Ausländervertreibungspolitik< betreibe." (*Ausländerpolitik verteidigt*, FR 13.03.84) Trotz dem Vorwurf der „Vertreibungspolitik" hält Zimmermann an „seiner" Ausländerpolitik fest: „Zuzug von Kindern und Ehefrauen drastisch" **einzuschränken (69)** und die „Hürde für hier aufgewachsene Ausländer, die einen Partner aus dem Land ihrer Eltern heiraten wollen, sollen drastisch erhöht werden." (Ebd.) Zimmermanns Konzept enthält Vorschläge, die ausgrenzen, trennen und einschüchtern sollen. Also das Gegenteil von dem, was der 1. gemeinsame Kongreß ausländischer und deutscher Frauen in Frankfurt am Main 1984 fordert.

Der 1. gemeinsame Kongreß ausländischer und deutscher Frauen 1984
In der Zwischenzeit sind ca. 30 Frauen dabei, den 1. gemeinsamen Kongreß ausländischer und deutscher Frauen zu organisiert (*Sie wollen sich ihrer ei-*

genen Stärke bewußt werden, FR 20.03.84). „Die Zielrichtung: >Gegen die besondere Unterdrückung von ausländischen Mädchen und Frauen.<" (Ebd.) Auch der Schreibstil des Aufrufes mit weiblicher Semantik befindet sich im Geist der Zeit. Da ist von *ausländischen Mädchen und Frauen* die Rede, die nicht einmal wie Menschen zweiter, „sondern dritter Klasse - als >Sklavinnen der Sklaven<„ behandelt werden. „Die Entmündigung und Unterdrückung in dreifacher Hinsicht: als Ausländerin, als Lohnabhängige und als Frau." (Ebd.) Die weibliche Semantik ist in dem veröffentlichten Aufruf sehr vielfältig. Neben ausländischen Frauen und Mädchen existieren Begriffe wie „Ausländer(in)", „Arbeitsmigrantin", „Ausländerin(nen)", „Ausländer(innen)", „Ausländer/innen" und „Ausländerinnen". Auch der Begriff „Immigrantinnen" kommt bereits 1984 vor. Doch *Gastarbeiterin* nicht. Die Veranstalterinnen sind, „Frauen und Frauengruppen aus Spanien, Portugal, Italien, Jugoslawien, Griechenland, der Türkei, Kurdistan, dem Iran, aus Afrika, Asien und Lateinamerika, sowie der Bundesrepublik Deutschland / West-Berlin." (Ebd.) „Gegenwärtig leben etwa 1,35 Millionen ausländische Frauen und 500.000 ausländischen Mädchen unter sechzehn Jahren in der Bundesrepublik" einschließlich West-Berlin. Die Frauen vom 1. Frauenkongreß fordern: *Die andere Hälfte des Himmels* (FR 31.03.84). Weiter steht im *Aufruf zum Kongreß*: „Ausländerin zu sein heißt Entmündigung und Unterdrückung in dreifacher Hinsicht, als Ausländerin, als Lohnabhängige und als Frau". Der Begriff *Ausländerin* hat sich mit dem 1. Frauenkongreß sowohl als Semantik wie im Sprachgebrauch konstituiert. Doch statt Ausgrenzung und Trennung enthalten die Forderungen der Kongreßfrauen Bindungen, gemeinsames Handel u.a.; z.B. bundesweite Aktionen zu der Forderung nach eigenständigen Aufenthalts- und Arbeitsrecht, lokale Frauentreffs in verschiedenen Städten und die „Frauenbewegung" soll die Forderungen der Kongreßfrauen mit „praktischer Solidarität" unterstützen. Dann rufen sie: „Laßt uns einig werden!" (*Sie wollen nicht die „tapferen Heldinnen" sein*, FR 16.04.84) Doch die Kongreßorganisatorinnen kritisieren auch die *Initiative gegen Ausländerfeindlichkeit* und die ausländischen Vereinigungen, weil von diesen keine Unterstützung für Frauen kommt; sie kritisieren auch die Gewerkschaft, die Frauen permanent mobilisieren, doch für sie nichts tun. Die Gewerkschaftstätigkeit trägt nur zur „Sicherung der guten Arbeitsplätze. Aber Frauen sind nicht nur Arbeiterinnen, sondern auch Hausfrauen und Mütter." (Ebd.) Auch fordern die 1. Kongreßfrauen ein Netz mit Hilfe von „Sozialarbeiterinnen". Weiter: „Eine ältere Frau beklagte das geringe Interesse an der Situation der Frauenarbeit: >Wir Frauen werden massiv herausgedrängt, in Arbeiten unter der 390-Mark-**Grenze**. Jede Forderung nach Emanzipation wird zunichte gemacht durch unsere Existenzbedrohung." (Ebd.) Diese Spirale von 1984 setzt sich fort bis 2004. Während Frauen mit weiblicher Semantik Forderungen formulieren, macht sich unter dem Begriff „Humanismus" die männlich Semantik in der Berichterstattung fest. So fordert der Vorsitzende der katholischen Deutschen Bischofskonferenz und Kölner Kardinal Joseph Höffner zum >Tag des Ausländers< auf, „bei der Integration von Bürgern anderer Nationalitäten nicht auf Europa zu warten." (*Höffner: Mit Europa beginnen*, FR 09.04.84). Und während Stimmen für ein Europa lauter werden, protestieren Türken in Deutschland gegen Folterungen in der Türkei (*Türken protestieren gegen Folterungen*, FR 10.04.84). Denn: *Die Türkei liegt nebenan* (FR 14.04.84), wenn es um Urlaub geht. Der erste **Ausländerbeauftragte** in Hessen ist im Gespräch (*Hessen soll Ausländerbeauftragten erhalten*, FR 24.04.84). Doch: „Kein Thema zwischen Grünen und SPD ist derzeit das Kommunalwahlrecht für Ausländer." (Ebd.) Die Bundesrepublik ist kein Einwanderungsland, schreibt das Handelsblatt (*Daueraufenthalt mit deutscher Staatsangehörigkeit oder Gastarbeitervertrag mit Pflicht zur Rückkehr*, 11.05.84): es geht angeblich um ein „Ausländerproblem", das vorwiegend *Türken* meint. „Das Ausländerproblem habe sich angesichts der schwierigen Arbeitsmarktlage verschärft. Die Türken, innerhalb weniger Jahre mit 1,6 Millionen Menschen zur stärksten

Ausländergruppe in Deutschland geworden, litten (...) besonders unter den Folgen der wirtschaftlichen Rezession." (Ebd.) Bereits 1984 geht es nicht nur um den „Wettbewerb zwischen deutschen und türkischen Arbeitnehmern um Arbeitsplätzen", sondern auch um **kulturelle Kontraste** die zu Konflikten führen, „die als soziale Nebenkosten der Beschäftigung türkischer Arbeitnehmer zunehmend negativ zu Buche führen. (...) In Zeiten hoher Arbeitslosigkeit sei die Forderung legitim, den nationalen Arbeitsmarkt für eigene Staatsbürger zu reservieren." (Ebd.) Daher stellt die *Arbeitsgemeinschaft Selbständiger Unternehmer* folgende Anforderungen an eine Konzeption der **Ausländerpolitik** auf: „Integrationspolitik" für die hier lebenden Türken und Einbürgerung von Jugendlichen soll erleichtert werden: „Türken, die sich in einer gewissen, vom Staat gesetzten Frist gegen eine Einbürgerung entscheiden, sollten grundsätzlich nur eine befristete Aufenthaltserlaubnis erhalten und zur Rückkehr nach Ablauf dieser Frist verpflichtet werden." (Ebd.) Dennoch gilt: „Ausländer haben grundsätzlich kein verfassungsrechtlich verbürgtes Recht auf Aufenthalt in der Bundesrepublik Deutschland; sie können daher grundsätzlich (...) in ihr Heimatland verwiesen werden (...) Im Interesse einer erfolgreichen Integrationspolitik sei diese >Notbremse< unerläßlich", meint die Regierung. *Ausländer* sind *Türken* und diese sollen das (Deutsch)Land verlassen oder sich anpassen (unsichtbar), was zum Tragen eines Kopftuches provozieren kann (Gudrun Nositschka. „Sog. Kopftuchdebatte" – Stellungnahme Bundesvorstand und Reaktion der Mitglieder zusammengestellt von Irmgard Koll und Nils Leopold in Mitteilungen Nr. 183), was eine Unsichtbarkeit der geforderte „Anpassung" unmöglich macht.

Aktion-Reaktion

Aggressionen gegen *Ausländer, Ausländerinnen* nehmen zu und Arbeitslosigkeit auch. Besonders unter *Ausländern*. Während dessen eskaliert die Gewalt gegen Frauen und die weibliche Semantik nimmt ab. Juli 1984 veröffentlicht die *taz* unter: *Basteln am „Vierten Reich"* (taz 16. 06.84) einen Bericht: Zur Eskalation der Gewalt gegen Ausländer. In der so genannten linken Zeitung *taz* wird kein einziges Mal die weibliche Semantik benutzt und *Ausländer* sind Türken oder „türkische Kinder (ein Mädchen wurde verletzt)", heißt es ein einziges Mal im Text. „Die Türken in der BRD und in West-Berlin werden >entmenscht<; da ist von (...) >Kanaken< die Rede - der neue, deutsche Herrenmensch (und sei er auch der letzte Arsch) stärkt sein durch Arbeitslosigkeit, weltpolitische >Ohnmacht< und täglichen Kleinfrust angekratztes Selbstbewußtsein mit dem Stiefeltritt gegen eine Minderheit, die seinen relativen Wohlstand in den 60er und 70er Jahren mitbegründete." (Ebd.) Fast „fünfzig Jahre nach der Eskalation des Nazi-Terrors gegenüber jüdischen Mitbürgern werden Sündenböcke den unzufriedenen Kleinbürgern >frei Haus< serviert." (Ebd.) Für die *taz* gibt es semantisch lediglich *Ausländer* und Türken, gegen die eine latente *Ausländerfeindlichkeit* **unkontrolliert** eskaliert. Im Vordergrund steht auch nicht die „Angst vor Überfremdung" oder die „Sorge um die Arbeitsplätze der Deutschen", sondern „ein langfristiger Überlebensentwurf für eine konservative Dauerregierung mit diktatorischen Charakter". Die *Ausgrenzungspolitik* gegen Türken nimmt die *taz* als Thema gegen die Regierung auf. „Der große Rest aus Arbeitslosen, Sozialhilfeempfängern und >Mindestrentnern (...), der angesichts der kommenden neuen Technologien stetig wachsen wird (...), wird mit entsprechenden Gesetzen - die bereits in den Schubladen der derzeit Regierenden liegen - im Zaum gehalten oder mit Sündenböcken beliefert, die dann die Aggressionen auffangen sollen." (Ebd.) Ein Satz, der 2004 Wahrheit wird, mit den Hartzreformen. Aus der Vielfalt von Ethnien in der BRD wird ab Mitte der 80er „der" *Ausländer* (Schimpfwort). Die *Ausländerin* wird oft vergessen unter dem männlich dominanten Oberbegriff, *Ausländer*, unter dem fast ausschließlich Türken verstanden werden. Währenddessen steigt die *Ausländerfeindlichkeit* stetig an und die IG Metall verlangt: *Ausländer sollen wählbar sein* (FR

19.07.84). Von *Ausländerin* ist wieder nicht die Rede. Die „SPD will Ausländerbeirat" ins Leben rufen in Götzenheim (*„Nicht länger Objekt sein",* FR 20.07.84). Je stärker sich *Ausländer* für ihre eigenen Rechte einsetzen, desto schneller herrscht auf beide Seiten die männliche Semantik, während die weibliche Semantik im Verschwinden ist und desto stärker nimmt *Ausländerfeindlichkeit* und **Rassismus** zu (*Vorbereitungen laufen weiter,* taz 21.07.84).

Rassismus in sexistischen Kleidern

Doch das „Engagement der Gastarbeiter" (*Der harte Kern der Streikposten im Kampf gegen die eigenen Interessen,* Handelsblatt 15.07.84) ist überdurchschnittlich, schreibt die Presse, auch wenn es um Streiks geht. Weiter im Text geht es gegen eine Frau, Vorsitzende der Deutschen Gastarbeiter-Gewerkschaft. „Es gibt in der Bundesrepublik eine Deutsche Gastarbeiter-Gewerkschaft, die vor allem eine Gründung der in Spanien geborenen Gewerkschaftsvorsitzenden Lucia Laaf ist. Die Energie der Frau Laaf persönlich steht offensichtlich in einem umgekehrten Verhältnis zur Zahl der Mitglieder." (Ebd.) Das Handelsblatt kritisiert Frau Laaf auf unterschiedliche Ebene. Rassismus und Sexismus gehören zur Berichterstattung. Laaf vertritt nach eigener Meinung, so die Berichterstattung, die Interessen der in Deutschland *lebenden Gastarbeiter* mit einer Logik, „die auch vor dem Arbeitskampf von der IG Metall vertreten wurde." (Ebd.) Weniger die politische Richtung von Frau Laaf wird kritisiert, sondern ihr „Engagement": die Gastarbeitergewerkschaft hat „zur Zeit allenfalls die Stärke der Freiwilligen Feuerwehr einer Kleinstadt" und Laaf, ist der Presse nach so dumm, daß sie es anscheinend nicht einmal bemerkt. In dieser Zeit scheint Sexismus sowohl in der Berichterstattung wie in der gesellschaftlichen Realität einen Höhepunkt zu erreichen (*Ausländerfeindlichkeit groß,* FR 07.07.84). Sogar die AWO fordert eine rechtliche Gleichstellung der Ausländer, nachdem sie: *In den eigenen Reihen Unverständnis vermutet* (FR 09.07.84). Die Diskriminierung von *Ausländern* kennt

keine Grenzen. Auch Teile der Gewerkschaft sind ausländerfeindlich (*Betriebsrat wurde „wegen Ausländerhetze" entlassen*, FR 13.07.84). Letztendlich soll den *Ausländern* klar gemacht werden, daß sie (Deutsch)Land verlassen sollen (*Keine Oase für Ausländer*, FR 07.08.84). Währenddessen schlagen *Ausländer* Problemlösungen vor, wie ein 41jähriger Mann, der seit 1962 hier lebt und einen „Weiterbildungsplan für Ausländer entworfen" hat (*„Hört auf zu jammern!"*, FR 17.08.84). Die *Ausländer*, unter denen er auch Frauen zählt, sollen aufhören zu jammern und beginnen sich zu wehren. Einige *Ausländerinnen* wehren sich konkret. Einer „Frau war wegen schlechter Arbeitsleistung gekündigt worden, worauf sie mit dem Zeugnis zur Polizei ging und ihren Arbeitgeber anschwärzte." (*Im Arbeitsgericht ohne Arbeitserlaubnis geputzt*, FR 17.08.84). September 1984 ist das politische Klima stark ausländerfeindlich und: *Türken erwägen Kaufboykott* (FR 07.09.84), der schnell entschärft wird. Doch: *„Ausländerfeindlichkeit...."* (FR 24.09.84) nimmt zu wie Umfragen und Studien zu Türkinnen. Sexismus und Rassismus werden sichtbar (*Türkinnen sind „langrumpfiger"*, FR 04.10.84). In dieser Untersuchung heißt es: „Auf den ersten Blick weckt das unangenehme Erinnerungen an pseudo-wissenschaftliche Untersuchungen zur Stützung der nationalsozialistischen Rassentheorie: Bundesdeutsche Anthropologen haben 2.429 jugoslawische, italienische und türkische Gastarbeiter beider Geschlechter systematisch vermessen und die Ergebnisse mit den DIN-Maßen des genormten Deutschen verglichen." (Ebd.) Dabei kamen die Wissenschaftler zu der „Erkenntnis": Türkinnen und Italienerinnen sind „besonders klein". Wozu wird dieses „Forschungsresultat" benötigt, müssen wir fragen? Für welche gesellschaftlich-immanente Sachlage ist die Körpergröße von Türkinnen und Italienerinnen wichtig? Fakt: zuerst werden diese zwei Ethnien von den anderen durch diese „Erkenntnis" abgespalten und dann, im wahrsten Sinne des Wortes, „klein" gemacht. Wissenschaftliche Forschungen haben aber auch gezeigt, daß die „Hemmschwelle" für (körperliche) Angriffe, d.h. Grenzüberschreitung gegen Menschen von kleiner Statur niedriger ist. Und Türkinnen erfahren auch mehr offene Gewalt in der BRD als andere ethnische Frauen.

(Türkische) Frauen als **Projektionsfläche** männlicher (d.h. sexistischer) „deutscher" Gewalt (d.h. rassistischer)

Trotz zunehmender Ausländerfeindlichkeit wird der Marsch von „der Bundesgemeinschaft der Grünen zu Asyl- und Immigrantenfragen" 1985 nicht unterstützt, aber ein neuer Begriff **Immigranten** betritt die semantische Bühne. Und die ersten Angriffe gegen (türkische) Frauen sind sexistisch motiviert, als Fatma E. vor dem Berliner Frauenhaus von einem Türken erschossen wird (*Der Anschlag gilt nicht Fatma E. allein*, FR 12.10.84). Eine Welle von Gewalt beginnt höher zu werden, während die Stimmen der Christdemokraten affirmieren: die BRD ist „noch unser" Land (*Christdemokrat Claus: Noch ist es unser Land*, FR 12.10.84). Die *Angst*, um "unser Land", treibt wieder die Diskussion: *Status und Rolle der Ausländer müssen geklärt werden* (FAZ 26.10.84). Wir entnehmen den Medien, daß stets nach einer Tat, wie nach einem erneuten Versuch von *Ausländern* nach Selbstbestimmung, die Frage nach der Rolle „der" *Ausländer* in der BRD folgt, wobei danach offene Gewalt auf der Straße konkret gegen (türkische) Frauen gerichtet wird und m.E. als Resultat der laufenden theoretischen Auseinandersetzung zu betrachten ist. Anschließend folgt vorwiegend der Versuch einer fremdbestimmten „neuen" Begriffsdefinition, die das „Problem" *Ausländer*, das nie richtig geklärt wird, lösen soll. Mit jeder neuen Begriffsdefinition findet jedoch eine *Verschiebung* des so genannten „Problems" statt und eine zunehmende Polarisierung der Sachlage. Auf der einen Seite wird die Meinung vertreten: *Ausländerpolitik unsinnig* (FR 05.11.84), da ein „wachsender Bedarf an Gastarbeiter" bestünde; während auf der anderen Seite die Presse über: *Probleme mit den Gästen aus fremden Kulturen* (FR 16.11.84) berichtet. Innerhalb der Definitionsdebatte schreibt Mehmet Yenal einen Leserbrief (*Ausländische Mitmenschen*, FR 20.11.84): „Im Brief vom 3. November findet der Verfasser die Bezeichnung >ausländische Mitbürger< widersinnig, weil sich die Begriffe >Ausländer< und >Mitbürger< nach seiner Meinung ausschließen. Wird die Definition >Bürger< unter dem Aspekt der Geschichte betrachtet, müssen sich >Ausländer< und >Bürger< nicht ausschließen. Im Mittelalter war der Bürger ein Mensch, der in der Burg lebte, durch seine Arbeit dem Wohl der Bürgergemeinschaft diente und in Krisenzeiten die Burg mit verteidigte. Transportiert man diese Beschreibung des >Bürgers< in unserer Gegenwart, kommen wir zu dem Ergebnis, daß ein Ausländer der in der Burg Bundesrepublik Deutschland lebt, arbeitet alle Freude und Leiden der Burggemeinschaft mitempfindet, genauso einzustufen ist wie ein Bürger mit dem grünen deutschen Reisepaß. Was das Wehren anbelangt: Wer weiß, wer diese Burg eines Tages verteidigt." (Ebd.) Währendessen eskaliert die *Ausländerfeindlichkeit* vorwiegend gegen *türkische Menschen*; oft Frauen. Und viele Deutsche sehen zu, wenn Türken angegriffen werden (*"Alle haben das gesehen, alle waren doch da"*, taz 16.11.84). Die Angst vom „Ausländerwanderungsland zum Einwanderungsland" zu werden, steigt (*Wirklich kein Einwanderungsland*, FR 24.11.84).

November 1984 veröffentlicht das erste Symposium zur Ausländerfeindlichkeit seine Resultate.

Dezember 1984 nimmt der erste: *Ausländerbeauftragte* (FR 01.12.84) sein Dienst auf. Dennoch wird nach zehn Jahren in der BRD ein **Inder** ausgewiesen, weil er keine Aufenthaltsgenehmigung besitzt (*Nach zehn Jahren Ausweisung?*, FR 05.12.84). Dieser Fall bekräftigt die alte Forderung: *Ausländer sollen sich nach zehn Jahren entscheiden* (FR 19.12.84) und zwar für alle „Ausländer, die nicht aus einem EG-Land kommen" (Ruhe und Langfristigkeit in der Ausländerpolitik, FR 21.12.84), womit wieder eine Spaltung zwischen EG und Nicht-EG, eine **EG-Grenze (70)** gesetzt wird; d.h. zwischen *Auslän-*

der und „*die*" *Ausländer* (*Türken*). Währenddessen ein aus Ghana ausgewiesener: *Bekannter Herzspezialist darf nun doch bleiben* (FR 24.12.84); und: *Entscheidungszwang für Ausländer scharf abgelehnt* (FR 26.12.84) wird, der fast ausschließlich *Türken* meint. Das Jahr 1984 geht zu Ende, der selbst gewählte Begriff *Ausländer, Ausländerin* wird ab 1985 kaum noch eingesetzt: *Türken* sind das „Problem".

1985

Das Jahr 1985 beginnt erwartungsgemäß mit der Berichterstattung über Türken (*Türke wurde blitzartig abgeschoben / Frauen und Kinder blieben in Dortmund zurück*, FR 03.01.85). Die *Italiener* (1955) sind vergessen, die *Gastarbeiterinnen* (1965) und koreanische *Krankenschwester* (1975) fast. Denn die Berichterstattung über *türkische Mitmenschen* nimmt zu, worunter oft Frauen gemeint sind (*Hilfe für die Türkische Witwe*, FR 05.01.85). Aber das „Türken-Problem" ist ein „EU-Problem". Überall in Europa gibt es ein „Ausländer-Problem", meint die Presse (*Ausländer-Probleme überall in Europa*, Süddeutsche Zeitung 22.01.85). Schauen wir genau hin, entdecken wir: nicht die *Ausländer* sind das Problem, sondern die **Arbeitslosigkeit**, die nicht von **Ausländern** verursacht wird. Anders formuliert: „Ausländer sind in der Regel weniger qualifiziert" werden daher schneller arbeitslos, meint der Autor. Dennoch werden seitdem zwei Faktoren gleichgesetzt: *Ausländer* und Arbeitslosigkeit. Wobei unter *Ausländern* weiterhin *Türken* gemeint sind. In Richtung dieser „Gleichstellung" gehen die meisten Forschungsarbeiten zu Nicht-Deutschen-Menschen in der BRD.

Forschungsobjekt: Türke und Sprache

Die ersten Forschungsarbeiten über *Gastarbeiter, Gastarbeiterinnen* (1964) kommen Anfang der 80er auf dem Markt, d.h. nachdem sie semantisch verschwunden sind und „Abstand" zum Thema anscheinend herrscht. Die ersten

Biographien der 2. Generation werden verlegt und Ausstellungen zur „Vergangenheit" dieser Menschen werden konzipiert. In vorderster Reihe stehen Türken. *Ausländer = Türke.* Der Rest *Ausländer* wird zur **Imagination**. Unter: Was heißt das, >türkische Künstler in Berlin<? Berichtet die Presse über: *Oberflächen und Hintergründe: Überlegungen zu einer Ausstellung und deren politischen Umfeld* (Tageszeitungen Zürich 06.02.85). Bereits in den ersten Artikelsätzen wird das aktuelle Sprach-Selbstverständnis thematisiert als: *Die sprachliche Fremdbestimmung von Ausländern.* „Erst einige Monaten lebe ich nun in West-Berlin und habe bald dazugelernt, daß ich hier mit bestimmten Begriffen behutsam umgehen muß, mit dem Wort >Türke< etwa, das nicht nur eine Nationalitätszugehörigkeit, sondern einen Strauß von emotional aufgeladenen Vorurteilen beinhaltet. >Gastarbeiter< wird im Sprachgebrauch nun häufig durch >Arbeitsemigranten< ersetzt, das scheint ehrlicher zu sein. Neuerdings gibt es auch >türkische Berliner< oder >Berliner< aus der Türkei. Wenn hier über Ausländer gesprochen wird, sind meist Türken gemeint, die in bestimmten Stadtviertel, oft in miesen Wohnungen leben, in sozialer sprachlicher und kultureller Isolation und nicht selten in der zweiten oder dritten Generation zu >Analphabeten in zwei Sprachen< geworden sind." (Ebd.) West-Berlin wird 1985 als das wichtigste Kulturzentrum neben der Türkei angesehen, d.h. Türken sind also keine Analphabeten (1965)! In West-Berlin leben 1985 ca. 200 *ausländische Künstler*. Künstlerinnen werden am Rand erwähnt, obwohl die Sprachkreation danach **keine Grenzen (71)** kennt. Der ursprüngliche und verworfene Ausstellungstitel „Gastmaler" zeigt, „daß es hier um eine besondere Minorität geht." (Ebd.) Ab Mitte der 80er werden Frauen semantisch in der Presse ausgegrenzt. *Ausländer*, *Türken*, *Exoten* sind die gängigen (Beschimpfungs) Begriffe. Doch die Künstler wollen „endlich als Künstler und nicht als türkische Künstler, als Exoten fast betrachtet zu werden." (Ebd.) Einige Berliner können sich schwer vorstellen, „daß es sich um professionelle Künstlerinnen und Künstler handelt." (Ebd.) D.h. die Dominanzgesellschaft lehnt eine „Gleichstellung" von Künstlern unabhängig ihrer Ethnie ab. Statt Gleichstellung heißt es: *Drei Professoren sorgen sich um das sterbende deutsche Volk* (FR 16.02.85). Was wird aus Deutschland ohne Deutsche? ist die größte Sorge dieser Wissenschaftler. Daraufhin versucht die Presse 1985, wie 1965 die Angst der Deutschen zu bändigen: *Die Zahl der Ausländer ging zurück* (FR 20.02.85). 1,426 Millionen Türken leben in der BRD. Dazu kommen 600.000 Jugoslawen, 545.000 Italiener, 287.000 Griechen, 172.000 Österreicher, 159.000 Spanier. Das sind 3.289.000 Nicht-Deutsche, die kaum Beachtung finden, weil wieder ein identitätsbildender Faktor, diesmal Ethnie, zur Projektionsfläche ausgewählt wurde. *Türke = Ausländer* hat sich institutionalisiert (*Ausländer sollen am politischen Leben beteiligt werden*, FR 21.02.85). Das Synonym, „der" *Ausländer* zeigt nicht nur einen Ausgrenzungswunsch seite des Gastlandes, sondern deutlich gesetzte Grenzen an Menschen, noch 30 Jahre nach dem sie eingewandert sind (!). Von *Ausländerin* ist nichts mehr zu hören. Erst als der Film vorgestellt wird: *Die Kümmeltürkin geht* (FR 30.04.85), kommt wieder die Frau (als Türkin) in die Medien. Während *Türken* angegriffen werden, werden türkische Frauen bemitleidet, was eine sexistische Spaltung dieser Ethnien gleichkommt.

„Kanacken" (1985)

Im Artikel: *Kanacker heißt Kanacker* (DIE ZEIT, 07.07.85) wird ein Teil der Verachtung gegen *Türken* sichtbar. Als ein *Türke*, mit einer deutschen Frau verheiratet, einen Deutschen mit seinen Freunden vor Gericht bringt, weil sie ihn als >Kanacken< beschimpft haben und seine Frau als >Solche wie Du gehören in Auschwitz vergast< nachrufen, zögert der Richter das Verfahren ordnungsgemäß zu leiten, wegen der „hohen Kosten" für die Angeklagten. Doch die beiden Angeklagten „verstehen das Zögern des Richters falsch. Sie fühlen sich gestärkt." (Ebd.) Der Staatsanwalt hält indessen sein Plädoyer über die „Meinungsfreiheit". „Es ist jedem unbenommen, sich über Ausländer zu unterhalten. Aber es kommt auf den Rahmen an, auf die Art und Weise." (Ebd.) Wieder ist von **Grenzen** die Rede, die undeutlich aber gegen „Ausländer" formuliert sind. Das Fazit am Ende des Verfahrens: „Er [der Angeklagte] bereut jetzt, den Türken >nicht durchgezogen> zu haben." (Ebd.) Offene Gewalt mit juristischer indirekter Unterstützung gegen *türkische Mitbürger* geht ab Mitte der 80er zur Tagesordnung über.

Das große „I" und die kleine Wirkung
In den 80ern ist der *fremdbestimmte Begriff Gastarbeiter, Gastarbeiterin* (1964) obsolet geworden und der *selbst gewählte männlich konnotierte Begriff Ausländer* hat sich als „der" Ausländer institutionalisiert. „Der" Ausländer löscht die nachgerückte semantisch-weibliche *Ausländerin* bis Ende der 80er ab. Die allgemein-deutsch-männlich dominierte Semantik nahm die Frauenbewegung als Grund auf, für eine geschlechtsdifferenzierte Semantik zu plädieren, in der beide Geschlechter transparent werden, womit der Kampf um das „große" I, das kein Geschlecht benachteiligen sollte, begann. Das große „I" wird in die Welt gesetzt. Doch die Auswirkung des großen „I", wie der „in"-Endung, erfüllen die Erwartungen nicht. So kritisiert Prof. Frigga Haug das große „I" als eine Form von **Verschleierung** geschlechtsdifferenzierter Arbeitsverhältnisse (Vortrag. Frigga Haug. Gender – Karriere eines Begriffes. Rosa-Luxemburg-Stiftung, Frankfurt am Main. 27./28.09.2003). Es geht hier, so Haug, hauptsächlich um „Political-Correctness" mit dem großen „I".
Auf eine ähnliche Argumentationsrichtung zielt die Kritik der Sprachwissenschaftlerin Luise F. Pusch. Sie geht sogar weiter und meint: „Festzuhalten bleibt also, daß die motivierte Form zur Bezeichnung weiblicher Menschen eine sprachliche Diskriminierung sozusagen ersten Ranges darstellt. Das hochproduktive Suffix –in konserviert im Sprachsystem die jahrtausendalte Abhängigkeit der Frau vom Mann, die es endlich zu überwinden gilt. Auch sprachlich." (Luise F. Pusch. Das Deutsche als Männersprache. 1996, S.59)

Doch genau mit dieser **geschlechtlichen Verschleierung** und Diskriminierung Mittels Semantik haben wir es ab den 80ern und m.E. besonders innerhalb der Begriffsentwicklung *Gastarbeiter, Gastarbeiterin, Ausländer, Ausländerin, MigrantIn* zu tun. Denn sobald -statt eine männlich und/oder weiblich konnotierte Semantik vorgelegt wird- ein einziger Begriff, wie MigrantIn, präsent ist, kann trotz zahlreichen Kontextes, das Geschlecht nicht mehr dechiffriert werden. Es bleibt eine geschlechtsdifferenzierte Verschleierung sowohl in der Semantik wie in der Realität, während parallel dazu auf der anderen Seite „die" Türkin mit Zwang entschleiert werden soll. Eine Parallele, die selten thematisiert wird.

1993

Die vor 40 Jahren als 20 und 30jährige zur Arbeit eingewanderten Frauen und Männer sind jetzt **Rentner** und neuerdings *Migrantinnen, Migranten* (*Alte Menschen suchen eine Perspektive*, FR 26.03.93). Sie werden zwar nicht mehr als „unbequeme" Menschen bezeichnet, aber sie bedürfen als *Rentner, Rentnerinnen* wieder einmal einer „besonderen" Betreuung, was das Gefühl von „sie sind immer lästig" hinterläßt.

Arbeitsmigranten und Klienten (1993)

Die 1982 gegründete „Beratungsstelle für ältere Migrantinnen und Migranten" war 1993: „Anstoß für das bundesweite erste Modell dieser Art", die sich um die statistische Erfassung der **älteren Arbeitsmigranten** in Frankfurt am Main bemüht, die sexuslos scheint. Jetzt werden die *fremdbestimmten Gastarbeiter, Gastarbeiterinnen* (1964), die daraufhin *selbstbestimmten Ausländer, Ausländerinnen* (1984) *Arbeitsmigranten* genannt. Diese haben 30 Jahre später Räume von der Stadt Frankfurt am Main zur Verfügung gestellt bekommen, die sich nicht viel von den Räumen der 60er unterscheiden. So sagt Parvaneh Gorishi, die seit einem Jahr als Psychologin *Migranten* täglich betreut und keine ursprüngliche *Gastarbeiterin* ist, sie „würde eine so armselige ausgestattete Beratungsstelle nicht aufsuchen", auch wenn sie froh ist, daß es die Räume gibt. Die Räume riechen immer noch nach Bier und im Winter sind sie kalt. Die *Arbeitsmigranten* sind in diesen Räumen „Klienten". Obwohl in der Überschrift des Artikels die weibliche Form von *Migrant*, also *Migrantin* vorkommt, verschwindet die weibliche Semantik im Text schnell (*Alte Menschen suche eine Perspektive*, FR 26.08.93). Da ist von *Migranten, Klienten, Türken, Fremden* und überhaupt nur von ethnisierten Männern die Rede und es wird nicht verständlich, warum nicht sofort eine *Migrantin* zu Wort kommt, obwohl das Wort *Migrantin* bereits bekannt ist.

Migrant, Migrantin (1993)

Die Zahl der *älter werdende Migrantinnen, Migranten* wird ab den 90er (nicht) thematisiert: „Die besonderen Nöte ausländischer Rentner in Deutschland finden kaum Beachtung" (*Als Arbeiter gebraucht, als Alte abgeschoben*, FR 29.10.93). Auch hier ist vorwiegend von *Türken* die Rede. Um sie, wie vor ca. vierzig Jahren, kümmern sich wieder Frauen: „Die etwa 70 Türken zwischen 50 und 75 Jahren schweigen. Schließlich ergreift eine jüngere, resolute Frau das Wort. Sie heiße [Nebahat Pohlreich], sei Leiterin dieser Gruppe türkischer Senioren aus Bielefeld." (Ebd.) Die *Angst*, warum sie schweigen, so die FR, hängt mit den deutschen Behörden zusammen. Denn diese „Menschen erleben den Staat oft als ein Überwachungsorgan, das sie scharf kontrolliert." (Ebd.) Um *Angst* und *Kontrolle* geht es in der Projektion seit 1954. Hier geht es um „256 nichtdeutsche Rentner und Senioren" die von Sozialdemokraten zum >Tag der ausländischen Senioren< eingeladen worden sind. Es geht hauptsächlich um *Türken*. So der „etwa 60jährige Türke aus Bielefeld", der seit mehr als 31 Jahren in der Bundesrepublik lebt. Im Hintergrund darf seine Frau sich zu seiner Krankheit äußern. Im Text kommen **entweder** die Betreuerinnen zu Wort **oder** die *Ausländer* selbst, also die patriarchalische Logik: entweder Rasse oder Sexus. Die Nicht-Deutschen-Rentner stehen im Hintergrund. Bereits: „jetzt lebe etwa 700.000 nichtdeutschen Rentner und Senioren in der Bundesrepublik. (...) Sie altern in einem sozialen Umfeld, das sich bisher nicht auf sie einstellen mochte. Vor Jahrzehnten hat die Regierung sie als >Gastarbeiter< hergeholt" und diese Menschen glaubten, wie die deutsche Bevölkerung, „daß die Nichtdeutschen schon wieder gehen würden, wenn sie als Arbeitskraft nicht mehr taugten." (Ebd.) Menschen wurden innerhalb dieses kapitalistischen Systems wie Werkzeuge oder Material behandelt und genauso sollen sie entsorgt werden.

„Material": Türkin (1993)

Auch die *Türkin*: „Die alte Türkin mit den weißen Haaren unter dem großen Kopftuch, der dunklen Brille und dem traurigen Gesicht, schaut unverwandt aus dem Busfenster", als sie interviewt wird über die Situation der vielen „angeworbenen Ausländer". „Die etwa 70jährige Witwe ist krank, arm, einsam." (Ebd.) Sie fühlt sich auch von ihren Kindern in Stich gelassen. Da viele der ersten Generation schlecht die deutsche Sprache beherrschen, sind sie auch deswegen im Alters- und Pflegeheim isoliert. „Erste Erfahrungen zeigten, daß es auch Vorbehaltungen älterer einheimischer Menschen gegenüber der ausländischen Bevölkerung gebe, die eine Integration von Ausländern in die Altenheime erschweren." (Ebd.) Von der männlich-semantischen „Betreuung älterer hilfs- und pflegebedürftiger Ausländer" ist die Rede, was zum Begriff „Ausländeraltenheime" führt, die eingerichtet werden sollen. **Ausländische Senioren** sind „besonders hilfsbedürftig", was im deutschen Kontext oft als eine „Belastung" für diese Gemeinschaft suggeriert. Diese „besondere Bedürftigkeit", es geht vorwiegend um männliche Subjekte, kommt z.B. durch die jahrlange einseitig ausgeübte Tätigkeit. „Ausländische Arbeiter haben überdurchschnittlich oft körperlich (einseitig) belastende Tätigkeiten verrichtet, haben häufiger als ihre deutschen Kollegen Schicht- Akkord-, und gesundheitsschädliche Arbeit geleistet. Psychosomatische Belastungen eines Lebens in der Migration zehren die Menschen überdies aus." (Ebd.) Sie verfügen über eine sehr kleine Rente. Ein weiteres Problem ist: „Menschen die nicht aus der EU-Staaten stammen, können ausgewiesen werden", wenn erwartet wird (wie 1984 und 2004), daß sie Sozialhilfe beziehen werden. „>Will man so auf kaltem Weg die Menschen abschieben, die man hier nicht mehr braucht, nachdem man ihre Arbeitskraft ausgepreßt hat<, fragt die Türkin." (Ebd.) Es ist die erste Frauenstimme zum Thema Migration und Alter: *die Türkin*. Eine Integration scheint widerwillig statt zu finden, während wir parallel dazu lesen: „Fast alle verlangen die Option der doppelten Staatsbürgerschaft." (Ebd.) Am Ende der Reise durch D. meint die *Griechin*, sie habe zum ersten Mal das Gefühl, man habe ihr zugehört. Wir sind froh, sagt sie weiter, „daß wir klar machen konnten, uns gibt es und wir haben nach all der Arbeit eine besserer Zukunft verdient.<" (Ebd.) Für das "Problem" „besonders bedürftige alte Ausländer" gibt es zwei Lösungsvorschläge; einer davon lautet: „erzwungene" Rückkehr.

1994

1994 heißt es wieder in der Presse trotz Begriff **MigrantIn**, die „Rückkehr vieler >Gastarbeiter< gestaltet sich oft schwierig" (*Weder Grieche noch Deutscher*, FR 21.04.94). Von 1954 bis 1994 sind 40 Jahre vergangen und es geht immer noch um Hilfe für „die" *Ausländer, Ausländerin* und: *„Paß genau" soll die Hilfe sein* (FR 20.07.94). Doch was heißt „Paß genau"? Wenn es um Menschen geht, die: *Nicht mehr nach Hause* (DIE ZEIT 25.11.94) zurück wollen aus vielen Gründen. Diese Menschen bleiben bis zum letzten Tag (1994) *fremdbestimmte Gastarbeiter*, obwohl sie vor zwei Jahrzehnten einen *selbst bestimmten Begriff* gewählt haben. Anders formuliert: die sprachliche Selbstbestimmung wird einfach ignoriert und es heißt: „Die erste Generation der >Gastarbeiter< kommt ins Rentenalter. Doch kaum jemand von ihnen ist darauf vorbereitet, den Ruhestand in Deutschland zu verbringen." (Ebd.) Auch in diesem Artikel geht es vorwiegend um Türken oder zunehmend Kurden, die als nächste Projektionsfläche dienen. Währenddessen hat die Arbeiterwohlfahrt ein Modellprojekt für *ältere Ausländer* mit finanzieller Unterstützung der Europäischen Union (37.000 Mark) gegründet. Hier sollen sich Italiener, Spanier, Türken „und sogar Bosnier" treffen zu einem „Kulturfrühstück". Doch diese *Ausländer* (nicht *Ausländerin* wohlgemerkt, obwohl in den 90ern die begriffliche Gleichstellung beider Geschlechter in der Öffentlichkeit gefordert wurde) werden mißachtend weiterhin als *Gastarbeiter* bezeichnet. Von Frauen ist nicht viel die Rede. „Die meisten dieser Ausländer, die als >Gastarbeiter< ins Land kamen, haben die Sprache nie richtig gelernt", denn sie glaubten, ein wenig Geld verdienen und nach einem oder zwei Jahren wieder zurückkehren zu können. „Vier Gründe seien es hauptsächlich, warum alte Ausländer sich zum Hierbleiben gezwungen sehen, sagt Maria Dietzel-Papakyriakou, die am Essener Institut für Migrationforschung arbeitet": Die Kinder und die Enkel sind hier, die gesundheitliche Vorsorge und eine zu geringere Rente. Dann geht es um *Türken*: „Die durchschnittliche monatliche Rente eines türkischen Arbeiters beträgt 898,80 Mark, die eines griechischen Arbeiters gar nur 842,30 Mark. (...) Noch sind die Ausländer in Deutschland im Durchschnitt jünger als die Deutschen. (...) Im Jahr 2.000 werden es schon 663.000 sein, und bis zum Jahr 2010 wird ihre Zahl auf 1.132.000 steigen."(Ebd.) Man bereitet sich auf „Altenarbeit und Ausländerarbeit" vor. Es müsse neue Konzepte entwickelt werden, um *ausländische alte Menschen* zu erreichen. „Im Alter neigten Migranten zu einem >ethischen Rückzug< (...) >Die Distanz zur deutschen Gesellschaft vergrößert sich im Alter<, sagt die Sozialwissenschaftlerin." (Ebd.) Der „ethnische Rückzug", der Ethnien-Faktor über Jahrzehnte von der Gastgesellschaft semantisch ausgelöscht, wird den *Ausländern* plötzlich zum Vorwurf gemacht, der eine Argumentationsstruktur ermöglicht: sie waren „integrierunwillig" und sind jetzt eine

"Belastung". Jahrzehntelange *semantische Verdrehungen* erfahren eine Zuspitzung. 1996 soll "das erste Altenheim in Deutschland für Ausländer" gebaut werden. Es soll auch Platz für Deutsche haben, so der Text, "aber speziell die Bedürfnisse von Muslimen berücksichtigen. Ihm Heim wird es einen Gebetsraum geben (...). Solmaz Demirs Aufgabe ist es derzeit, die künftigen Heimbewohner zu rekrutieren. Dazu geht er in Moscheen und türkische Arbeitervereine." (Ebd.) Jetzt sind aus "besondere Bedürftige" Muslime geworden, für die die Religion hervorgehoben wird, Muslima (1994) an die Tagesordnung gekommen und somit rückt das "Kopftuch" der ArbeitsmigrantIn in den Vordergrund.

ArbeitsmigrantInnen (1994)

Die um 1994 oft verwendete Begriffsverbindung **ArbeitsmigrantInnen** entnehmen wir folgendem Text: "Auf ein Alter in Deutschland sind die ArbeitsimmigrantInnen nicht vorbereitet - und die deutsche Gesellschaft ist es auch nicht" (*Und nun bleiben wir hier*, taz 30.11.94). Jetzt erfahren wir mit dem großen "I" nicht, ob es nur um Frauen oder Männer geht? Die Semantik sagt wenig über den **Begriffsinhalt** aus, womit das Ziel dieser Begriffskonstruktion "Transparenz" verfehlt ist. Eines steht jedoch fest: Die meisten Artikel zu *Ausländern* und Alter beziehen sich vorwiegend auf *Türken*, oder *türkische Frauen*. Auch in der *taz*: "Vor 30 Jahren sind Menschen wie sie aus der Türkei, Griechenland oder Italien angeworben worden, um in der Bundesrepublik zu arbeiten. Ein große Teil von ihnen (...) wird in Deutschland alt werden und sterben. Vier Prozent der Arbeitsimmigranten sind jetzt über 60. Aber wann ist ein Mensch alt?", fragt die taz-Autorin. ">Alter bedeutet für türkische Frauen oft etwas anderes als für uns<, sagt Hanen Bucioglu, Sozialarbeiterin bei Bacim, einer türkischen Frauenberatungsstätte in Berlin-Moabit. >Eine Frau, die Großmutter ist, fühlt sich alt, unabhängig von ihren Lebensjahren. Frauen, die in einem bestimmten Alter noch kinderlos sind, fühlen sich alt. Geschiedene Frauen sind schneller isoliert, und Frauen, die einsam und körperlich verbraucht sind, fühlen sich überall alt<." (Ebd.) Frauen sind **TürkInnen, AusländerInnen.**

AusländerInnen, TürkInnen (1994)

Bei *ausländischen ArbeiterInnen* stellen Ärzte 1994 „überdurchschnittlich viele psychosomatische und psychische Erkrankungen fest." (Ebd.) Viele Frauen suchen Hilfe bei Psychologen oder beim Nervenarzt. „Dabei waren sie einst die Kräftigsten und Mutigsten, die aus den Dörfern Anatoliens oder Siziliens aufgebrochen sind. Der Krankenstand bei AusländerInnen lag lange Zeit weit unter dem ihrer deutschen KollegInnen. Drecksarbeit in Lärm und Hitze, unter giftigen Dämpfen oder draußen bei jedem Wetter hat sie krank gemacht. Die Zahl der FrührentnerInnen ist seit 1987 deutlich gestiegen, (...) allein unter den TürkInnen innerhalb von vier Jahren um 20 Prozent." (Ebd.) Auch das „Leben zwischen den Kulturen hat Spuren hinterlassen", so der Autor, „AusländerInnen" zahlen jedoch noch immer mehr Miete für schlechtere Wohnungen als Deutsche. "Die Sozialarbeiterinnen bei Bacim meinen, daß Frauen hierbleiben, weil sie >ihre Rechte kennen, auch wenn sie sich oft nicht trauen, sie einzufordern. Daheim müßten sie wieder tun, was der Mann sagt<." (Ebd.) Die Frauen haben gehofft, im Alter bei den Kindern zu leben. „>Die Türkinnen haben vier, fünf Kinder großgezogen und dabei noch Schwerarbeit in der Fabrik geleistet<", so daß sie keine Zeit hatten, richtig Deutsch zu lernen. Die **Türkinnen** kommen zu Bacim, unterhalten sich mit ihren *Freundinnen*. „Wenn sie sich ihr Haar waschen will, ist sie auf Hilfe ihrer Freundinnen bei Bacim angewiesen. Kaum eine kann sich eine bessere Wohnung leisten. 250 Mark Miete zahlt Merlüde, 450 Mark bleiben ihr dann noch von ihrer Rente zum Leben, außerdem unterstützt sie ihre krebskranke Tochter in der Türkei. Durchschnittlich 710 Mark Rente erhielten türkische Frauen 1992, 190 Mark weniger als die Männer. Und die Witwenrenten liegen noch niedriger."

(Ebd.) Obdachlosigkeit droht, so der Text, vielen *Ausländern*, anscheinend nicht den *Ausländerinnen*, dann „Angst vor dem Gang zum Sozialamt und vor deutschen Behörden ist bei vielen alten AusländerInnen groß". Der „Transparenz"-Begriff mit dem großen „I" verschleiert die **geschlechtliche Identität** und damit auch die realen ökonomischen Verhältnisse der Geschlechter.

1995

1995 fragt die FAZ; *Gehen oder bleiben: Wenn Migranten alt werden* (FAZ 24.05.95). Der Artikel beginnt mit der Geschichte von „Taous F., die 1972 als Küchenhilfe nach Deutschland kam". 1995 ist die Frau aus dem Süden Marokkos 68 Jahre alt. Sie ist kein Einzelfall. Dann fällt der Text in die männliche Semantik zurück: „Rund 11.500 Ausländer, die mehr als 60 Jahre alt sind, waren Ende 1993 in Frankfurt gemeldet, in der Mehrzahl Türken, Italiener und Bürger aus dem ehemaligen Jugoslawien." (Ebd.) Die Zahl von *Ausländern* wächst von Jahr zu Jahr. Sie kamen „in den fünfziger und sechziger Jahren als >Gastarbeiter<." (Ebd.) Doch seit der ersten angeworbenen Generation zeichnet sich eine Entwicklung ab, mit der man nicht gerechnet hat. „Nur ein Bruchteil der ausländischen Alten kehrt in ihre Heimatländer zurück". Wir, sagt Rosi Wolf-Almanasreh, die auch Frauen in ihrer Semantik vergisst, sind für „alte Ausländer" nicht eingestellt. Dennoch leben Frauen hier und auch andere Ethnien außer der türkischen. Die Marokkanerin Taous F. kann sich nicht vorstellen, später in ein Altenheim zu gehen. Die *Angst*, von den deutschen Altenheimbewohnern abgelehnt zu werden, ist groß. „Das ist offenbar keine unberechtigte Sorge, wie die dreiundsechzigjährige Fatma Yigit, einzige Türkin in einem Bockenheimer Altenheim". Ihr ganzes Leben hat sie in *Angst* verbracht. Jetzt hat sie Angst, „nicht in Deutschland bleiben zu dürfen. Ihre Aufenthaltserlaubnis ist befristet." (Ebd.) Es scheint, als hätte *Angst* die Ufer gewechselt in 30 Jahren. Doch genau diese Umkehrung findet bei Projektion statt, wenn das Projizierte verinnerlicht wird.

„Auch die Leiterin des Amts für Multikulturelles sieht vor allem bei Türken und Marokkanern, deren Integration häufig besonders problematisch sei, erhebliche Schwierigkeiten auf die Träger der Altenhilfe zu kommen. Anders als Italiener, Spanier und Griechen" seien die Türken wegen der politischen Lage im Herkunftsland zum Hierbleiben gezwungen. Um diese Menschen aus der Isolation zurückzuholen, haben sich ausländische Vereine, kirchliche Wohlfahrtsverbände, das Rote Kreuz, das Amt für Multikulturelles und das Institut für Sozialarbeit und Sozialpädagogik mit ausländischen Vereinen zum „Arbeitskreis Migration" zusammengeschlossen. Das Ziel dieses Arbeitskreises besteht darin, „die Bevölkerung zu sensibilisieren, daß es auch bunte Alte geben wird." (Ebd.) Nach 40 Jahren permanenter Hierarchisierung durch Ausgrenzung wird Sensibilisierung und Integration (Türkin, Muslime) hervorgehoben. Die übrigen Ethnien bleiben etwas im Dunkel. Eingebürgert sollen vorrangig die Türken, die nicht zur EU gehören, obwohl oft von fast „unüberwindlichen Hürden" dieser Ethnie die Rede ist (*Einbürgerung als so eine Art unbefleckter Empfängnis*, FR 06.02.95). So wird ab Mitte der 90er Moslemischsein zum „Problem" erklärt. Oder ein neuer Abgrenzungsfaktor (Religion) benötigt die Dominanzgesellschaft nach dem alle anderen ausgelöscht wurden?

Ja und Nein. Herzschmerzen

Trotz Einbürgerung ist es im Alter möglich zu sagen: *„Ich bin zufrieden mit meinem Leben in Deutschland"* (FR 10.06.95) und gleichzeitig zu bereuen, „als junge Frau zum Arbeiten hierher gekommen zu sein". Die Türkin Nazmiye Kalakan (60) spricht in dieser Art. Sie ist der Meinung, „der größte Fehler meines Lebens" war, den Entschluß gefaßt zu haben, in Deutschland zu arbeiten. 32 Jahre wohnt sie in Hanau und ist „fast die erste Ausländerin in Hanau". „Sie zählt nicht zu den Türkinnen, die die Öffentlichkeit scheut." (Ebd.) Sie geht regelmäßig in das Marktcafé, spricht mit Frauen auch aus der

Türkei. Sie hat lange gebraucht, bis sie wußte, daß sie hier in Hanau ihren Lebensabend verbringen wird. „Wie die meisten Ausländer der ersten Generation ging auch Nazmiya Kalakan Jahrzehnte davon aus, daß sie als Rentnerin zurückkehrt." (Ebd.) Der Versuch in der Türkei wieder zu leben, ist nach drei Monate gescheitert. Und in der BRD bekommt sie „Herzschmerzen". Der Arzt meinte, daß wäre „Heimweh". Ursprünglich wollte sie 15 Jahre hier bleiben. Jetzt lebt sie seit ihrem 19. Lebensjahr in Deutschland. Es ist also nicht verwunderlich: *Sie bleiben als Fremde in der Fremde* (FR 10.05.95). Von ihrer Heimatkultur geprägt leben viele traditionell. Doch gemeint sind hauptsächlich türkische Frauen: „Einsamkeit von Frauen ist eine Folge dessen. Wenn sie in Deutschland nicht vor die Tür gehen, bleiben sie isoliert. Hier fehlt das soziale Netz, in dem Frauen sich gegenseitig besuchen, gemeinsam handarbeiten oder schwätzen. (...) Ihre Probleme können sie dabei nicht lösen." (Ebd.) „Trotz aller Integrationsfortschritte weisen alle eine ausgeprägte Distanz zur deutschen Gesellschaft und ihren Institutionen und Organisationen" auf, stellen Forscher fest. Wenige Nationalitäten können von sich behaupten, sich integriert zu fühlen (*Die zweite Generation der Spanier fühlt sich integriert*, FR 16.06.95).

40 Jahre Ungleichheit unter Menschen aus dem Ausland

Zur **Integration** gehört „Gleicher Lohn für gleiche Arbeit" für **Mann und Frau**. Und MigrantIn? Doch gleicher Lohn für gleiche Arbeit ist auch 1995 eine Illusion (*„Deutsche Tarife für alle Firmen auf dem Bau"*, FR 28.06.95). „Danach soll auf deutschen Baustellen künftig gleicher Lohn für gleiche Arbeit gezahlt werden, egal ob die Arbeitnehmer aus Deutschland oder aus dem Ausland kommen." (Ebd.) Seit über 40 Jahren stellt die IG-Metall diese Forderung auf vorwiegend für ihre ausländischen Mitarbeiter. Während dessen wird das difamierende Thema *Gastarbeiter* und Alter zunehmend thematisiert. „Gastarbeiter der ersten Stunde kommen in die Jahre und müssen die Armut fürchten" (*Frage einer "vergessenen Generation"* (FR 01.08.95). Es geht um eine "vergessene" Generation (von wem?), denn die ersten *Gastarbeiter* "tauchen im öffentlichen Leben nicht auf." (Ebd.) "Die Zahl der über 60 Jahre alten Ausländer betrug im Jahre 1990 (...) 304.000." (Ebd.) Doch das Rentenniveau der *Ausländer* liegt weit unter dem der Deutschen. Als Gründe werden genannt, die zu niedrig erhaltenen Löhne bei gleicher Arbeit, die kurzen Beitragszeiten in die Rentenkassen, unfreiwillig unterbrochene Arbeitzeiten und die Gesundheit. Diese *Arbeitsmigranten* können aus sprachlichen und kulturellen Gründen nicht "einfach" in deutsche Altersheime einziehen, sondern benötigen eine "besondere" Integration, so die Presse. Wieder wird subtil den *Arbeitsmigranten* eine "Schuld" für ihre "besonderen ..." unterstellt; dabei wird ignoriert, daß das "Besondere" für MigrantIn normale Bedürfnisse sind, die von der Dominanzgesellschaft definiert, als "besondere" präsentiert werden.

Türken verbrennen
Während dessen werden im <u>Mai desgleichen Jahres</u> die vier Angeklagten von Solingen-Prozeß verurteilt (*Nur der Haß auf Ausländer ist ihnen gemeinsam*, FR 05.05.95). Über die vier Angeklagten vom Solinger Brandanschlag, "bei den fünf Menschen starben", heißt es bei der Urteilsverkündung: "Die Vorgeschichte hierzu lässt sich auf einen einfachen Nenner bringen: R. war als Kind so unglücklich, so verlassen und misshandelt, daß er die spielenden Kinder der im Haus schräg gegenüber lebenden türkischen Familie (...), die in jener Nacht des 28. Mai 1993 verbrannten, führten ihm vor Augen, was ihm als Kind vorenthalten worden war. Und so, wie er es bei Katzen oder Kaninchen geübt hat, mit denen er zunächst schmuste, um ihnen dann den Hals umzudrehen, so steigerte sich **sein Haß** auf diese >Mistviecher< - wie er sie einmal genannt hatte. Im Eggers [Gutachter González Gamarra] Fachjargon heißt das: Er **projizierte** >das eigene hassenswerte kindliche Selbst auf Katze und Türkenkinder<." (Ebd.) "Zugvögel" (1965), "Ameisen" (1966) und

„Mistviecher" und „Projektion" (1993) sind aktive Begriffe, wie sie seit Jahrzehnten eingesetzt werden. Die Presse hebt kaum hervor, daß von den fünf Verbrannten vier türkische Frauen bzw. Mädchen waren, die als Tiere betrachtet und dem eigenen Haß projiziert wurde, wie seit Mitte der 50er Jahren.

Mittlerweile verlangen Rechtsanwälte ein europaweites Vorgehen gegen Fremdenfeindlichkeit (*„Der Staat muß jede Diskriminierung unterbinden"*, FR 09.05.95) Beobachten wir genau diese Entwicklung, entdecken wir einen von der Presse gemachten Unterschied zwischen den verwendeten Begriffen Fremdenfeindlichkeit oder Ausländerfeindlichkeit. *Ausländer* können der semantischen Unterscheidung nach im Extremfall aus (Deutsch)Land rausgeekelt werden, denn sie kamen aus dem Ausland und sind nicht Deutsche, vermittelt die Etymologie. Doch *Fremde*, wie Juden vor 1945 oft betrachtet wurden, können nicht wie *„Ausländer"* behandelt werden. Denn sie sind letztendlich Nicht-Ausländer (*Lob der Gleichgültigkeit*, FR 23.12.98), sondern Deutsche. Damit wird eine Begriffsdifferenz oder Spaltung manifestiert innerhalb der Gruppe „Nicht-Deutsche". Der einst *gewählte Begriff Ausländer* (1965) wird nur noch als Schimpfwort benutzt und zwar vorwiegend gegen *Türken*, während die nächsten Forschungsarbeiten zur Migration publiziert werden (*„Ich habe keine Heimat"*, FR 17.10.98). Als Hauptpunkt stellen die meisten dieser Forschungsergebnisse fest: „daß die **Identität** dabei nicht nur hervorgehoben, sondern auch gefährdet wird." (Ebd.) Von **Stabilität** der Persönlichkeit und emotionale **Spaltungen** ist die Rede. Am Ende des Artikels wird festgestellt, was auf Seite 2 meines Aufsatzes vorangestellt wurde: „Die Sprache bestimmt die Erfahrungen der Welt, des Anderen und des Selbst. Sie liefert den Stützpunkt für die eigene Identität", schreibt der Autor.

Kopftuch (1999)

Januar 1999 meint Berlins *Ausländerbeauftragte* John zur doppelten Staatsbürgerschaft: „Selbstverständlich gibt es innerhalb der türkischen Wohnbevölkerung Erfolgreiche. Doch Tatsache ist, daß 30 Prozent der ausländischen Jugendlichen in Berlin keinen Schulabschluß machen und daher von Sozialhilfeempfängern unter den Zuwanderern auf neuen Prozent dramatisch gestiegen ist." (Ebd.) Aus dem Interview wird nicht deutlich, wen John meint, sind es *Türken,* oder nur *allgemein ausländische Jugendliche* oder *Zuwanderer*? Oder müssen jetzt keine „Grenzen" beachtet werden. Wie eingangs dargestellt, meinte Münz, daß eine *Begriffgrenze* einzuhalten sei, denn „Problemlösungen" hängen mit den Begriffsgrenzen eng zusammen. John weiter: „Für eine rationale politische Debatte ist es immer schwierig, wenn soziale Probleme ethnisiert werden können, das heißt, wenn sozial schwache Gruppen erkennbar sind, weil sie einer bestimmten Ethnie angehören. Das lässt sich nutzen, um Feindbilder aufzubauen..." (Ebd.) Doch die „Feindbilder" - Politik wird seit den 50ern innerhalb der Migrationpolitik betrieben. Als Beispiel, wie Integration möglich sein kann, führt John die USA mit der Zuwanderung an, die Gerda Lerner als sexistisch und rassistisch analysiert hat. John plädiert für die „Gewissheit", „daß die eigene kulturelle Tradition von der Aufnahmegesellschaft respektiert wird." (Ebd.) Sie fordert, was durch Fremdbestimmung vernichtet wurde und die FR fragt sie: „Für eine gelungene Integration in die deutsche Gesellschaft müssen moslemische Frauen demnach ihr Kopftuch nicht ablegen?" (Ebd.) Das **Kopftuch** ist etwas Erkennbares und wird zum „Problem" stilisiert, wobei der arabische Kaftan der Männer in den Basaren Berlins oder Frankfurt am Main nicht sichtbar zu sein scheint. Auch die männlich Kipa u.ä. Kleidungsstücke, nicht nur bei Moslems, scheinen unsichtbar zu sein. Doch John hat eine schnelle Antwort auf die Frage, ob moslemische Frauen ihr Kopftuch nicht ablegen müssen: „Selbstverständlich nicht. Das Fremde muß eine Heimat finden in Deutschland." (Ebd.) Festhalten möchte ich an dieser Stelle zuerst: Im Zusammenhang mit Türken ist von Ausländerfeindlichkeit die Rede. Das Kopftuch jedoch gilt **nicht ausländisch**, sondern als fremd und das Fremde soll einen Platz in diesem Land erhalten. Aber nicht die doppelte Staatsbürgerschaft, so John. „Mit doppelter Staatsbürgerschaft als ein großer Integrationsschritt zu werben, ist ein politischer Fehler. Doppelte Staatsbürgerschaft riecht nach Ungleichbehandlung und Besserstellung. Wie soll die Mehrheit [der deutschen Bevölkerung, Gonzalez] das verstehen? (...) Die Staatsbürgerschaft beinhaltet eine **innere Verpflichtung**, sich mit dem Land stärker auseinanderzusetzen, darüber sollte sich die Mehrheit freuen." (Ebd.) Doch, so können wir Johns Worte interpretieren: wer ein Kopftuch trägt, setzt sich nicht mit dem (Gast)Land auseinander? Die letzten Jahren der 90er sind vom Thema der doppelten Staatsbürgerschaft geprägt (*„Nicht hinnehmen, daß so viele im politischen Vakuum leben"*, FR 04.02.99), auf alle Facetten kann in diesem Rahmen nicht eingegangen werden. Während dieser Debatte kommt aber immer wieder die uralte **Angst** vor „Fremden", die keine sind, da sie nach *Gastarbeiter, Gastarbeiterin, Ausländer, Ausländerin* und *neuerdings MigrantIn* sind (*Ein starker Staat fürchtet sich nicht vor zwei Pässen*, FR 18.02.99). Eine dieser Ängste scheint unmittelbar mit dem „deutschen" **Grenzgefühl (72)**, das sowohl individuell wie auch kollektiv sein kann, verbunden zu sein. Wo sind die **deutschen Grenzen**, d.h. kulturell, politisch, ökonomisch und psychisch?

„Deutschsein"

Deutschsein als Schicksal (FR 10.02.99) scheint für Deutsche ein großes Problem zu sein und das nicht erst nach 1945, glauben wir der regelmäßigen Thematisierung des „Deutschseins" in der Presse. So wird in einem aktuellen Rückblick zum Reichstaatsangehörigkeitsgesetz von 1912/13 festgehalten: „In diesem Gesetz war unter anderem festgelegt, daß die Staatsangehörigkeit (...) nach zehnjährigem Aufenthalt im Ausland erlischt. Diese Regelung wurde mit Gründung des deutschen Reiches übernommen. Mit dem Entwurf eines >Reichs- und Staatsangehörigkeitsgesetzes< (...) gut vierzig Jahre später sollen Bestimmungen, >die nicht mehr der Entwicklung der politischen und wirtschaftlichen Verhältnisse innerhalb und **außerhalb** der **Grenzen** des deutschen Vaterlandes entsprechen, geändert werden<". Dieses Gesetz regelt das Verhältnis der Deutschen auch für außerhalb Deutschland und für kommende Generationen; z.B. durch die Wehrpflicht. D.h. „die zweite Generation um die Söhne der Auswanderer, die Deutschland nicht kennen; diese sollen die Heimat auf diesem Wege kennenlernen, sollen für die Heimat hier im Heere wirken und sollen hier auf deutschen Boden vaterländischen Geist atmen<. Auslandsdeutsche sollen also den vaterländischen Geist in der preußischen Armee kennenlernen- oder die Reichsangehörigkeit verlieren." (Ebd.) Deutscher zu sein ist kein politisches Gut oder eine Rechtskategorie, sondern eine biologische Konstante. Doppelstaatsangehörigkeit von Deutschen wird begrüßt, so der Autor, wenn sie Deutschland nützt (!). **Deutschsein** ist eine Eigenschaft, ein Persönlichkeitsmerkmal, von Geburt an und keine Entscheidung der Person, kein Willensakt, keine politische Option, sondern - Schicksal (...) Deutsche im Ausland sind eine fünfte Kolonne und daher ein schützenwertes Gut des Reiches." (Ebd.) In der Doppelstaatsangehörigkeit liegen zwei Aspekte vor, „sowohl im wirtschaftlichen Interesse dieser Deutschen als auch des Deutschen Reiches". Doch wenn es um die Doppelstaatsangehörigkeit für Nicht-Deutsche geht, sieht es anders aus seit 1912: „Zu den abgelehnten Anträgen der SPD gehören eine Einbürgerungsrecht für Kinder von Ausländern, die in Deutschland geboren, aufgewachsen und erzogen sind: >Denn solche Personen sind Deutschen<". D.h., Eingedeutschte haben definitionsgemäß nur eine Staatsangehörigkeit statt zwei wie die Deutschen im Ausland. Mit diesem kleinen Einblick in die „Vorgeschichte" zur Bildung der „deutschen" Identität in und außerhalb Deutschlands können wir die einseitige und egozentrischdominierte Debatte zur Doppelstaatsangehörigkeit Anfang des 20. Jh. in der BRD wieder erkennen, die sich bis ins 21. Jh. verändert hat. Weiter schreibt die FR: „Tatsächlich steht in Deutschland zur Zeit [1999] nicht die doppelte Staatsbürgerschaft, sondern die Staatsbürgerschaft an sich zur Debatte. Es geht darum, Mittel und Wege festzulegen, mit deren Hilfe der >Fremde< in die nationale Gemeinschaft einbezogen werden kann. Er soll die moralischen und politischen Werte dieser Gemeinschaft teilen, um seine vollkommene Einbindung in und seine Loyalität zu den Gründungsprinzipien des Staates unter Beweis zu stellen." (*Ein starker Staat fürchtet sich nicht vor zwei Pässen*, FR 18.02.99) Das beschriebene „Problem"? „Die Einbürgerung ist nur der letzte, rein juristische Schritt im Prozeß der Assimilation." (Ebd.) „Der Kampf um die Staatsbürgerschaft in Deutschland findet heute in Form von Verhandlungen über die doppelte Staatsbürgerschaft statt. Wie sie von den Türken in Deutschland gefordert wird, würde sie logisch begründet sein in einer Identität, die auf der nationalen Zugehörigkeit zum Geburtsland und dem Recht auf Staatbürgerschaft im Aufenthaltsland basiert." (Ebd.) Die Forderung nach der doppelten Staatsbürgerschaft von *Migranten, Migrantinnen* führt zu einer Reihe von Fragen, wie z.B. Trotz: „ob nicht gerade die ständige Betonung einer durch die Abstammung bestimmten deutschen Identität, die Nicht-Deutschen dazu bringen, sich ebenso zu betrachten, d.h. sich durch dieselben ethnischen Kriterien zu bestimmen, also durch ihre Herkunft aus einem anderen Land.

Wenn das politische Umfeld und der juristische Status auf dem Unterschied der Nationalitäten beharren, weil dies für die Bildung der kollektiven Identitäten wesentlich sei, dann führt das gerade zwangsläufig dazu, daß diese dann im Gegenzug auch von den Immigranten eingeklagt oder gar institutionalisiert werden sollen." (Ebd.) Anders formuliert: "Wo die politische Klasse vehement auf den laizistischen Prinzipien das Staates beharrt," rückt eine Gruppe von „Immigranten die Religion in den Mittelpunkt ihre Kampfes um Eigenständigkeit und Anerkennung.

Gerade aus dieser Logik heraus bilden sich ethnische >Minderheiten<: Türkische Staatsangehörige in Deutschland fordern die doppelte Staatsbürgerschaft, weil sie sich als ethnische Minderheit begreifen, deren **Bürgerstatus** es zu **verhandeln** gilt." (Ebd.) Doch mit der Anerkennung einer nationalen Minderheit (Türken) würde man den „Status des Ausländers strukturell festschreiben." (Ebd.) Wenn die Debatte (1999) um die doppelte Staatsbürgerschaft kreist, „dann hält man im Grunde nicht nur weiter an der Vorstellung eines >Anderswo< fest, das in die politische Gemeinschaft einzuführen wäre, sondern man stärkt auch die Vorstellung einer >nationalen Minderheit< mit getrennter Identität, die ihren Ausländerstatus selbst dann behielten, wenn sie rechtlich eingebürgert wäre. Dies läuft im Grunde nur darauf hinaus, die Bürger in >wahre< und >falsche< zu trennen." (Ebd.) Doch dieses Entweder-Oder würde die (**christliche**) Demokratie in Frage stellen. „Trotz der gesetzlich garantierten gleichen Rechte steht die Trennung der >Nationalitäten<, wie sie im gesellschaftlichen, politischen und medialen Diskurs praktiziert wird, der Identifikation der eingewanderte Bevölkerungsgruppe mit dem Staat und seinen Institutionen im Wege." (Ebd.) Das „ganze Problem" fasst der Autor zusammen: „Mehr als andere Staaten ist Deutschland wegen seiner Vergangenheit, deren Narben noch nicht verheilt sind, dem kritischen Blick des Auslands ausgesetzt. Den Begriff einer Nation aufrechtzuerhalten, in der Blutsbande maßgeblich wären, würde einen schweren Rückschritt auf dem Weg der Demokratie bedeuten, den Deutschland nach Kriegsende eingeschlagen hat; dies würde ein Mißtrauen in den Beziehungen zum Ausland hervorrufen. (...) Die wirkliche Herausforderung für Deutschland liegt heute darin, zu einer Identifikation mit seinen Institutionen, seinen Grundprinzipien und seinem Grundgesetz zu ermutigen, um denjenigen, die zukünftig in Deutschland leben wollen, zu helfen, ein Verantwortungsgefühl gegenüber dem politischen Leben und der neuen >Schicksalsgemeinschaft< zu entwickeln." (Ebd.) Diese aus „taktischen Erwägungen" gewünschte Identifizierung von Nicht-Deutschen mit der „Deutschen Vergangenheit" ist, unterstellt die deutsche Seite, kaum möglich, wenn *Ausländer* (Türken) einer Religion (Islam) nachgehen, die weder katholisch noch evangelisch ist und sie sogar äußerlich, z.B. durch das Kopftuch bei Frauen als Nicht-Deutsche sofort identifizierbar macht. Da aber immer mehr türkische Menschen einen türkischen Paß besitzen, einen türkischen Namen –„und eine andere Identität" (*Ein Kurde in Berlin*, FR 10.02.99), muß an diesem inkohärenten „Bild" gerüttelt werden. Zumindest, so die eine Seite, sollten Türken, nicht „türkisch" aussehen. Das Ergebnis hiervon: „Zur Klärung der drängenden Fragen nach Integration trägt die gegenwärtige Debatte nicht bei" (*Vom Elend des Kulturkampfes um die Staatsangehörigkeit*, FR 15.04.99) Lehnen *türkische Frau* ihr Kopftuch nicht ab, will die Debatten um Integration mit Zwang einen „Unwillen" bei diesen aufzeigen, wenn sie die von Deutschen definierten kulturellen Werte nicht annehmen. Doch was ist Kultur? (*Verhandelbare Diskursfelder*, FR 7.04.99)

„Deutsche" Kultur

„In dieser Debatte wird die Rolle vom >Kultur< für die Integration komplexer Gesellschaften beschworen. Doch diese Diskussion kreist um ein Phantom. Sie ist verstrickt in einem Kulturbegriff, der obsolet ist. Er trägt nicht dazu bei, die Probleme präziser zu fassen, sondern verstellt ganz im Gegenteil den Blick auf sie. (...) >Kultur< bezeichnet demnach ein geteiltes Gefüge (>System< oder >Struktur<) von Werten, Normen und Deutungsmustern (...) Schließlich ist dieses Gefüge nach **außen** klar **abgrenzbar** und eigenständig. (...) Das Problematische an diesem Kulturbegriff zeigt sich, wenn man versucht, ihn - etwa in Bezug auf die >deutsche Kultur< - zu füllen. Was sind eigentlich die geteilten Normen, Werte und Überzeugungen, die den >Kern< diese Kultur ausmachen? fragt der Autor. „Jeder Versuch, die Differenzen zu benennen und das Eigentümliche herauszupräparieren, endet unweigerlich beim Klischee – bei Ordnungsliebe, Sauerkraut und Lederhose." (Ebd.) Es ist also etwas was, nicht greifbar, also: „ein Phantom. (...) Nimmt man diesen Kulturbegriff zum Ausgangspunkt, dann wird man auch nicht in der Heterogenität, der Pluralität oder dem Nebeneinander von Kulturen ein Problem per se sehen. Es handelt sich schließlich um den Normalfall in einer komplexen Gesellschaft. Man wird aber ein Problem darin sehen, wenn größere Gruppen der Gesellschaft aus dem Diskursfeld ausgeschlossen oder ihnen nur **eingeschränkte** Partizipationsrechte gewährt werden", so die FR. „Nicht die Pluralität von Weltanschauungen und Überzeugungen ist ein Problem, sondern die **eingeschränkte** Kommunikationsfähigkeit. (...) Wenn man Kultur unter diese Perspektive fasst, dann erledigt sich auch eine andere Angst, die gegenwärtig im Zusammenhang mit der **Erweiterung** der Staatsbürgerschaftsrechte auftritt – nämlich die (...) zirkulierende (oder geschürte) Befürchtung, von einem homogenen Block von Immigranten majorisiert zu werden. Tatsächlich stellt die Kultur der Deutsch-Türken ein ebenso komplexes Diskursfeld dar, wie das der deutschen Kultur – in sich ebenso pluralistisch, differenziert (und zerstritten) wie das Diskursfeld >deutsche Kultur< insgesamt". D.h. gerade die Befangenheit in dem traditionellen Kulturbegriff könnte desintegrative Wirkung entfalten, „weil unnötige Grenzen, wenn nicht gar Fronten erreichtet werden." (Ebd.) **Grenzen, falsch** gesetzt **(73)**, führen zur Desintegration, d.h. Ausgrenzung und zeigen ein Bedürfnis nach „falschen" Grenzen. Doch: *Auch die Einwanderer sind das Volk* (FR 07.05.99). Dieses sehr heterogene Volk, wobei der Begriff „Volk" keine genaue Grenzen besitzt, da Grenzen eher im Zusammenhang mit Nation (geographische Grenzen), Nationalität (Verfassungsgrenzen) stehen (DIE BRÜCKE 123, S.32), wird zunehmend in deutscher Regie (gegen Türken) definiert. Diese Untersuchung hält vier (**indirekte**) Grenzen **(74)** fest: 1. Integrative Traditionslinien der deutschen Kultur; 2. Ethnisierend-abgrenzende Traditionslinien der deutschen Kultur; 3. Reaktive Defensivkulturen von Einwanderern und 4. Partizipationsorientierte Einwandererkulturen. Anders formuliert, Deutsche benötigen aus irgendeiner Angst, auch falsche Grenzen, d.h. sie sind z.B. gar nicht so offen, wie sie vorgeben zu sein.

Weiter: „Die gegenwärtige Problematik manifestiert sich am stärksten in den ethnisierenden Fraktionen der deutschen Kultur, da diese im Unterschied zu entsprechenden Einwandererkulturen Machtmittel haben, Ethnisierung durchzusetzen. (...) Das substanzialistische Abstammungsdenken, wie es in den zwanziger Jahren Menschen mit polnischer und jüdischer Herkunft ausgegrenzt hat, schimmert im übrigen heute mit Bezug auf Menschen türkischer und islamischer Herkunft durchaus noch durch." (siehe oben, FR 07.05.99) Auch der deutsch-türkische Zafer Senocak stellt fest: Deutsche haben **Angst**, den Türken die doppelte Staatbürgerschaft zu geben. Senocak: aber, „ich verstehe dies Angst nicht." (Ebd.) Vereinfacht hypothesiert: wenn in Deutschland kein „stabiles nationale Selbstwertgefühl" existiert, wächst schnell die Angst (bei Bedarf vor Fremden), so daß aus der Angst heraus, „Fremde" durch Fremdbestimmung (mit Sprache) im permanenten „fremden" Zustand gehalten werden, wodurch „Deutsche", so die Analyse, aus einem „Unterlegenheitsgefühl" ein „Überlegenheitsgefühl" (eine Grenze) erzeugen, das sie durch Projektion ihrer Ängste stabilisieren. Im obigen Artikel zum „Deutschsein" lesen wir weiter: Das einst „nationale Unterlegenheitsgefühl" wurde nicht nur 1912 gegen Polen und Juden „projiziert und verfiel so an der Oberfläche umgekehrt in demonstrativen Überlegenheitsanspruch", sondern gilt m.E. auch 1999 als Ausschlußmechanismus gegen Ausländer, die mit „der Projektion eigenen Verhaltens gegen andere" erreicht wird. Doch jeder „Ausschluß, (...) erschwert die affektive Bindung und Identifikation mit der Einwanderungsgesellschaft und fördert daher Rückzugstendenzen und Selbstethnisierungsprozesse." (Ebd.) Seit der 90er Islam-Debatte nehmen „sichtbare" Selbstethnisierungsprozesse zu, die bis in die 80er kaum eine Rolle gespielt hatten, wie das Kopftuchtragen. Denn wer ein Kopftuch trägt, zeigt eine - wie auch immer bezeichnet- **äußerliche Grenze des eigenen Ichs** gegenüber der Dominanzgesellschaft, die aus Erfahrung jede Grenzen auslöscht auch mit „Entblößung". Während der 90er, der zunehmenden Sichtbarmachung dieser (hier türkischen) Grenze und der zunehmenden (deutschen) Arbeitslosigkeit fordert die CDU (mit Verschiebung) -„**symptomatisch**" - Grenzen! (75) („*Die Zuwanderung in die Bundesrepublik muss begrenzt werden*", FR 11.06.2001). Aus dem oben genannten Einwanderungskonzept geht also m.E. nur ein **deutsches Grenzproblem** (76) hervor: „Zuwanderungspolitik und Integrationspolitik können nur dem gelingen, der sich seiner eigenen nationalen und kulturellen Identität gewiss ist. (...) Wir Deutsche haben auf der Grundlage der europäischen Zivilisation im Laufe der Geschichte unsere nationale Identität und Kultur entwickelt, die sich in unserer **Sprache** und in Künsten, in unseren **Sitten** und Gebräuche, in unserem Verständnis von Recht und Demokratie, von Freiheit und Bürgerpflicht niederschlägt. Deutschland gehört zur Werte Gemeinschaft des **christlichen** Abendlandes." (Ebd.) Das „Christliche" bestimmt, nach dem alle bisherigen identitätsbildenden Fakten ausgelöscht wurden, die nächste „**eigene**" **Grenze** (77) und letztendlich welche Menschen „Europäer" sind und welche ausgeschlossen werden. Doch, so der Text weiter, es geht nicht nur um „Begrenzung oder Erweiterung der Zuwanderung", sondern darum, „welche Zuwanderung künftig nach Deutschland stattfinden soll." (Ebd.) Es wird also das „Christliche" als Grenze vorgeschoben, was das „Islamische" ausschließt, obwohl es um eine ganz andere „Selektionsform" geht. Denn buddhistische IT-Spezialisten aus Indien oder islamische Eriträer sind nicht christlich, werden aber eindringlich aufgefordert zum Arbeiten in die BRD einzureisen. Mit „Christlichem" wird also eine Grenze vorgegeben, die eine andere „Grenze" verdecken soll. Weiter im Artikel über Grenzen: „Diese Zielsetzungen werden begrenzt und definiert...(...) Auch in diesen Bereichen müssen aber die Grenzen der Aufnahmefähigkeit und - bereitschaft beachtet werden. (...) Das Bestehen verfassungsrechtlich begründeter Zuwanderungsansprüche schließt eine Begrenzung der Zuwanderung mit Blick auf die Grenzen der Aufnahmefähigkeit der Bundesrepublik Deutschland nicht aus. (...) Im Bereich der Höchstqualifizierten ist davon aus zugehen, dass ein weltweiter Wettlauf um die besten Köpfe stattfinden wird. Diesen wird die Bundesrepublik Deutschland nur erfolgreich bestehen, wenn sie für diesen Personenkreis im Vergleich zu anderen Ländern attraktive Zuwanderungs- und Aufnahmebedingungen bietet. (...) Besonders qualifizierte ausländische Absolventen deutscher Hochschulen sollen auf Dauer in Deutschland bleiben können. (...) Im Bereich gering qualifizierter Tätigkeit besteht kein dauerhaftes Zuwanderungsbedürfnis." (Ebd.) Es geht bei der CDU um einen „Zuwanderungsbegrenzungs- und Integrationsgesetz." (Ebd.) Eindeutig um ökonomische und politische Interesse, die über immer wieder „neue" definierten Grenzen, hier moslemische IT-Spezialisten mit allen Mitteln in das elitäre (Deutsche)Land holen möchten, um z.b. keine Menschen auszubilden und moslemische Kopftuchträgerinnen, die nach der „Kulturdefinition" zu keinem Mehrwert der deutschen Wirtschaft beitragen, sondern zur Verunsicherung der „deutschen Identität", auszuschließen, womit der Sexismus und Rassismus offen vorliegen. So stellt Julia Eckert fest: *Religiöse Werte sind nicht das Problem* (FR 24.09.02). Eckert meint, es geht nicht um **Unverhandelbarkeiten** von (religiösen) Werten. „Nicht die Unverhandelbarkeit erzeugt den Konflikt, sondern Konflikte, aus welchen Interessen auch immer entstanden, erzeugen Unverhandelbarkeiten. Diese sind oft nicht die Ursachen von Konflikten, sondern eine Mittel in ihnen, das den Konflikt auf Dauer stellt." (Ebd.) Aus dem Konflikt können „Ehre, Macht und Gefolgschaft" gewonnen werden. „Konflikte mobilisieren; sie generieren die Themen, um die sich soziale Bewegungen gruppieren. Sie konstituieren Gegner, aber auch Gemeinschaften." (Ebd.) *Unverhandelbarkeiten* ist „häufig das Mittel, eine Regelung des Anliegens in irreale Welten oder Zeiten zu verlagern." (Ebd.) Und damit „eine Bewegung in Bewegung bleibt, braucht sie den Konflikt. (...) Nicht die religiösen Gefühlen sind >Anliegen< des Konfliktes, sondern umgekehrt: Anliegen der Akteure ist die Unverhandelbarkeit des Konflikts selbst, die über die angebliche Unhintergehbarkeit der Religion hergestellt wird. (...) Es waren meistens soziale und politische Bewegungen, die Unverhandelbarkeiten zum Thema machten. (...) Unverhandelbarkeitspostulate konstruieren als den Konflikt; sie konstruieren ihn noch dazu als einen essenziellen und existenziellen Konflikt, (...). Wo Kollektive über Werte definiert werden, geht es ums >Wesen<", so Eckert. „Es ist die Schmitt´sche Unterscheidung von Freund und Feind, die hier Identität eines Volkes konstituiert. Unverhandelbarkeit dient als Vereinigungsmodus, weil Unverhandelbarkeit klare **Gruppengrenzen** zieht und eine Hierarchie der Relevanz von sozialen Konflikten behauptet, in der alle anderen Konflikte hinter der Eindeutigkeit des Unverhandelbaren verschwinden. (...) Gewalt wird besonders oft zum Mittel, unverhandelbare Konflikte auszutragen, denn wo nicht verhandelt wird, kann man sich nur vermeiden oder kämpfen. (...) Gewalt übergeht individuelle, hybride, multiple oder universalistische Identifikationen (...). Sie zwingt Menschen, sich ihren Kategorien unterzuordnen", so Eckert. Auf dieser ökonomisch interessenbezogenen Folie entstand m.E. die sexistische und rassistische „Kopftuchdebatte".

Fazit (2004):

Wenn über Jahrzehnte eine „negative Identitätszuschreibung" wie *Gastarbeiter & Gastarbeiterin, Ausländer & Ausländerin, MigrantIn* vorgeschrieben wird, auf die unmöglich selbstbewusst und bestimmend aufzubauen ist (*Auf eine negative Identitätsbildung zu bauen ist unmöglich*, FR 27.09.02), bleibt die Spitze der Auseinandersetzung am zugespitzten „Konflikt" stehen; ein Konflikt der immer wieder mit allen Mitteln genährt wird, z.B. neuerdings mit dem 11. September. Der „Konflikt" mit der (größeren) Nicht-Deutschen Gruppe von Menschen ist, wie oben zu sehen war, nichts Neues. Doch Macht aus Angst vor ihnen haben zu möchten und Kontrolle aus Angstverlust ausüben zu wollen, schürten immer wieder diesen „Konflikt" („*Die Kontrolle der Moscheen-Vereine ist richtig und wichtig*", FR 01.10.02), der an erster Stelle geschlechtsdominiert ist, wie die Begriffsentwicklung zeigt, womit der Sexismus an erster Stelle steht. Denn während Ethnie systematisch ausgelöscht wurde über 40 Jahre lang, wird gerade dieser Aspekt, als „kultureller Hintergrund" zur Begründung für „strafmildernde" Maßnahme im Fall eines Libanesen berücksichtigt, der seine Frau und Tochter fast zu Tode geprügelt hat (*Die ganz normalen Schläge des Ahmed M.*, FR 04.10.02). Wir sehen erstens: das **Patriarchat** hält - ethnienlos - zusammen, wenn es um die Unterdrückung von Frauen geht - egal welcher Nationalität. Mit zunehmenden Diskussionen über Integration „Ja-Nein" nimmt die Debatte um das Kopftuch zu, während EU-Forschungen wachsende **soziale Ausgrenzung** von **Ausländern** in **Europa** bemängeln (*Wenn der Fremd zum Feind wird und Populisten Gehör finden*, 11.12.02). „Nach dem Scheitern des Zuwanderungsgesetzes" fasst die FR zusammen: „Die deutsche Einwanderungsgeschichte stand seit jeher im Zeichen eines imaginierten Identitätsverlustes." (Ebd.) Es geht also in der „Ausländerpolitik" immer wieder nur um die (**deutsche**) **Identität (78)**. Anders formuliert: um Grenzen. Die FR weiter: Unterstellt man, daß es in der Einwanderungsdebatte, die deutsche Bevölkerung nach Interessen gespalten ist, so ist zu klären, um „welche Einschluss- und Ausschlussmechanismen greifen sollen. (...) Die Zuwanderungskommission kam deshalb zu dem Schluss, dass eine -gesteuerte- Zuwanderung unerlässlich ist, um die Bedürfnisse des Arbeitsmarktes zu befriedigen und die Funktionsfähigkeit der Sozialversicherungssysteme zu erhalten." (Ebd.) Aber warum reichen diese Argumente nicht aus, um die Gegner der Zuwanderung zum Umdenken zu bewegen? fragt die Presse. „Eine Antwort könnte lauten, dass der Kern des Unbehangens in einem imaginierten Identitätsverlust liegt." (Ebd.) Dieser **Identitätsverlust** (diese Angst), ob imaginär oder konkret, „lässt eine aktive Öffnung nach Außen kaum zu"; d.h. die ganze „wir sind eine >offene Gesellschaft<" -

Debatte ist nur eine von den großen **Lügen** und das besprochene Konzept "weckt schnell Befürchtungen, dass damit auch >Identität< verloren gehe. (...) Die Wahrnehmung, dass der >Fremde< anders ist, lässt andere Differenzen in den Hintergrund treten, Differenzen, die wir nicht (mehr) sehen, weil wir uns schon an sie gewöhnt haben." (Ebd.)

Auf die „Identität" und „Verlust"-Debatte gibt der Wirtschaftsnobelpreisträger Amartya Sen, der durch Einführung **ethnischer Kategorien** in die Wirtschaftswissenschaft berühmt wurde, eine Antwort (*„Wir sind alle Weltbürger – dazu gibt es heute keine Alternative"*, FR 02.01.03); er zitiert in einem Interview die Arbeit seines Freundes und Professor Akeel Bilgrami >What is a Muslim< und argumentiert: „dass sich unter den Bedingungen unsere westlichen und besonders nichtwestlichen Intellektuellen vielfach als >das andere< oder >die anderen< begreifen, dass sie also ihre eigene Position über den Gegensatz zu dem, was sie nicht sind, definieren. (...) Der Westen übt einen dominierenden Einfluss auf die Art und Weise aus, in der sich nichtwestliche Kulturen wahrnehmen, und dies gilt besonders für den Islam, vor allem angesichts der Tatsache, dass der Islam vor nur tausend Jahren selbst die dominante Weltmacht war. Dies führt zur **reaktiven Verneinung**", also (aus Angst) zum Mangel an Toleranz für eine andere Kultur. Doch in anderen Nationen wie in der Türkei, sagt Sen, gibt es „eine lange Tradition der Toleranz". „Die falsche Beanspruchung der Toleranz als exklusiv westliche Tugend stößt den Rest der Welt in eine falsche Richtung", meint er. „Dadurch, dass sich der Westen des ganzen Kredits für all diese Dinge bemächtigt hat, schuf er eine Atmosphäre, in der viele Menschen, auch Muslime in nicht-westlichen Gesellschaften, ihren **Stolz** nur noch in **religiösen Kategorien** verteidigen können, ohne über ein umfassenderes kulturelles Verständnis ihrer eigenen Zivilisation zu verfügen"; anders formuliert: je länger und intensiver die Bundesrepublik gegen eine „große" ethnische Gruppe der Nicht-Deutschen, identitätsauslöschend vorgeht (z.B. Zwang zum Kopftuchverbot, das Frauen versucht, durch „Entblößung" Grenzen zu setzen) solange wird der „Konflikt" von dem Eckert schreibt, genährt, mit dem Macht demonstriert und Kontrolle ausgeübt wird. Mit Sen's Worten möchte ich diesem Beitrag abschließen: „Wir besitzen viele unterschiedliche Identitäten, die mit Religion, Sprache, Kultur, Nationalität, Bürgerschaft, Beruf, politischer Überzeugung zu tun haben. Häufig rührt die Insularität daher, daß wir eine dieser Kategorien privilegieren und die anderen dabei übersehen. (...) Nur eine dieser Identitäten, zum Beispiel die religiöse, zu privilegieren, reduziert uns menschliche Wesen, weil wir viel größer sind, als dieser Versuch nahe zu legen versucht. Damit soll Religion natürlich nicht verunglimpft werden, denn Religion nimmt innerhalb unserer Gesamtidentität einen sehr großen Platz ein. Aber Religion stiftet eben keine alles umspannende Identität und kann sie auch niemals stiften." (Ebd.) Grenzen-setzen ist heute dringend erforderlich. Doch wo und wie Grenzen gesetzt werden müssen, dürfen ..., muß neu -und nicht allein von der BRD- bestimmt werden.

Vermerk: Als ich begann für den *2. Kongreß internationalen Frauen 2004*, die Begriffsentwicklung *Gastarbeiter (1964), Ausländerin (1984), MigrantIn (2004)* zu analysieren, wollte ich nur wissen, ob sich wirklich viel, wenig oder gar nichts in den letzten 40 Jahren besonders für Frauen in der BRD verändert hat. Doch dann stellte ich viele „interessante" politische, ökonomische, psychische und psychologische Aspekte fest, auf die ich dann beschloss, sie soweit wie möglich auszuführen und festzuhalten. Und nachdem eine Reihe Referentinnen auf die Veröffentlichung ihrer Arbeiten zum *2. Kongreß* in der Dokumentation verzichtet haben, erlaube ich mir den Platz von drei Referentinnen in Anspruch zunehmen, für die etwas ausführlichere Begriffsanalyse, bei der ich mich bemüht habe, alle im Seminar enthaltenen Frauengedanken einzuflechten, wobei ich beim 2. Kongreß das gleiche Fazit wie beim 1. Kongreß wahrnehme: „Ein wirklicher Dialog unter den anwesenden Personen fand nicht statt." (Huth-Hildebrandt, S. 8)

Zur Person: María del Carmen González Gamarra, geboren 1956, Santa Fé, Spanien. Seit 1965 in der BRD. Seit 1981 in Frankfurt am Main. Auf dem Zweiten Bildungsweg Studium der Philosophie. Hält Vorträge zu Themen: Identität, Prostitution, Atompolitik. Schreibt

Kurzgeschichten. Veröffentlichungen in Anthologien. Politische Aufsätze in feministischen Heften. Essays.

Ausgewählte Publikationen: die babies • Prostitution 9 - Die Grenzproblematik oder: Das Problem mit der Prostitution ist die Nachfrage, d.h. die männliche Identitätsbildung • Die Creme • Wohin geht der Wandel lesbischer Sexualität und Identität - wenn es eine lesbische Sexualität und eine lesbische Identität gibt? • Der 11. September 2001. Oder: Das Ergebnis einer „gestörten" Identität • Die Entscheidung (Anthologie) • die würmer • 1984-2004 oder: Ein Beispiel für die Wiederkehr des Anachronismus • Meine Mutter (Romanfragment)

Kontakt: Tel.: 069-96201449

Diskussion über die Erfahrungen von Frauen Ost und West, *Dr. Monika Brockmann (LISA, *)* (liegt kein Text vor)

Was macht Frauen krank?, *Ute-Marie* **Bauer** *(*)*

Inhalt: Unsicherheit für die Frauen und die Kinder, Kriege, Verschmutzung unserer Luft, Wasser etc. - Einsparungen der Hilfen für Frauen und Kinder. - Lärm und Schnelligkeit: Aller Lärm dem wir ausgesetzt sind, suggeriert Schnelligkeit und ist nicht unser Rhythmus, wir haben den eigenen Rhythmus verloren. – Die Kreativität: die Frauen durch monotone Arbeit nicht ausleben können. Das eigene Potential wird quasi erstickt durch die heutigen Lebensbedingungen. – Schulmedizinische Versorgung ist ein Pflaster für die Symptome, sie geht nicht an die Wurzeln. – Es gibt nicht genug Austausch zwischen Frauen untereinander über diese Problematik, so kommt alles in einen großen Topf, wird zugedeckt, und irgendeinmal explodiert der Topf, es kommt zu körperlicher und psychischer Krankheit. – Heilung wäre, sich den ganzen Zivilisationsfrust und den damit verbundenen Ängsten, Trauer, Wut einmal anzuschauen, sich der Konditionierung und Besetzung, denen wir ausgesetzt sind, klar zu werden, und das kann Kraft geben, Dinge zu ändern.

Zur Person: Ute-Marie Bauer. Sie ist Heilpraktikerin mit den Schwerpunkten manuelle- und Psychotherapie. Ausbildung in Amerika in tibetischem Yoga, Kum Nye. Ausbildung in Hypnotherapie und 4jährige Ausbildung in buddhistischer Psychologie mit Tarab Tulku, (Unity in Duality). Lehrerin für T`ai Chi, Chi Gong und Kum Nye.
Kontakt: Tel. 069-682958

„Eindrücke und Erlebnisse des Weltfrauentags", Silvia **Sternberger**

Liebe Frauen,

ich danke Euch für Euer freundliches Schreiben. Ich schreibe einfach rundheraus aus dem Freien ohne Rücksicht auf formale Textgestaltungsvorschriften, ich habe auch nicht so viel zu berichten. Ich bitte dies zu entschuldigen.

Ich hatte nicht so viel Zeit für den Kongress, weil ich an diesem Wochenende Dienst hatte. Trotz allem hat mir die Atmosphäre im Café sehr gut gefallen, der Aufenthalt dort war entspannt und interessant zugleich, weil man Frauen getroffen hat, die aus demselben Grund anwesend waren wie ich.

Es gab vieles Interessantes zum Lesen, frau fühlte sich ernst genommen und frau könnte weitere Veranstaltungen besuchen und Kontakte knüpfen. Die Podiumsdiskussion war sehr eng mit der Wirklichkeit verbunden, so dass Solidarität zwischen Frauen zu verspüren war und Wichtigkeit bekam.

Mein Arbeitskreis war nur von zwei Frauen besucht und trotz allem bewegt. „Was macht Frauen krank", ein Thema was mich als Pflegerin sehr interessiert. Dazu muss ich sagen, dass mich auch das Thema „was macht Menschen krank" interessiert aber das ist in diesem Fall unwichtig. Ich hatte einen aufschlussreichen Vortrag von der anwesenden Heilpraktikerin (Name ist mir entfallen) gehört.

Eigene Probleme hat unsere Dozentin wegen mangelnder Teilnehmerzahl auch aufgegriffen, was für mich sehr angenehm war. In diesem Zusammenhang ist mir wieder angenehm aufgefallen, was uns Frauen alle betrifft und uns Frauen Probleme macht."

Frauenwelt – Männerwelt oder Fremdattribution (vollständiger AG-Text)
Pourandokht Maleki (*)

Inhalt: Viele Menschen wissen noch nicht, genauso wie die Krankenkassen, wie groß der Unterschied zwischen innerer und äußerer Bewegung ist. Die Bewegung, die Menschen in Fitnessstudios treiben, betrifft nur die äußere Muskulatur, wobei die Tanztherapie die inneren und auch äußeren Veränderungen beeinflussen kann. Sie kann die Gefühle, den Ausdruck und die Körperhaltung und Körperwahrnehmung bewusst machen.

Was ist Tanztherapie? Tanztherapie ist von ihrem Ursprung her eine integrationsfördernde psychotherapeutische Methode zur Behandlung von psychischen und psychosomatischen Störungen.

Darüber hinaus kann sie in präventiven und angrenzenden Bereichen entwicklungsanregend, stützend und fördernd eingesetzt werden.

Ziele der Tanztherapie: Ziele sind z.B. u.a. Förderung des persönlichen Bewegungsausdrucks.

Verbesserung der leiblichen Selbst- und Fremdwahrnehmung sowie Verfügbarmachung ganzheitlicher Erfahrungen.

Geschichte der Tanztherapie: In Deutschland beginnt Sich Tanztherapie seit 1980 in verschiedenen Berufsfeldern zur verbreiten. Es gibt auch hier nicht „die Tanztherapie", vielmehr gibt es Tätigkeitsfelder im Rahmen klinischer Settings. In tanztherapeutischen Teams oder pädagogisch/therapeutischen Anwendungen außerhalb der Heilkunde. Eine eigenständige Entwicklung der Tanztherapie als Methode steht in Deutschland in ihrem Anfangen.

Im Workshop können sich die Frauen über die Möglichkeiten der Tanztherapie und Körperausdruck informieren und sie dürfen Leib als Soziale Realität erleben."

„Frauenwelt - Männerwelt". Vorführung der Tanztherapie: 30 - 45 Minuten

Zur Person: Pourandokht Maleki, geboren 1950. Ich bin politisch engagiert. Parteilose. Autonome Iranerin, die seit 1982 in Deutschland lebt und für eine menschenbezogene, antirassistische und religionsfreie Weltpolitik ist.
Kontakt: pouran@mcff.de

Kultur-Abend

Im KOZ sitzen, essen und unterhalten sich rege internationale Frauen vor den Kulturbeiträgen.

Moderation: Lala de **Brito**

Wir eröffnen diesen Kulturabend mit einem Frauenchor der seit nunmehr 20 Jahren besteht und in dem gegenwärtig zweiundzwanzig Frauen ihre Stimmen erheben. Gegründet wurde er in einer Zeit, in der Frauen-, Frieden- und Gewerkschaftsbewegung das Gesicht der Gesellschaft prägten. Da nun die Zeit des Sprücheskandierens vorerst vorbei ist, setzt **AMANDA TAKTLOS** auf die Präzision von Zwischentönen, wenn gleich sich an der Intension nichts geändert hat, die - in Anlehnung an die Slogans der Frauenbewegung - lautet: Frauen gemeinsam erarbeiten ein Programm und präsentieren es der Öffentlichkeit. Neben der Freude am schönen Ton, ist der leitende Aspekt bei der Auswahl der Lieder, die Vielfalt weiblichen Lebens aufzuzeigen, von der

Liebe über die politische Stellungnahme bis zum Drang nach persönlicher Freiheit. Um dem gerecht zu werden, bietet AMANDA TAKTLOS eine breite musikalische Palette über Kreisler, Holländer, Weil und Nina Hagen bis zu schottischen, jiddischen und italienischen Liedern. Geleitet wird der Chor von Uschi Mühlberger.

AMANDA TAKTLOS, Bühne im Festsaal der Goethe- Universität - Frankfurt

Gum-Hi Song-Prudent, ist in Südkorea geboren und kam 1970 nach Deutschland. Zeit 23 Jahren ist sie in der koreanischen Frauengruppe aktiv. Sie ist Psychologin, Gestalttherapeutin, und sie wurde 1997 zur Schamanin initiiert.

Der koreanischen Kultur gilt ihr besonderes Interesse. Seit Anfang der 80er Jahre unterrichtet sie verschiedene Jugendgruppen in koreanischer Bauernmusik sowie in koreanischen Tänzen. Sie ist mit verschiedenen koreanischen Bauernmusikgruppen und als Gesangs- und Perkussionssolistin auf verschiedenen Veranstaltungen aufgetreten. Derzeit unterrichtet sie eine Gruppe deutscher Frauen. Diese Trommelgruppe SONAGBI – PLATZREGEN wird den letzten Teil ihrer Aufführung mit bestreiten. Gum-Hi Prudent wird zwei

Lieder interpretieren. Das erste, ein Gedicht des koreanischen Dichters Kim CHI-HA wird von Frau Cho-Ruwwe, ebenfalls Mitglied der koreanischen Frauengruppe, für uns ins Deutsche übertragen.

Gum-Hi Song-Prudent

Flamenco, traditioneller Gesang und Tanz in Andalucia, Südspanien, entstand im Laufe von Jahrhunderten, in Tradition der Zigeuner, Araber, Andalusier und anderen Einflüssen. Man unterscheidet zwischen drei Stilarten: El Cante Grande oder Hondo ist kontrastreich und dramatisch in der Stimmführung, wechselnd in der Rhythmik. El Cante Intermedio ist gemäßigt ernst. Die Musik klingt hier manchmal orientalisch. Der Cante Chico ist einfach. Leicht. Mehr ländlicher Stil.

Ritmo Flamenco ist in dem spanischen Elternverein in Frankfurt am Main – Heddernheim angesiedelt, und besteht aus Teilnehmerinnen der drei Flamencokurse die dort angeboten werden unter Leitung und Regie von Susana Maurenza. Die Flamencotänzerinnen, die Jüngste 4, die älteste 19 Jahre, präsentieren nun: Sevillanas, Guajiras, Fandango, Sevillanas, Tango, Alegria und Rumba.

Flamenco, Spanischer Eltern Verein Nordweststadt Frankfurt am Main

Aline Barthélemy, geboren in Frankreich, ist seit 26 Jahren Bremerin. Die allein erziehende Mutter, der kleinen Celine ist von Beruf Lehrerin. Sie unterrichtet Französisch und Spanisch an der VHS, ist Lehrbeauftragte an den Universitäten Bremen und Oldenburg sowie an der Hochschule Bremen. Aber ihre Leidenschaft ist die Musik. Ich habe immer gerne Musik gehört und gesungen. In der Schule sang ich im Schulchor, später als Erwachsene in verschiedenen Chören. Besonders wichtig war für mich die Erfahrung, im ehemaligen Solidaritätschor in Bremen und dadurch die Begegnung mit fremden Liedern und den Menschen aus verschiedenen Kulturen. Manchmal trifft mich ein Lied ins Herz. Ich weiß: das muss ich auch singen.

Heute singt sie für uns Lieder aus Kurdistan, Armenien, Frankreich, Iran, Italien und einen Fado, und dazu wird sie noch etwas sagen.

Aline Barthélemy

Pourandokht Maleki bestreitet den letzten Teil unseres Programms. Pourandokht ist Tanztherapeutin.

Im Jahr 2002, als ich meine Abschlussarbeit für die Tanztherapie geschrieben habe, sagte sie, ist ganz spontan „Raumerlebnis mit kulturellem Hintergrund" zu meinem Thema geworden. Dabei ist mir bewusst geworden, dass ich eigentlich während der 20 Jahre meines Aufenthaltes in Deutschland nicht richtig meinen Raum nutzen konnte, um zu sagen, was mir hier fehlt, dadurch bin ich auf die Idee gekommen, in meinem Ausdruckstanz zu zeigen, was ich hier vermisse.

Pourandokht Maleki bringt uns drei verschiedene Tänze auf verschiedene Musikarten von ihr improvisiert. Die Kostüme sind ebenfalls ihre Kreation. Vorher, aber, lese ich auf ihren Wunsch, ein Zitat von Madeleine Mahler.

Pourandohkt Maleki

Selbstvorstellungen der Künstlerinnen bzw. Künstlerinnengruppen

AMANDA TAKTLOS

ist ein Frauenchor, der seit nunmehr 20 Jahren besteht und in dem gegenwärtig einundzwanzig Frauen ihre Stimmen erheben. Gegründet wurde er in einer Zeit, in der Frauen-, Friedens- und Gewerkschaftsbewegung das Gesicht der Gesellschaft prägten. Da nun die Zeit des Sprücheskandierens vorerst vorbei ist, setzt Amanda Taktlos auf die Präzisierung von Zwischentönen, wenngleich sich an der Intention nichts geändert hat, die – in Anlehnung an die Slogans der Frauenbewegung – lautet: Frauen gemeinsam erarbeiten ein Programm und präsentieren es der Öffentlichkeit.

Neben der Freude am schönen Ton, ist der leitende Aspekt bei der Auswahl der Lieder, die Vielfalt weiblichen Lebens aufzuzeigen, von der Liebe über die politische Stellungnahme bis zum Drang nach persönlicher Freiheit. Um dem gerecht zu werden, bietet Amanda Taktlos eine bereite musikalische Palette über Kreisler, Holländer, Weill und Nina Hagen bis zu schottischen, jiddischen und italienischen Liedern.

Kontakt: Amanda Taktlos. c/o Ursula Mühlberger. Laubestraße 32. 60594 Frankfurt am Main. Tel.: 069-615187. E-mail:umuehlberger@debitel.net

Ritmo Flamenco

Wir sind eine spanischer Elternverein der vor 24 Jahren in Frankfurt am Main-Heddernheim gegründet wurde.

Für die Kinder und Jugendlichen bieten wir neben anderen Aktivitäten vor allem Flamencounterricht. Eine wichtige Funktion unseres Vereins sehen wir in der Integration von Kindern und Jugendlichen im alltäglichen Miteinander von deutschen und ausländischen Mitbürgern. Deshalb bieten wir unseren Flamencounterricht Kindern und Jugendlichen unabhängig ihrer Nationalität.

Flamenco, traditioneller Gesang und Tanz in Andalusien (Südspanien). Er entstand im Lauf von Jahrhunderten aus Traditionen der Zigeuner, Mauren, Andalusier, und anderen Einflüssen. Man unterscheidet zwischen drei Stilarten. Der Cante Grande oder Hondo ist kontrastreich und dramatisch in der Stimmenführung, wechselnd in der Rhythmik. Der Cante Intermedio ist gemäßigt ernst, die Musik klingt hier manchmal orientalisch. Der Cante Chico ist einfacher, leichter, mehr ländlicher Stil. Text und Melodie der Lieder und des Tanzes werden innerhalb der traditionellen Strukturen zu den charakteristischen Rhythmen und Akkorden improvisiert. Zapateo, komplizierte Ferse-Spitzeschritte mit Geräuschen, ist Hauptbestandteil des Tanzes. Die Kastagnetten (Castañuelas), die im andalusischen Tanz verwendet werden, sind im Flamenco nicht üblich.

Der Unterricht findet wöchentlich statt. Wir haben 3 Unterrichtsstunden, jede Gruppe darf bei den anderen mitmachen.

Die Tanzlehrerin heißt Susana Maurenza. In der Gruppe Ritmo Flamenco tanzen Mädchen aus allen drei Gruppen, es sind etwa 15 bis 20 Tänzerinnen darin aktiv. Die Gruppe Ritmo Flamenco ist bereits bei internationalen Festen, in Vereinen, am Museumsuferfest, in Schulen, bei privaten Feiern, Restaurants, Straßenfesten etc. aufgetreten.

Wir sind froh unsere kulturellen Wurzeln leben und weitergeben zu können und das Publikum mit unseren Darbietungen zu erfreuen.

Kontakt: Spanischer Elternverein Ffm. Nord West, Crespo de Köhler

Aline Barthélemy

Lieder von Glück und Trauer, Widerstand und Hoffnung (Gesang + Gitarre)

Zu meinem Repertoire gehören zum einem Lieder aus der Folklore der Völker, zum anderen neuere Lieder mit einer gesellschaftspolitischen Aussage. In allen diesen Liedern in verschiedenen Sprachen widerspiegeln sich sowohl die Gefühle als auch die persönliche und die gesellschaftliche Geschichte der Menschen: Liebeslieder..., das Glück der Verliebtheit, die Trauer der Trennung, die Liebe und Verbundenheit zu den anderen, zur Natur..., Lieder der Unterdrückung und des Widerstands..., das Leiden eines unterdrückten Volkes, das Bestreben nach Freiheit, der Wille zum Überleben, der Kampf..., Lieder von Frauen..., Schmerz, Hilflosigkeit, Wut, Vergeben, Aufstand, Kraft...

Wenn wir diese Lieder hören oder singen, erleben wir gemeinsam eine ganze Palette von Gefühlen. Aus dem Miteinanderfühlen wächst auch unsere Kraft.

Ich freue mich auf den Kongreß und unsere Begegnung!

Außerberufliches: Künstlerin (Musikerin und Hobbymalerin)

Ich habe immer gern Musik gehört und gesungen. In der Schule sang ich im Schulchor, später habe ich als Erwachsene auch in verschiedenen Chören gesungen. Besonders wichtig hier war für mich die Erfahrung im ehemaligen Solidaritätschor in Bremen und dadurch die Begegnung mit den Liedern und den Menschen aus verschiedenen Kulturen Anatoliens, wichtig auch zuletzt in der Chorwerkstatt das Singen eines armenischen Oratorioe. Erst mit 21 fing ich in einem VHS-Kurs an, Gitarre spielen zu lernen. Ich besitze nur eine musikalische Grundausbildung. Eine Partitur entschlüsseln ist für mich eine mühselige Arbeit und ich spiele und singe deshalb lieber nach dem Gehör als nach den Noten. (Ich muss jedoch zugeben, dass die Noten in einigen Fällen notwendig sind.) Ich höre gern Musik. Manchmal trifft mich ein Lied ins Herz und ich weiß: das muss ich auch singen; meine Gefühle kommen dabei freier zum Ausdruck: Liebe, Sehnsucht, Schmerz, Wut, Widerstand. Körper und Seele schwingen mit. Ich habe selber einige Lieder geschrieben, es sind aber nur wenige. Dazu fehlt mir Zeit und Ruhe. Vor einem Publikum zu singen ist etwas besonderes, weil dann eine Kommunikation entsteht; unsere Seelen schwingen gemeinsam. Das ist ein so schönes Gefühl, ich bin irgendwie süchtig danach.

Zur Person: Aline Barthélemy, geboren am 21.07.1956 in Frankreich, seit 26 Jahren Bremerin. Alleinerziehende Mutter einer kleinen Tochter, Celine.

Berufliches: 1977 – 1980 Fremdsprachenkorrespondentin/Sekretärin. 1980 – 1990: Lehramtsstudium in Bremen; Dozentin für Französisch und Spanisch an der VHS; Lehrbeauftragte für Französisch an den Universitäten Bremen und Oldenburg, sowie an der Hochschule Bremen, Referendariat in Bremen. Seit 1992 Lehrerin für Deutsch als Zweitsprache an der Allgemeinen Berufsschule in Bremen im sog. Brückenkurs (Deutsch, Alphabetisierung und Grundbildung für ausländische Mädchen von 14–20)

Kontakt: Tel.: 0421-384110

Pourandokht Maleki

Lebensfreude – Leidenschaft – Kontaktfreude

Im Jahr 2002, als ich meine Abschlussarbeit für die Tanztherapie geschrieben habe, ist ganz spontan „Raumerlebnis mit kulturellen Hintergrund" zu meinem Thema geworden. Dabei ist mir bewusst geworden, dass ich eigentlich während der 20 Jahre meines Aufenthalts in Deutschland nicht richtig meinen Raum nutzen konnte, um zu sagen, was mir hier fehlt. Dadurch bin ich auf die Idee gekommen, in meinem Ausdruckstanz zu zeigen, was ich hier vermisse. Also drei verschiedene Tänze auf verschiedenen Musikarten sind von mir improvisiert. Die Kostüme sind auch von mir entworfen.

Zur Person: Pourandokht Maleki, geboren 1950. Sie ist politisch engagiert. Parteilose. Autonome Iranerin, die seit 1982 in Deutschland lebt und für eine Menschenbezogene, antirassistische und religionsfreie Weltpolitik ist.

Kontakt: pouran@mcff.de

Sonntag 28. März 2004

Nach einem schönen ausgiebigen Frühstück sammelten sich die Frauen zum nächsten Ereignis.

Dr. Gisela Notz, Ulrike Holler (Moderation), Prof. Chiara Zamboni mit Begleitung, Dott. Eleonora Bonacossa (v.l.)

Großes Podium. **Eröffnungsvortrag**: Das Patriarchat ist zu Ende. Licht und Schatten in der Frauenbewegung. *Prof. Chiara **Zamboni** (Philosophin, Verona)*
*Dott. Eleonora **Bonacossa** (Kronberg)*
Versus: Ist das Patriarchat zu Ende? *Dr. Gisela **Notz** (anschließend Diskussion)*
Moderation: *Ulrike **Holler** (Hessischer Rundfunk)*

Das Patriarchat ist zu Ende. Licht und Schatten in der Frauenbewegung. *Prof. Chiara **Zamboni** (Philosophin, Verona) (vollständiger Text)*

In den westlichen Demokratien, in Europa und in den Vereinigten Staaten ist das Patriarchat vorbei. Das ist nicht von allein passiert. Schon die Massenindustrialisierung hat der Figur des Vaters sowohl in der Familie wie in der Gesellschaft ein Ende bereitet. Aber das Bewusstsein von diesem Ende war notwendig, damit es zu einem Moment der symbolischen Revolutionierung der Gebräuche werden konnte. Das Bewusstsein vom Ende des Patriarchats kam aus der Frauenbewegung. Und zwar von jenem Teil der Frauenbewegung, der eine große Freiheitsliebe bewiesen hat und deshalb nach einem Leben in einer dem eigenen Selbst getreuen Welt suchte und zugleich durch Worte bewusst werden ließ. Durch dieses In-Worte-Fassen wurde die Dynamik sichtbar, die weibliches Subjekt-Sein in den westlichen Demokratien auslöste.
Allerdings ist das Ende des Patriarchats nicht nur Anlass zur Freude. Es ist auch Auslöser von neuen Problemen, die uns zur Veränderung unser selbst zwingen. Zum Beispiel im Verhältnis zu den Männern. Das Patriarchat war nämlich trotz allem eine Ordnung, in der die Frauen einen bestimmten, wenn auch begrenzten Platz hatten. Das Ende des Patriarchats, zu dem die Frauen wesentlich beigetragen haben, hat eine große Unordnung zur Folge, deren

positive Seite die breite Palette von Möglichkeiten ist, die sich dadurch eröffnet haben. Vor allem das Verhältnis zwischen Männern und Frauen hat sich stark verändert.

Die Männer haben für sich eine neue Rolle gefunden: nicht mehr als Väter, sondern als "Brüder". Brüder, die zerstritten, aggressiv, gewalttätig sind und zugleich schwach und narzisstisch. Eine der Strategien der "Brüder-Männer" der westlichen Demokratien besteht darin, die Frauen als "Gleiche" in ihrem Arbeits- oder Fachbereich einzuschließen. Und den Frauen das anzubieten, was sie für sich selbst suchen: Sichtbarkeit in der Öffentlichkeit als Form der Politik. Eine Sichtbarkeit über 360°, die keine Rücksicht darauf nimmt, dass Frauen eher eine Sichtbarkeit suchen, die einige Aspekte ihres Lebens ausspart, zumindest als Unsichtbarkeit des eigenen Körpers.

In dieser vom Ende des Patriarchats gekennzeichneten Situation ist die einfachste Reaktion, nach einem neuen Feind zu suchen, der bekämpft werden kann wie zuvor das Patriarchat, anstatt die Möglichkeiten wahrzunehmen, die die neue, ohne männliche Ordnung zweifellos chaotischere Realität uns Frauen bietet, vorausgesetzt es gelingt uns, uns mit Kreativität in dieser neuen Situation zu bewegen.

Mir scheint es nützlich, erneut über die Verbindung zwischen Sexualität und Politik nachzudenken, wie es in den siebziger Jahren für den Feminismus so grundlegend gewesen war und wie es mir heute wieder zu sein scheint.

Die männliche Sexualität zieht Genuss aus etwas, das sich außerhalb ihrer selbst befindet. In Übereinstimmung mit der eigenen Sexualität projizieren sich die Männer in ein Werk, das sie außerhalb ihrer selbst wieder erkennen können, sichtbar für ihre eigenen Augen und für die der anderen. Das bereitet ihnen Genuss. Die Sichtbarkeit des Werks ist wichtiger als die konkreten affektiven Beziehungen, die das Werk ermöglicht haben. - Zum Beispiel ist das fertig gebaute Haus als vollendetes Werk wichtiger als die Beziehungen zu den Maurern, den Handwerkern, die zu seinem Entstehen beigetragen haben. Es zählt vor allem das Vergnügen, sich in die Schönheit des Projekts und seiner Verwirklichung zu projizieren.

Antoinette Fouque zeigt in Les sexes sont deux (Die Geschlechter sind zwei) wie die Männer, seitdem ihnen vom Vater keine Grenzen mehr gesetzt werden, auch in ihrem Narzissmus keine Grenzen mehr kennen. Das geht so weit, dass sie aus sich selbst das zu genießende Werk machen und sich als Bild außer sich selbst konstruieren, an dem sie sich ergötzen können. Sie schreibt: "Die Männer fabrizieren sich selbst, sie stellen sich selbst zur Schau, sie werben für sich selbst als Ware ihrer selbst."

Ich glaube, dass die Regierung Berlusconi in Italien ein gutes Beispiel für diese Verbindung zwischen narzisstischen Brüdern darstellt, denen es ausschließlich auf die reine Konstruktion ihres Images ankommt. Dass sie Genuss aus ihrem Image ziehen, das außerhalb von ihnen als Katalysator der Politik zirkuliert, hat zur Folge, dass in ihren Reden die Unterscheidung zwischen Wahrheit und Fiktion entfällt. Etwas Falsches oder etwas Wahres zu sagen, ist lediglich im Zusammenhang mit dem Aufbau ihres Images von Bedeutung. Es besteht kein Interesse mehr, zwischen wahr und unwahr zu unterscheiden, und das macht mir Angst.

Antoinette Fouque zeigt uns, welche Position diese Gesellschaft der narzisstischen, von ihrer Sichtbarkeit abhängigen Brüder den Frauen anbietet: "Alles, was von der Frau nicht verborgen bleibt, gilt als zur Schau gestellt." Entweder bleiben wir Frauen im Bereich des Privaten, oder, wenn wir uns entschließen, uns auch nur ein wenig zu zeigen, dann müssen auch wir uns mit einem restlos öffentlichen Image zur Schau stellen, ohne Schleier. Die totale Zur-Schaustellung ist der heutige Signifikant der männlichen Macht in den westlichen Demokratien.

Wenn der integralistische Islam die Frauen an einem geheimen und verhüllten Ort einschließt, so stellen die westlichen Demokratien sie ohne Hüllen zur

Schau. Ein entgegen gesetztes, aber komplementäres und damit ähnliches Vorgehen. Das allerdings ist die männliche Sexualität und ihre Auswirkung auf die Politik. Anders und asymmetrisch dazu ist die Sexualität der Frauen und die von ihnen erfundenen kreativen Praktiken, die uns helfen, selbst die Art, Politik zu machen, neu zu denken. Und das ist unsere Ressource. Luce Irigaray hatte in Ce sexe que n'ait pas un (Das Geschlecht, das nicht eines ist) von der weiblichen Sexualität als eine Erfahrung gesprochen, die sich nicht in etwas außerhalb ihrer selbst liegendem wieder erkennt, aber auch nicht in einem nur innerlichen, intimen Genuss. Sie ist vielmehr zwischen innen und außen aufgeschlossen. Wenn sie sich also nach außen öffnet, dann ist sie weit davon entfernt, sich in völliger Sichtbarkeit, ohne Rest zur Schau zu stellen.

Die kreativsten Augenblicke in der weiblichen Erfahrung bestätigen das: das sichtbare Werk wird in Umlauf gebracht, aber nicht alles geht in das Werk ein. Vieles bleibt den lebendigen Beziehungen anvertraut, die sich aber nicht erzählen oder darstellen lassen. Vieles bleibt nur angedeutet, ohne objektiviert zu werden.

Donatella Franchi, eine Künstlerin aus Bologna, die über die künstlerische Praxis von Frauen reflektiert, erinnert uns daran, dass viele Künstlerinnen im Bewusstsein der zahlreichen affektiven Beziehungen, die zu einem sichtbaren Werk nötig sind, auf das sichtbare Werk verzichten, wenn seine Vollendung in irgendeiner Weise bedeutet, die unsichtbaren Beziehungen zuleugnen oder zu zerstören.

Dieser Verzicht ist natürlich ein Grenzfall, aber er zeigt dennoch, dass für eine Frau ihr Kunstwerk nur die sichtbare Spitze eines Eisbergs aus unsichtbaren, aber ebenso wirklichen und starken affektiven Beziehungen ist. Ja, in manchen Fällen sind sie sogar noch stärker und realer.

Auch in anderen von Frauen erfundenen Praktiken lässt sich dieses Kreativ-Sein zwischen Sichtbarem und Unsichtbarem, zwischen innen und außen – erkennen, wobei ich dieses "zwischen" nochmals hervorheben möchte.

Ich möchte an diesem Punkt ein Beispiel aus dem Mittelalter bringen. Und zwar die Beginen-Bewegung. Die Beginen waren Frauen, die sich entschieden hatten, nicht zu heiraten, aber auch nicht ins Kloster zu gehen. Die beiden Alternativen, zu heiraten oder ins Kloster zu gehen, schienen damals die einzigen zu sein, aber die Beginen erfanden eine Praxis, die einen unabhängigen Bereich schuf. Sie taten sich in kleinen Gemeinschaften von drei bis zwölf Frauen zusammen und lebten in Häusern im Zentrum der Städte. Sie verdienten ihren Lebensunterhalt mit Weben, Kerzengießen und mit dem Verkauf ihrer Produkte auf dem Markt. Gleichzeitig halfen sie den Armen und Kranken der Stadt und ihre Häuser waren immer für sie offen. Damit lag ihre Erfahrung zwischen dem Raum des Hauses und dem der Stadt durch diesen ständigen Austausch zwischen innen und außen.

Beginen-Häuser gab es in vielen Städten Nordfrankreichs, Belgiens und Deutschlands. In Köln waren es bis zu 89. Ihre Praxis war stark verbreitet dauerte immerhin über ein Jahrhundert, vom Beginn des 13.Jh. bis zum 14.Jh. Ihre Zahl wird auf mehr als zwei Millionen geschätzt, womit die Bedeutung dieser Bewegung klar sein dürfte. Sie lasen ohne Vermittlung durch Geistliche das Alte und Neue Testament und meditierten zusammen auf deren Grundlage.

Mit der Erfindung dieser Lebenspraxis, die zu einem regelrechten Lebensstil wurde, wollten sie nicht etwa die Regeln der Kirche übertreten, die sie respektierten. Sie hatten vielmehr eine Praxis erfunden, die ihrem Wunsch nach einem intensiven religiösen Leben entsprach, das zwischen privatem und öffentlichem Bereich, zwischen ihrem Haus und der Stadt lag. Es ist interessant, wie die damaligen Kirchenmänner reagierten.

Natürlich nicht alle, aber diejenigen, denen die Kirche als Institution am Herzen lag. Sie versuchten mit allen Mitteln, den unabhängigen geistigen Lebensstil der Beginen in präzise und anschauliche Regeln zu zwingen, wie die der Franziskanerinnen und Klarissen. Und zwar versuchten sie, die Erfahrung der Beginen, die zwischen Privatem und Öffentlichkeit lag, in öffentliche institutionelle Regeln zu zwängen, wie sie den Orden auflagen. Denn die Religion konnte für sie nicht ohne eine sichtbare und kontrollierbare Ordnung auskommen. Das hatte zur Folge, dass die so intensive religiöse Erfahrung der Beginen in den Bereich des Privaten verdrängt wurde und damit die Trennung zwischen privat und öffentlich bestätigte. Dieser Eingriff von Seiten der Kirche war also nicht nur vom Bestreben ausgegangen, die Macht der Institution zu konsolidieren, sondern resultierte auch aus einem grundsätzlich verschiedenen Verhältnis zur Welt seitens der Männer. Es ist eine asymmetrische Differenz, die auch heute, in Zeiten der Auflösung des Patriarchats, wieder sichtbar wird.

Als die Kirche mit ihrem Versuch, ihre Ordnung wieder herzustellen, keinen Erfolg hatte, beschuldigte sie im Jahre 1311 die Beginenbewegung der Ketzerei.

Meine Absicht ist es, zu zeigen, dass es uns heute, in einer Zeit der Krise des Patriarchats, darum geht, uns nicht von den narzisstischen Brüdern zur Sichtbarkeit um jeden Preis verleiten zu lassen, sondern nach einer politischen Praxis zu suchen, die zwischen dem Privaten und der Öffentlichkeit liegt.

Ein Beispiel für eine solche politische Praxis ist die der Madres de Plaza de Mayo in Argentinien, die vierundzwanzig Jahre lang jeden Donnerstag an den Türen derer klingelten, die sie für die Mörder ihrer Söhne und Töchter hielten. Das war eine öffentliche Geste, aber sie ging aus von ihrem Mutter-sein. Mutter sein, wird von den Männern als etwas Privates, nicht Politisches angesehen, während die Madres es zu etwas Politischem gemacht haben, ohne es in der

Öffentlichkeit zu verraten. Es war eine politische Geste, die von keiner Partei und von keiner Institution und keinem Gesetz angeeignet werden kann. Und diese Geste hat ihre Wirkung gezeigt: die Regierung Argentiniens hat beschlossen, die Angehörigen der Militärdiktatur vor Gericht zu stellen. Aber die Madres hatten keinen Druck auf die Parteien ausgeübt oder nach Verabschiedung neuer Gesetze gestrebt. Es waren vielmehr die Parteien und der Gesetzgeber, die die Stärke der Madres, und den Sinn ihrer Praxis registriert hatten.

Die politischen Praktiken der Frauen - wenn sie kreativ sind - entstehen aus einem Begehren und enden zusammen mit diesem Begehren. Sie öffnen Lebensräume zwischen privat und öffentlich, ohne ihre Existenz nur von einem Gesetz oder von der Übernahme von Seiten des Staats abhängig zu machen. Also ohne die Notwendigkeit, in einer bestehenden Ordnung völlig sichtbar zu werden. Wenn sie dann auch in den Gesetzen ihre Wirkung zeigen, umso besser. Sie existieren aber unabhängig von den Gesetzen kraft des Begehrens, das sie leitet und wegen der Stärke, die die anderen Frauen ihnen geben und der Zustimmung von Männern, die genug haben von einer Männerwelt, die einen ihrer Sensibilität immer fremderen Stil praktiziert.

Ich denke, dass wir klar vor Augen haben müssen, dass ein Austausch und ein wirkliches Zusammentreffen von Frauen verschiedener Herkunft, verschiedener Religion und Sprache nur dann stattfindet, wenn wir diese gemeinsame Grundlage für unsere Kommunikation finden, nämlich unsere konkreten und kreativen Praktiken, und nicht die der von den Männern definierten Regeln, seien dies nun religiöse, politische oder rechtliche Regelungen.

In meinem Leben ist viel von der Männerwelt bestimmt, aber es gibt auch Freiräume: was mache ich damit? Wieweit teile ich sie mit anderen Frauen und Männern, die sich in der Männerwelt nicht wieder erkennen?

Daher möchte ich zum Beispiel die heute in Frankreich lebenden Frauen, und zwar Französinnen und Musliminnen, fragen, welche aus ihrem Begehren entstehenden Freiräume sie in diesem Augenblick schaffen möchten. Wo ist heute ihr Begehren? Es ist eine klare Tatsache, dass das Gesetz der Regierung Chirac, das den Musliminnen verbietet, in der Schule ihr Kopftuch zu tragen, das Begehren der Frauen in den Hintergrund gedrängt und zum Verstummen gebracht hat, seien sie nun Musliminnen, Katholikinnen oder Atheistinnen. Es hat Barrieren zwischen den Frauen errichtet, anstatt die Möglichkeit zu einem fruchtbaren Austausch zwischen ihnen zu schaffen. Es ist interessant, dass während des Krieges in Afghanistan im Frühjahr 2002 die Kriegführenden behaupteten, diesen Krieg zum Wohl der Frauen zu führen, um sie vom Burka, vom Schleier zu befreien. Auch ein Mann der Linken wie Adriano Sofri, der stets Interesse für die Frauenbewegung gezeigt hat, vertrat die Auffassung, dass das Unverschleiert-Unverhüllt-Sein der Frauen das Zeichen der westlichen Zivilisation sei. Auch in seinem Diskurs bedeutete Demokratie totale Sichtbarkeit. Enthüllung oder Verhüllung der Frauen: vor allem ein Problem der Männer. Für mich genügt es nicht zu sagen, wie viele Frauen es getan haben: "Sagt nicht, dass ihr den Krieg in unserem Namen führt. Sagt, dass ihr es für euch selbst tut". Ich wünsche mir vielmehr einen Austausch mit anderen Frauen darüber, welche Praktiken zu erfinden uns gelungen ist zwischen privat und öffentlich, zwischen sichtbar und unsichtbar. Oder welche Praktiken wir neu initiieren möchten. Mit ihren Schwierigkeiten und vielleicht schon gemachten Fehlern, aber eben, um etwas Neues initiiert zu haben, das es vorher nicht gab und damit die Welt an Wirklichkeit zu bereichern.

Wir wissen, dass wir von einer Mutter geboren wurden und dass der weibliche Körper als erster Kontakt, erstes Gegenüber zur Konstruktion eines Bildes seiner selbst den Körper der Mutter hat.

Infolgedessen ist die Pflege des eigenen Körpers die erste symbolische Geste, um die Mutter zu ehren, die uns zur Welt gebracht hat.

Maria Milagros Rivera hat von der Pflege der Schönheit des Körpers als einer Danksagung gegenüber der Mutter gesprochen.

Diese symbolische Aussage bezeichnet die große Distanz zu jenen Männern, die, verführt von ihrem öffentlichen Image, sich und die Welt: in einem kämpferischen Individualismus mit und gegen andere Männer konstruieren. Ohne irgendwelche Schulden oder Bindungen gegenüber der Mutter oder dem Vater oder irgendjemand anderem anzuerkennen. Ich frage mich: Wird es uns gelingen, uns nicht von ihrem Spiel fesseln und einfangen zu lassen? Das ist die Frage, die wir uns nun, am Ende des Patriarchats stellen müssen.

Zur Person: Chiara Zamboni studierte Philosophie in Bari (Süd-Italien) und arbeitet an der Philosophischen Fakultät der Universität Verona. Sie beschäftigt sich mit Sprachphilosophie und richtet seit mehreren Jahren ihr Augenmerk auf das weibliche Denken.

Ausgewählte Publikationen: Interrogando la cosa. Riflessione a partire de Martin Heidegger e Simone Weil (Mailand, 1993), la filosofia donna (Verona, 1997), Parole non consumate. Donne e uomini nel linguaggio (Neapel, 2001), Maria Zambrano. In fedelta alla parola vivente (hrsg.) (Florenz, 2002). Zusammen mit anderen Frauen von Diotima (Diotima ist eine weibliche Gemeinschaft von Philosophinnen) arbeitete sie an den Büchern Fiotima. Jenseits der Gleichheit (Königstein/Ts, 1999), sowie Mettere als mondo il mondo, Il cielo stellato dentro di noi, und La sapienza die partire da se (dt. Diotima u. a.: Die Welt zur Welt bringen, Königstein/Ts., 1999).

*Dott. Eleonora **Bonacossa**, Podiumsbegleitung von Prof. Zamboni*

Beruflich: Dissertation bei Frau Prof. Luisa Wandruszka über die Schweizer Juristin, Journalistin und Autorin Iris von Roten.

Wissenschaftlich setzt sie sich vor allem mit frauenspezifischen Themen auseinander. Besondere Aufmerksamkeit widmet die italienische Autorin in ihrem Erstlingswerk *Der weibliche Sinn in der Welt: Iris von Roten - neue Aspekte aus Sicht der Geschlechterdifferenz* (erschienen Ende 2003 im Ulrike Helmer Verlag, Königstein/Ts.) den aus Italien stammenden Ansätzen zur Theorie der Geschlechterdifferenz.

Dott. Eleonora Bonacossa und Prof. Chiara Zamboni

Zur Person: Eleonora Bonacossa, geb. im November 1962 in Pesaro, an der italienischen Adriaküste. Die intensive Beschäftigung mit den Differenzen zwischen Frau und Mann seit ihrem Sprach- und Literaturstudium an der Universität Bologna ermöglicht ihr, als Wanderer und aktive Beobachterin zwischen und in den Realitäten der Frauen in Deutschland, dem deutschsprachigen Europa und Italien zu leben und zu integrieren.
Seit 1990 mit Ehemann und zwei Kindern in Deutschland, seit 1996 in Kronberg im Taunus.
Kontakt: Eleonora@Bonacossa.de

Dr. Gisela **Notz**
Versus: Ist das Patriarchat zu Ende?
Statement auf dem "Großen Podium" des 2. Kongresses Internationaler Frauen am 28.3.2004 in Frankfurt/Main
Ist das Patriarchat zu Ende? Das Patriarchat ist zu Ende. Das behauptet Chiara Zamboni. Davon scheinen weder die Veranstalterinnen noch die Zuhörerinnen wirklich überzeugt zu sein, sonst würde mir nicht die Frage gestellt: Ist das Patriarchat zu Ende? Eine mögliche Antwort wäre: „das wäre schön". Haben wir doch in der Redaktion der „beiträge zur feministischen Praxis", deren Mitglied ich bis 1998 war - und nicht nur in dieser Gruppe stets die Meinung vertreten, dass es gilt, darauf hinzuarbeiten, dass das kapitalistische Patriarchat abgeschafft wird.

Vor zwanzig Jahren hat der letzte Kongress internationaler Frauen stattgefunden. Zwanzig Jahre, das ist die Zeit, so schreiben Sie in der Einladung zu diesem zweiten Kongress, in der ein Baby zum Erwachsenen wird. Leider findet dieses (nun erwachsene) Baby, besonders wenn es zur Frau geworden ist und nicht zu den privilegierten Schichten gehört, eine Welt vor, deren Zustand immer noch zu wünschen übrig lässt. Viele Projekte sind, besonders seit der Wende, durch Sozialabbau bedroht. So zum Beispiel Projekte, die Flüchtlingsarbeit leisten, die gegen Rassismus, Sexismus und Gewalt vorgehen, Frauenprojekte und solche im Bereich der Mädchenarbeit. Initiativen werden vernichtet, Frauenzusammenhänge zerstört und Frauenarbeitsplätze wegrationalisiert oder in Mini- und Midijobs und Ich-AGs verwandelt. Trotz Quotierung, Gleichstellungsparagraf im Grundgesetz und Gender Mainstreaming nehmen Erwerbslosigkeit von Frauen und die „Haupternährer/Zuverdienerinnnen"-Ideologie zu. Migrantinnen werden weiter ausgegrenzt - auch durch patriarchal infizierte Frauen. Der Reichtum ist immer noch männlich und hat noch immer einen deutschen Pass. Das geht alles auch aus Ihrer Einladung hervor. Auch dieser Kongress leidet nicht an Überfinanzierung.

Eines meiner Hauptthemengebiete ist Frauenerwerbsarbeit und Sozialpolitik - da sieht es gar nicht besonders rosig aus. Freilich haben, ´wir` einiges erreicht. Und auch das, was, ´wir´- und damit meine ich alle die, die mit den kapitalistisch-patriarchalen Verhältnissen nicht einverstanden sind, erreicht haben, hätten wir ohne die Kämpfe der Frauenbewegungen nicht erreicht. Wahrscheinlich hätte auch dieser Kongress nicht stattfinden können. Ich sagte bewusst: Frauenbewegungen, denn dass Frauen nicht alle die gleichen Interessen haben, sondern soziale und ethnische Unterschiede auch das „weibliche Begehren", die „weiblichen Praktiken" und das „weibliche Handeln" und die Bewegungen bestimmen, ist eine Binsenweisheit. Schon bei dem

Kongress, der 1984 stattgefunden hat, wurde die Frage gestellt und damit wurden gleichermaßen Zweifel laut, ob alle Probleme in einer „Frauenkultur" gelöst werden können. Die Antwort darauf war damals ebenso umstritten, wie die Frage, wie man Sextourismus und den Frauenhandel verabschieden könnte. Von Krieg wurde damals nicht gesprochen. Kritisiert wurde bereits, dass der eigene Weg zur Emanzipation zum ungebrochenen Maßstab der Dinge erklärt würde.

Ich trage dies vor allem deshalb vor, weil es beim heutigen Kongress schließlich auch um eine frauenpolitische Bilanz gehen sollte. Neue politische Perspektiven, Utopien und feministische Visionen sollten aufgezeigt werden. Da genügt es nicht, das Ende des Patriarchats zu verkünden.

Ich war im November 2003 als Referentin beim Europäischen Sozialforum in Paris. Auch dort wurde das „Macho-sexistische, patriarchalische und diskriminierende" neo-liberale Europa angeklagt. Vom Tod des Patriarchats kann wirklich keine Rede sein. Ich fürchte viel eher, dass sich das Patriarchat nicht nur europaweit ausgebreitet, sondern zunehmend auch globalisiert hat.

Europaweit erleben wir Sozial"reformen", die ihren Namen wirklich nicht verdienen, denn Reform heißt Verbesserung, die evolutionäre, die Legalität wahrende Umgestaltung überlebter und verbesserungsbedürftiger Einrichtungen, im Unterschied zur Revolution.

Globalisierung und Standortfrage rechtfertigen heute scheinbar alles. Die Frage danach, wie es den Menschen geht, die von einem - dem bezahlten - Arbeitsbereich ausgeschlossen sind, verschwindet hinter der Diskussion um den „Missbrauch" der sozialen Leistungen. Für Frauen wird sie hinter dem Mütterdiskurs versteckt. Erwerbslose Frauen sollen abhängig vom (Ehe)Mann bleiben oder werden und auch dieser soll gezwungen werden, jede Arbeit anzunehmen, obwohl Arbeitszwang für die Bundesrepublik Deutschland nach dem Grundgesetz nicht möglich ist.

Es ist leider so: 70 % der Armen sind Frauen - weltweit. Viele Arbeiten die Frauen leisten, treten als 'Arbeit` gar nicht in Erscheinung, weil was nicht bezahlt wird, auch nicht als Arbeit gezählt wird.

- Europaweit findet sich heute die best ausgebildete Frauengeneration aller Zeiten, dennoch sind zwei Drittel der Jugendlichen, die keine Berufsausbildung bekommen, Frauen, viele davon Migrantinnen;
- Die Zunahme von Frauenerwerbsarbeit ist vor allem eine Zunahme von prekären Erwerbsarbeitsverhältnissen, zum großen Teil ist sie nicht existenzsichernd;
- Besonders Migrantinnen werden Mini-jobs in privaten Haushalten angeboten, dafür sollen sie dankbar sein; selbst dann wenn sie besser ausgebildet sind, als die 'Herrin` und wenn sie vom Ertrag ihrer Arbeit nicht leben können;
- Ich-AGs und Familien-AGs verlagern die Verantwortung für die Existenzsicherung an das Individuum und rekonstruieren ein Familienbild, das schon in den 50er Jahren zwar propagiert wurde, aber nicht mehr funktionierte;
- Frauen verdienen immer noch durchschnittlich 25 % weniger als ihre männlichen Kollegen;
- Vor allem Migrantinnen aber auch viele andere Frauen sind nicht qualifikationsgerecht eingesetzt;
- Frauen dürfen in ehrenamtlicher Arbeit und in Selbsthilfe unbezahlt arbeiten und sind arm - aktuell und im Alter;
- Besonders Frauen vagabundieren auf der Suche nach Arbeit von Ort zu Ort um ihre Brötchen oder eine Handvoll Reis zu verdienen, durch die Welt, ohne irgendwo anzukommen;
- Frauen auf der ganzen Welt arbeiten im informellen Sektor, in der Hinterland-, Hinterhof- und Straßenökonomie;
- Frauen auf der ganzen Welt werden misshandelt und geschlagen;

- Migrantinnen haben immer noch nicht wirklich ein eigenständiges Aufenthaltsrecht.

Diese Aufzählung könnte noch lange fortgesetzt werden, aber ich will mir nicht den Ruf einer „Jammerfeministin" verdienen. Das soziale Netz hat viele Löcher und besonders Frauen sind oft da, wo das Netz gerade ein Loch hat. Das muss sich ändern. Es muss selbstverständlich werden, dass Frauen und Männer - egal welcher Herkunft, welcher Hautfarbe und egal ob mit oder ohne Kopftuch- das gleiche Recht auf eigenständige Existenzsicherung haben und dass Frauen und Männer auch für die Sorge- und Pflegearbeiten zuständig sind.

Wie soll es weitergehen?
Ich finde es wichtig, dass wir wieder mit Leidenschaft (Frauen)Politik machen. Dazu gehört auch die Leidenschaft für die Freiheit von patriarchaler Unterdrückung zu kämpfen. Mit Barbara Holland-Cunz bedauere ich, dass „Leidenschaft und Herrschaftskritik... in der nordwestlichen Frauenbewegung zunehmend rare politische Tugenden" werden und das, obwohl die Schere der geschlechtsspezifischen Ungleichheit weiter auseinander klafft.

Mit Leidenschaft flogen am 13. September 1968 in dieser Stadt Tomaten, um darauf aufmerksam zu machen, dass auch „das Private" politisch ist. Freilich war immer wahr, dass der politische Kampf nicht allein gegen das Patriarchat geführt werden kann. Die damals aktiven Frauen bezogen die Forderung nach einer radikalen Verhinderung der gesellschaftlichen Verhältnisse auch auf ihre eigenen Positionen als Frauen in der Gesellschaft. Und es hat sich auch bald gezeigt - und da haben vor allem die „internationalen Frauen", wie sie sich auf diesem Kongress nennen, immer wieder darauf hingewiesen – dass es die Frau als Kollektivsubjekt nicht gibt. Zu verschieden waren und sind die Interessen, auch unter Frauen. Das hieß Abschied nehmen, von dem gemeinschaftsstiftenden „wir Frauen", auch wenn das für manche Aktivistin schmerzlich war.

Linke Feministinnen haben immer darauf hingewiesen, dass das Ziel eine grundlegende Transformation der kapitalistisch-patriarchalen Verhältnisse ist und dass die Unterdrückung der Frauen mit anderen Formen der Unterdrückung, insbesondere Klasse, Schicht und ethnischer Herkunft verknüpft ist und dass es notwendig ist eine Politik zu entwickeln, die alle Unterdrückungsformen gleichzeitig anficht. Besonders Vertreterinnen des „Schwarzen Feminismus" thematisierten systematisch unterdrückerische Herrschaftsverhältnisse und schreckten dabei auch nicht vor einschlägiger Kritik feministischer Kontexte zurück. In der Redaktion der „beiträge zur feministischen theorie und praxis" haben wir viel von ihnen gelernt. Es liegt auch heute noch mit in der Verantwortung der Frauen selbst, jeder Art von Diskriminierung und Ausgrenzung entschieden entgegenzuwirken. Um das zu erreichen, wird es notwendig, dass Frauen, die innerhalb von Organisationen arbeiten, mit denen von ‚draußen' zusammenarbeiten. Zumal Drinnen und Draußen oft schwer auseinander zu halten sind. Die meisten von uns sitzen ohnehin auf dem Zaun.

Was die Italienerin Rossana Rossanda schrieb, trifft am ehesten meine gegenwärtige Stimmung: „Wenige sind es, die die Stimmen erheben, und diese wenigen Stimmen artikulieren eher als ein Wort einen Schrei, den freilich niemand vernimmt. Es wird nicht immer so sein, ich habe andere Augenblicke erlebt, dieser freilich dauert schon zu lange; ich bin nicht mehr jung genug, um ablenkbar zu sein".

Damit plädiert sie keinesfalls dafür, den Kampf um das bessere Leben und für Menschenrechte für alle Männer und Frauen aufzugeben. Eher will sie uns sagen, wir- die mit den herrschenden Verhältnissen nicht einverstanden sind - sollen lauter werden, und hoffentlich auch wieder zahlreicher. Und wir sollen uns an die Augenblicke erinnern, die wir auch erlebt haben, und daran anknüpfen. Noch immer gilt der Spruch der Alternativbewegungen der 1970er Jahre: ,,'Wer keinen Mut zum Träumen hat, hat keine Kraft zum Kämpfen". Aber- so lehrt es die Erfahrung- wer kämpfen will, braucht Verbündete.

Moderation: *Ulrike **Holler** (Hessischer Rundfunk, *)*
Beruflich: Freie Mitarbeiterin beim Hessischen Rundfunk und anderen Sendern. Engagiert in der Frauenthematik. Trägerin des Elisabeth – Selbert - Preis der Hessischen Landesregierung.
Zur Person: Ulrike Holler, geboren 1944. Studium der Germanistik und Politik in Frankfurt am Main. Verheiratet. Zwei Söhne, die noch studieren.

Abschluß: Wir reden, trinken und räumen auf. Der harte Kern vom Vorbereitungskomitee

Danke an **Helfer**

Das Ende vom 2. Kongreß internationaler Frauen war wie der Anfang. Es sind die „gleichen" Frauen, die bleiben, reden und helfen aufzuräumen. In diesem Zusammenhang möchten wir uns bei fleißigen Helfern bedanken, die sonst kaum erwähnt werden.

Gernot **Dietmann** holte die Buttons-Maschine mit Maria ab, da keine einzige Frau Zeit hatte. Hans Josef **Kost** und Holger **Schweitzer** übernahmen das Kochen für das ganze Kongreß-Wochenende (mit Dolores **Gonzalez-Schweitzer**) und kehrten den Festsaal am Sonntag mit. Büttner, Kolberg und **Partner GmbH** borgten uns den Fernseher für Videos. Und an Rosa Liccardo, die Frau Prof. Zamboni am Hbf. Frankfurt am Main abgeholt hat.

C. Anhang

Nachbereitung im Türkischen Volkshaus

Kyong-Ae, Soo Ja, Gudrun, Brigitte

Abschlußbericht (im Türkischen Volkhaus). Wir möchten uns für die Bereitstellung der Räume im Türkischen Volkshaus herzlich bedanken.

Wir haben beim Nachbereitungstreffen diskutiert, gefeiert, eine Spende von Frau Lee erhalten -vielen Dank- und vorliegenden Bericht verfasst.

Was hat Euch NICHT gefallen? – Was hat Euch gefallen? fragten wir auf Tapeten am Ende des Kongresses. Daraufhin haben wir eine positive und vielfältige Resonanz erhalten.

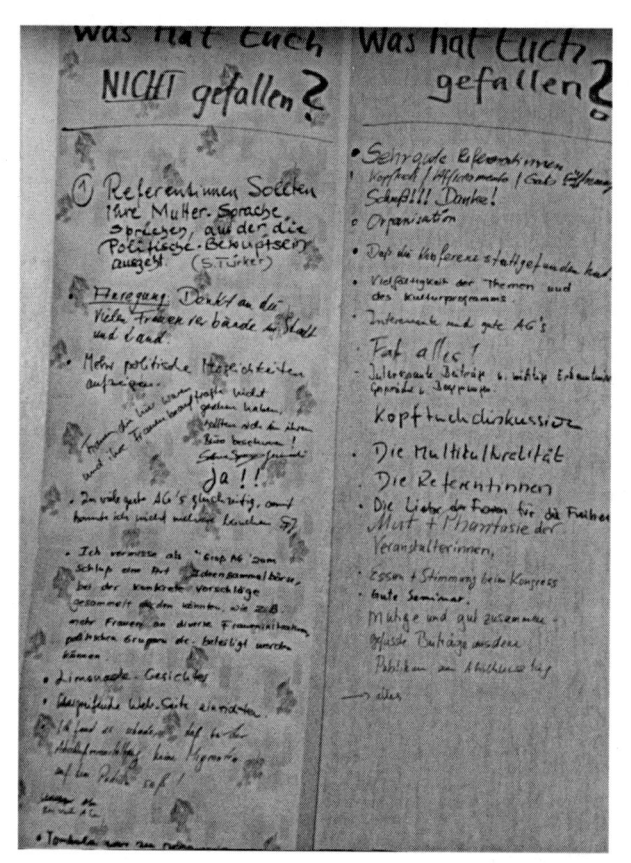

Auffallend war, daß obwohl viele Frauen über die geringe Anzahl von Teilnehmerinnen am 2. *Kongreß internationaler Frauen* sehr enttäuscht waren, sie sich auf den 3. Kongreß freuen.

Bericht, 03.04.2004 mit dem Titel: **Sie kamen und gingen. Wir blieben.** *Gudrun* **Ziesemer***, María del Carmen* **González Gamarra**

Der 2. Kongreß internationaler Frauen ist Wirklichkeit geworden. Und mittlerweile auch Vergangenheit, stellen wir beim Nachbereitungstreffen im April 2004 fest. Unter dem Titel „Zukunft braucht Vergangenheit - Zukunft braucht uns Frauen" trafen sich ca. 300 Frauen unterschiedlicher Nationalitäten zwischen dem 26.-28. März 2004 an der Goethe-Universität Frankfurt, um miteinander zu reden. Vielleicht klappt es beim 2. Kongreß. Denn vom 1. Kongreß 1984 wurde festgehalten: „Ein wirklicher Dialog unter den anwesenden

Personen fand nicht statt." (Christine Huth-Hildebrandt. Das Bild von Migrantin. 2001, S.8) Doch der Fokus richtete sich beim 2. Kongreß internationaler Frauen zuerst und vor allem auf den Wunsch, eine Bilanz der letzten 20 Jahre aber auch über den Zustand der Frauenbewegung zu ziehen. „Gibt es sie überhaupt noch?" lautete eine der Fragen während der Vorbereitungen. So stand es im Programm. Und auch über das Miteinander zwischen Deutschen und Migrantinnen nicht zuletzt wollten wir uns austauschen.

Die Idee zum 2. Kongreß internationaler Frauen kam aus der jetzigen politischen, ökonomischen und kulturellen Situation zwischen den Frauen verschiedener Nationalitäten. Diese Lage scheint katastrophal zu sein. Lokal, regional, bundesweit und global. Was auch nichts Neues ist. Doch können wir gemeinsam daran etwas ändern? War eine von den zentralen Fragen. Während 1984 die Frauen in Aufbruchstimmung waren, bundesweite Netzwerke gründen wollten, die Doppelstaatsbürgerschaft verlangten, die meisten Frauen sich kaum für die Arbeitsgruppe „Arbeit" interessierten, wie in der Dokumentation von 1984 nachzulesen ist, gingen die Frauen gleichzeitig auf dem 1. gemeinsamen Kongreß ausländischer und deutscher Frauen 1984 mit dem Titel „Sind wir uns den so fremd?" aufeinander zu. 2004 war das Aufeinanderzugehen jedoch etwas „gedämpft", wie die Teilnehmerinnenzahl bezeugt. Für drei Tage zum 2. Kongreß kamen Frauen aus der ganzen Republik, wie 1984 nach Frankfurt am Main mit vielen Erwartungen.

Freitag

Der Freitag begann mit einer Eröffnungsrede in unterschiedlichen Sprachen, auf die temperamentvolle italienische und mexikanische Musikbeiträge folgten. Anschließend wurde das Eröffnungspodium mit dem Titel „Drei Generationen weibliches Labyrinth" präsentiert, das mit der spontan eingesprungen sehr guten Moderatorin Gudrun Ziesemer stattfand, da die zugesagte Moderatorin bis heute -ohne Entschuldigung!- nicht erschien.

3+3+1 oder: Drei Generationen weibliches Labyrinth. Gemeinsamkeiten und Unterschiede sowohl zwischen den je drei Generationen wie zwischen der deutschen und der Migrantinnen Seite wurden ausgetauscht. Das Publikum war nicht nur von der Mädchen-Generation begeistert mit Barbara Surmanovicz (polnischer Vater und italienischer Mutter), sondern auch von Milena Spielvogel. Letztere konnte sehr pointiert Ansprüche an ihre Mitschülerinnen und Schüler ohne deutschen Ausweis stellen. Wer hier etwas will, so Spielvogel, muß auch bereits sein, etwas dafür zu tun. Auch die mittlere Generation mit Susanne Bötte und der Perserin Pourandokht Maleki (Eine der wenigen 2. Kongreß-Frauen, die bereit auf dem 1. Kongreß war, obwohl sie damals kein deutsch verstand.)

stehen mit festen Füssen im privaten und besonders im politischen Feld. Marianne Langweg aus der Initiative der Ordensleute für den Frieden und Carmen Cruz Mitfrau in der spanisch-portugisischen Frauen-Theatergruppe konnten uns „fast vergessenen Wahrheiten" der 60er hautnah erzählen.

Samstag

Am Samstag wurden offiziell 27 AGs angeboten, von denen einige aus Mangel an Teilnehmerinnen ausfallen mussten, was 1984 undenkbar war. Dr. Gisela Notz bot eine AG zu „Arbeit" an, da (Frauen)Arbeit mehr als nur Arbeit ist. „Aktion Zuflucht" mit Anne und Brigitte aus Marburg stellte ihre politische Arbeit vor, die zunehmend unter den chronischen Problemen „Finanzen und (Frauen)Zeit" leiden. Die WIR FRAUEN Zeitschrift war mit dem Thema „traumatisierte Frauen" beim 2. Kongreß vertreten. Wie auch Amnesty International mit Sonja Krautwald und Begum Sebisci. Auch das aktuelle Thema „Kopftuch" sollte nicht fehlen, wie auch sehr engagierte koreanischen Frauengruppen, die sowohl einen theoretischen Einblick in die Geschichte der „Sexsklaverei des japanischen Krieges" wie auch der „Trostfrauen" eindrucksvoll gaben. Da nicht alle AG´s hier erwähnt werden können, sei noch die gutbesuchte AG gegen die Besatzung palästinensischen Landes erwähnt, durch deren Anwesenheit im Programm wir zahlreiche finanziellen Probleme im Nachhinein bekommen haben, da die uns, von den FrauenLesben-Referat ursprünglich kostenlos zur Verfügung gestellten Räume, für die wir uns an dieser Stelle herzlich bedanken, ihre Zusage halb zurücknahmen wegen der „pro" Palästensischen AG. Über diese AG, die wir nicht missen wollen, wurde oft -wegen der finanziellen Auswirkungen für den 2. Kongreß internationaler Frauen- diskutiert. Denn auf der einen Seite bekamen wir, außer von einer einzigen offiziellen Stelle kein Geld von staatlicher Seite, obwohl wir mehr als 100 Anträge auf finanzielle Unterstützung gestellt hatten. Der DGB und andere Gewerkschaften lehnte eine Unterstützung in jeder Hinsicht ab. Wie 1984 (Stuttg.Ztg. 31.03.1984. *Die andere Hälfte des Himmels*). Das Ministerium für Familie, Bildung, Jugend u.s.w. lehnte ab. Das Amt für Multikulturelle Angelegenheiten in Frankfurt am Main, dessen Gründung auf den 1. Kongreß 1984 zurückgeht, lehnte auch eine Unterstützung schriftlich ab, nachdem sie mündlich zugesagt hatte. Alle Konsulate in Frankfurt am Main auch. Alle Studenten- und kirchlichen Institutionen, außer einer, auch. Wir haben letztendlich den 2. Kongreß nur mit Privatspenden organisieren können. Danke an alle Frauen, die gespendet haben. Innerhalb dieser finanziellen Lage waren wir auf jeden EURO angewiesen, den wir nicht einmal von allen Frauen im Vorbereitungskomitee erhielten, als das FrauenLesben-Referat wegen pro-Palästina nicht mehr bereit war, die vollständig zugesagte finanzielle Hilfe uns zukommen zulassen. Den aktiv reagierenden Frauen sei auch hier gedankt. D.h. auf der anderen Seite: Frauen, Solidarität und Finanzen sind tendenziell nicht kompatibel. Soweit zu der Verbindung Finanzen und Frauen-Politik. Obwohl die Finanzlage eine Belastung war, wurde der Samstag mit dem Kulturprogramm am Abend von französischen Liedern, Flamenco und koreanischen Trommlerinnen eine Augenweide. Leider bekamen die Künstlerinnen durch die geringe Besucherinnenzahl nicht die gebührende Anerkennung.

Sonntag

Am Sonntag stand auf dem Großen Podium das Thema „Das Patriarchat ist zu Ende. Licht und Schatten in der Frauenbewegung" mit Prof. Chiara Zamboni aus Verona (Philosophin), die wir extra für den 2. Kongreß internationaler Frauen eingeladen hatten. Mit ihrer politischen Philosophie bzw. philosophischen Politik wollten wir für die Zukunft Zeichen setzen. Frau Zamboni begann zu erzählen: Es ist das Verdienst der Frauenbewegung, daß das Patriarchat zu Ende ist. [Doch eher „am Ende" müssten wir hier sagen, statt wie in dem hier oft missverstandenen Titel „zu Ende", wie es im gleichnamigen Werk heißt.] „Was damit zu Ende ist oder seinem Ende zugeht, ist die Kontrolle der Männer über die Gebärfähigkeit der Frau und über ihre Nachkommen." (Libreria delle donne di Milano. *Das Patriarchat ist zu Ende.* 1995, S.16) Doch sehr schnell kamen Gegenstimmen aus dem Publikum wie: solange Frauen an Magersucht leiden, ist das Patriarchat nicht zu Ende; solange Kriege geführt werden, ist das Patriarchat nicht zu Ende. Bereits Christina Thürmer-Rohr stellte vor einigen Jahren im Rahmen ihrer These zur Mittäterschaft von Frauen im Patriarchat fest, daß das Patriarchat abgewirtschaft hat, was nicht viel anders heißt, als das es zu Ende ist. Doch Thürmer-Rohr wählte nicht diese Formulierung, da sie sowohl einen anderen Blick auf das Thema hatte und auch einen anderen Schwerpunkt hervorheben wollte: die Zerstörung des Patriarchats. Während Zamboni mit ihrer Formulierung sowohl die Zerstörung wie gleichzeitig eine Perspektive zu eröffnen sucht. Was bei Thürmer-Rohr damals nicht enthalten war.

Wie dem auch sei. Die schnellen Antworten der Teilnehmerinnen auf dem 2. Kongreß internationaler Frauen 2004 lassen wieder einmal die Frage entstehen, ob der „Satz", das Patriarchat ist zu Ende, in seiner ganzen Tiefe gehört, verarbeitet und reflektiert wurde -in so kurzer Zeit. Die Zeit spielt immer eine Rolle. Denn wenn der Satz von Thürmer-Rohr anscheinend bis heute in seiner ganzen Weite noch nicht aufgenommen wurde, wie erst der Satz, der viel jünger und vielleicht sogar tiefer geht?

Eine weitere Zuhörerin meinte in diesem Zusammenhang, Frauen haben nur die Männer bekommen, die sie verdient haben. Nach einem Mit-Ein-Ander-Reden wirkte die anschliessende Diskussion weniger. Statt über die gehörten Sätze mit-ein-ander-zu-sprechen und sich über Inhalte auszutauschen, klangen eher und noch stärker die zunehmenden Stimmen der letzten 20 Jahre: oft gehen Frauen nicht aufeinander ein, sondern reden aneinander vorbei, oder suchen einen „Einstieg" um etwas „loszuwerden". Ein Beispiel: Zamboni sprach in ihrem Vortrag von den neuen „Brüdern", die etwas narzistisch „gestört" sind, „kleine" Konzessionen an Frauen machen, womit Frauen dann (im Patriarchat) „integriert" wären. Und Frauen das glauben. Daher der „Schatten" in der Frauenbewegung. Als einer dieser „Brüder" wurde Berlosconi erwähnt, woraufhin eine Zuhörerin meinte, sie müsse widersprechen, denn wenn diese Männer als „Brüder" bezeichnet werden, dann wäre sie die Schwester. Sie selbst sehe sich jedoch nicht als Schwester dieser Männer.

Es gab unzählige Redebeiträge über das ganze Wochenende hindurch auf dem 2. Kongreß internationaler Frauen, die m.E. klar bezeugen, daß Frauen zunehmend „schlechter" hören. Oder? Wenn Frau Zamboni die „neuen" Männer als „Brüder" bezeichnet, wie diese sich auch selbst sehen, weil das Patriarchat mittlerweile den Vater (nämlich die Vaterfigur) ausgelöscht hat, zum Beispiel mit der Gentechnik, dann hatte Frau Zamboni keinen Augenblick lang weder gesagt noch gemeint, Frauen wären die „Schwestern" dieser Männer. Was die Zuhörerin hier für eine Argumentationsstruktur darlegte, zeigt m.E. die oft festgehaltene „eurozentristische" Denkweise, die wie folgt funktioniert: das Gehörte wird im Verhältnis zu Einer selbst gesetzt, wodurch eine Abhängigkeit geschaffen wird, auf die dann eingegangen wird; wobei dann weniger über das Gehörte diskutiert wird, als eher über sich selbst geredet wird. Mit dieser abhängigkeitserzeugenden Argumentationsstruktur wird auf der einen Seite das Gesagte ignoriert, während auf der anderen Seite das Ich, um das es in diesem Augenblick nicht geht, in den Mittelpunkt gesetzt wird. Ein Egozentrismus (im Abhängigkeit zum Patriarchat) wird konstruiert. Von diesen Momenten blieb der 2. Kongreß bis zum Ende hin geprägt. Nur wenigen Frauen, wie die auch am Sonntag auf dem Podium sitzende Dr. Gisela Notz, gelang es über die einzelne Individualität hinaus, die Frauen als Frauengemeinschaft anzusprechen: denn Reichtum ist nicht nur in der BRD männlich, sondern hier hat er zusätzlich einen deutschen Paß. Dieser Unterschied, Deutsche/Migrantinnen, verschwand während des 2. Kongresses zunehmend. Als gebe es weder schwarze noch weiße, rote, gelbe... Frauen.

Obwohl zum Kongreßwochenende bundesweit 1500 Programme verschickt und verteilt, 300 Plakate geklebt wurden, mehr als 2000 Flyer verteilt, eine www.Adresse eingerichtet war und in fast einem Dutzend Frauenzeitschriften und in der Zeitschrift DIE BRÜCKE (Danke), der Aufruf mit dem Programm erschien, konnten wir nicht die für uns gesetze Zahl von 500 Teilnehmerinnen (wie 1984) erreichen. Sicher muß noch dabei erwähnt werden, daß am gleichen Wochenende zwei Tagungen und ein Kongreß in Frankfurt am Main stattfanden, wo einige von den 1984 aktiven Frauen teilnahmen. Von den Orga-Frauen von 1984 waren letztendlich nur zwei da. Eine davon ist die Autorin (Maria). Dennoch haben wir vorwiegend positive Resonanzen erhalten.

Der 2. Kongreß internationaler Frauen ist zu Ende (1. Di., April 2004, Club Voltaire)

Unter obiger Überschrift mit dem Untertitel: *Es lebe der Kongreß? Wir ziehen die Bilanz von zwölf Monaten Frauen-Arbeit. Das Vorbereitungskomitee erzählt auch „Anekdoten"* trafen sich alle interessierten Frauen vom Vorbereitungskomitee und wollten, so die Initiatorin dieser Veranstaltung, wie im Titel angekündigt, über die Zusammenarbeit zwischen den Orga-Frauen reden und nicht über die Inhalte der AG, an der die Orga-Frauen kaum teilgenommen hatten. Doch die anwesenden Frauen an diesem Abend im Club Voltaire wollten dazu nichts wissen, sondern hören, was, wo, in welcher AG vorgestellt wurde. An dieser Diskrepanz zwischen angekündigt-angebotenen Thema und den falschen Ansprüchen an dem Abend, über die die Diskussion kaum hinaus kam, können wir das Hauptproblem der Frauenpolitik in „autonomen" Projekten, so meine Meinung (Maria) wieder erkennen. Ich möchte es wie folgt beschreiben: Obwohl der Inhalt für diesen Diskussionsabend im Club Voltaire klar formuliert war, haben die Besucherinnen, warum?, das müsste dringend analysiert werden, sich nicht auf das Thema eingelassen, sondern ignoriert und etwas erzwingen wollen, was nicht angeboten war.

So wurde der Abend zwischen „Missverständnissen" und „Illusionen" von

Frauen diskutiert. Doch über den Inhalt an sich war keine bereit zu reden. Ich persönlich (María) haben aus Einem-Jahr-Frauen-Arbeit unter den zahlreichen Erkenntnissen das gewonnen: Frauen hören nicht richtig zu, sondern neigen eher dazu, das zu hören, was sie sich wünschen an statt das, was gesagt wird, womit es unvermeidlich zum „Konflikt" kommt.

2. Kongreß internationaler Frauen, Frankfurt am Main, 26.-28. März 2004

Club Voltaire, April 2004

Button

2. Kongreß internationaler Frauen, Frankfurt am Main, 26.-28. März 2004

Pressestimmen:

Persönliche Eindrücke des Eröffnungsabends des 2. Kongreßes internationaler Frauen. Sind im privaten Haushalt nicht auch die Frauen für die Organisation zuständig?, Milena **Spielvogel**

Müssen sie nicht berechnen, wie lange die Kinder mittags schlafen dürfen, damit der Mann einen erholsamen Feierabend genießen und ungestört die Nachrichten schauen kann (seine Berufsverpflichtung!)? Weshalb versagt dann dieses Gen, wenn nun die Möglichkeit besteht, ohne Rücksicht auf das andere Geschlecht zu planen? Warum waren z. B. die Podiumsfrauen nicht einheitlich vorbereitet – der eine Vortrag musste wegen Überlänge abgebrochen, der andere wegen fehlender Unterlagen durch eine Art Interview ersetzt werden? Aus welchem Grund berichtete die Presse nur vereinzelt von diesem Ereignis? Welch geringen Wichtigkeitsgrad muss die engagierte Moderatorin dem Eröffnungsabend zugedacht haben, wenn sie ohne Entschuldigung ausbleibt? Was für einen Nutzen tragen die wenigen Besucherinnen überhaupt davon, wenn sie nicht bereit sind, andere Gedankengänge nachzuvollziehen, sondern bloß ihre bereits abgefasste Meinung wiederholt und durch Beispiele veranschaulicht haben wollen?

Lob: Gute Improvisation. Insgesamt wurde ich jedoch bei dieser, meiner Veranstaltung, enttäuscht. Die Welt, in der nur geklagt und geschimpft wird, ist nicht meine Welt.

Bemerkungen zum 2. Frauenkongreß, Marianne **Langweg**

Die Musik zu Beginn kam bei mir, und wie auch am Applaus zu erkennen war (beim Publikum), sehr gut an. Ebenso auch die Eröffnungsworte von Frauen aus verschiedenen Ländern. Leider war der Saal sehr mäßig gefüllt. Die Zuhörerinnen waren aber aufmerksam dabei. Dank an alle, die den Frauenkongress vorbereitet haben.

Kongresseindruck, Gum-Hi **Song-Prudent**, Mitglied der koreanischen Frauengruppe zum 2. Kongress internationaler Frauen

Irgendwann in der Vorbereitung des diesjährigen internationalen Frauenkongresses in Frankfurt haben die Organisatorinnen auch bei der koreanischen Frauengruppe in Deutschland angefragt, ob sie einen kulturellen Beitrag zum Festabend des Kongresses leisten könnte. Natürlich war die Antwort „ja" und so erreichte mich eines Abends der Anruf unserer Vorsitzenden, die mich bat diesen Part zu übernehmen. Nun, dachte ich, kein

Problem. Ich bin es ja gewohnt mit koreanischem Gesang und Trommelspiel vor Publikum aufzutreten. Zu diesem Zeitpunkt wusste ich nichts über den 2. Kongress internationaler Frauen. Am ersten [1. gemeinsamen Kongress ausländischer und deutscher Frauen, 1984, Red.] hatte ich nicht teilgenommen. Ich hatte nur gehört, dass am ersten Kongress über tausend Frauen teilgenommen haben sollen. Großes Publikum also. Ich überlegte und plante also mein Programm. Welche Lieder könnten passen und welches Trommelspiel? International sollte der Kongress sein und Migration oder Integration ein Thema. Da fiel mir meine Trommelgruppe SONAGBI (PLATZREGEN) ein. Seit einiger Zeit unterrichte ich 6 deutsche Frauen in Nidderau in PUNGMUL, der koreanischen Trommelmusik. International ist das und integrativ erst recht, wenn auch etwas andersherum. Das kommt bestimmt gut an. Aber auch Zweifel machten sich breit: ist die Gruppe überhaupt schon so weit, auftreten zu können? Und würden auch alle mitmachen? Sind die Frauen mutig genug? Und vor allem reicht die Zeit für Vorbereitungen? Dann dachte ich aber, so ein quatsch. Während der Übungsabende spielen wir voller Lust und Energie. Gute Laune ist Standard, und ich war mir sicher, wir schaffen das. „Meine Frauen" werden einen kraftvollen Beitrag zu diesem Abend leisten und es auch selber genießen.

Also, auf ging es. Zweifel der Frauen wurden vom Mut verdrängt. Mit jedem Abend wuchs die Selbstsicherheit und das Engagement der Frauen war einfach toll. Geburtstagsfeiern bei Freunden, Ausgehen, Kino oder Theater? Bitte erst nach den Übungsabenden am Freitag. Die Spannung bei allen stieg, aber was gab es wichtigeres, als für unsere Feuertaufe, den ersten gemeinsamen Auftritt zu üben. Wir, die sieben Frauen aus Nidderau übten und übten und übten... und lachten viel. Teilweise mit einem Anflug von Galgenhumor – in unserer Vorstellung sahen wir uns tausend kritischen Zuhörern gegenüber – aber auch immer mehr aus Spaß an der Freude, welche die Gruppe weiter zusammenschweißte.

Aber trotzdem: je näher der Auftritt kam, umso stärker wurde auch die Spannung. Tausend internationale Frauen. Oje, oje... was haben wir da nur vor. Kostüme. Was sollten wir anziehen? Für mich war die Sache immer sehr einfach. Ich trug meine koreanische Tracht. Aber was sollen die Anderen anziehen. Koreanische Trachten von anderen leihen? Hier gab es Größenprobleme. Schließlich sind meine koreanischen Freundinnen und ich, in der Regel, etwas zierlicher, als meine sechs Frauen. Na ja, also Hauptsache weiße Kleidung und dazu bunte Schleifen. Das nächste Problem. Weiße Schuhe. Nicht alle hatten welche. Also, um gleich auszusehen, treten wir barfuss auf. Schließlich sind früher auch alle barfuss gelaufen. Alle kleinen Problemchen wurden spontan gelöst. Wir übten weiter und eigentlich kann uns jetzt ja nichts mehr passieren.

Dann kam der große Tag. Aufgeregt verstauten wir unsere Instrumente und uns selber in unsere Autos und fuhren fiebernd dem, großen Augenblick in Frankfurt am Main entgegen. Ein Mitglied der Frauengruppe empfing uns an der Tür. Aber was war das? Statt der erwarteten tausend internationalen Frauen sahen wir nur einige wenige. Enttäuschung kroch in mir hoch. Nicht wegen mir. Wegen meiner Gruppe. Ich traute mich gar nicht zu fragen, wie sie fühlten. Also tat ich so als wäre nichts. Schließlich waren sie immer noch aufgeregt, und wir machten einige minutenlang Entspannungsübungen.

Meine Gedanken waren aber auch bei den Organisatorinnen des Kongresses. Wie mussten sie sich nach all der langen und harten Vorbereitungsarbeit fühlen? Ich spürte Schmerz. Dann wurde mir aber klar: für sie und die Frauen, die gekommen waren, wollten wir, SONAGBI (PLATZREGEN), das der Abend schön wird. Wie ein Platzregen im Sommer soll SONAGBI die Gäste erfrischen. Meine Stimmung legte sich wieder auf und meine Frauen waren immer noch aufgeregt. Unabhängig von der Zahl der Zuhörer: Es blieb unser erster gemeinsamer Auftritt.

Dann ging es an die Generalprobe. Wir hatten nicht viel Zeit dafür, weil auch andere noch hinter uns standen und darauf warteten, ihre letzte Probe zu machen. Nach der Generalprobe wuchs in mir die Unsicherheit. Das Zusammenspiel klappte nicht wie sonst, die Rhythmen kamen durcheinander. Auf der Bühne gab es kein Licht. Obwohl die Gruppe auswendig spielen konnte, brauchten die Frauen zur Sicherheit noch ihre Noten. Und: Sie konnten mich nicht mehr so wie sonst beobachten, weil auch ich – anders als bei den Übungen – dem Publikum zugewandt spielte.

Nervosität machte sich breit. O Gott, dachte ich, hoffentlich habe ich meinen Frauen nicht zu viel zugemutet. Dann in unserem Umkleideraum. Hier wartet das Frauengruppenmitglied, das uns bereits am Eingang in Empfang genommen hat, mit Sekt. Also prosteten wir uns gegenseitig Mut zu und trotz der wenigen Zuschauer und der missglückten Generalprobe, hatten alle gute Laune. Wie an unseren Übungsabenden. Als Gruppenleiterin möchte ich einmal ausdrücklich betonen, dass ich mit meinen sechs Frauen eine ganz tolle Gruppe habe, die mir richtig Spaß macht. Dann zog sich aber die Zeit hin. Eigentlich sollten wir als zweite Gruppe auftreten. Aber wegen des Kinderprogramms hat sich alles nach hinten verschoben. Also schauten wir uns die Vorstellung der anderen an. Es war sehr schön, aber leider dauerte es viel länger als wir dachten. Unglücklicherweise wartete bei mir zu Hause seit 21.00 Uhr ein Fernsehteam aus Korea, das einen Dokumentationsfilm über in Deutschland lebende Koreaner/innen machte und mich andere Mitglieder der koreanischen Frauengruppe, die wegen des Kongresses bei mir übernachten wollten, filmen wollte. Und jetzt war es schon 21.30 Uhr. Sie hätten mich und meine SONAGBI-Frauen auch sehr gerne während des Auftritts gefilmt, aber leider war das ganze Fernsehteam männlich und Männer durften nicht rein. Ich spürte die Unruhe in mir, versuchte aber, mir nichts anmerken zu lassen.

Dann endlich waren wir an der Reihe. Zuerst las die Vorsitzende unserer koreanischen Frauengruppe ein Gedicht auf Deutsch vor, das ich anschließend auf Koreanisch sang. Als zweites Lied sang ich „Wohin soll ich gehen - wo ist meine Heimat?" Ich singe die Lieder oft, dennoch spüre ich jedes Mal die gleiche Trauer, bekomme eine Gänsehaut und mir kommen fast die Tränen. Danach kamen dann SONAGBI-Frauen. Ich weiß nicht, wie das Publikum unser Spiel empfunden hat, aber wir fanden es toll. Und mein Gefühl hat mir gesagt, dass auch das Publikum unseren Platzregen so erfrischend fand wie wir. Das Spiel der Frauen war kraftvoll und alle Nervosität nach den ersten Takten verflogen. Wir hatten Spaß. Und hinter der Bühne im Umkleideraum wartet schon wieder ein Glas Sekt auf uns. Wir hatten das Gefühl, die Feuertaufe bestanden zu haben.

Der Vers aus unserer Trommelaufführung:

Wir sind sieben Frauen aus der Nidder Auen

In uns tobt das Leben, unsere Trommeln beben

Frauen dieser Welt, macht was euch gefällt

Fasst euch bei der Hand, seid ein buntes Band

wird auch in Zukunft unser Motto sein.

Wie gern hätten wir noch mitgefeiert, aber leider mussten wir schnell nach Hause fahren, weil das koreanische Fernsehteam auf uns wartete.

Zum Schluss möchte ich mich als Migrantin bei der Vorbereitungsgruppe dafür bedanken, dass sie für die in Deutschland lebenden ausländischen Frauen und interessierte deutsche Frauen die Mühen und den Stress der Organisation und Durchführung einer solchen Veranstaltung auf sich genommen haben. Ich würde mich freuen, wenn es solche Veranstaltungen öfter als nur alle 10 Jahre [20 Jahre. 1. Kongreß war 1984] gäbe.

Brief von Ulrike **Holler**

Die Frauenbewegung ist in Vergessenheit geraten, der internationale Frauentag wurde kaum noch beachtet, deswegen war für mich der 2. Kongress internationaler Frauen ganz wichtig.

Ich fand beeindruckend, dass Frauen aus unterschiedlichen Kulturen eine gemeinsame Basis und Vision entwickelten, dass es keine Kluft zwischen den Generationen gab, weil sich alle Teilnehmerinnen dem Motto: Zukunft braucht Frauen verpflichtet fühlten.

Bedauerlich ist, dass die Presse diesen Kongress wenig beachtete, um so wichtiger ist die interne Kommunikation aller Frauen aus den unterschiedlichen Kulturkreisen, damit die Inhalte des Protestes gegen das Patriarchat nicht verloren gehen. Schön, dass es diese Veranstaltung gab.

Zum Großen Podium (am Sonntag, 28 März 2004 mit dem Thema: Ist Patriarchat zu Ende? Prof. Chiara Zamboni), Pourandokht **Maleki**

Ich denke, solange die Frauen an verschiedenen gesellschaftlichen Krankheiten leiden wie Bulimie, Magersucht, mangelndes Selbstwertgefühl oder an dem, was „Schönheit" ist und sich an dem Maßstab messen und sich selbst messen lassen, solange existiert das Patriarchat.

Solange die Industrien, die Frauen für ihre Zwecke, nämlich für den Verkauf ihrer Gegenstände und Produkte durch Medien benutzen, wie z.B. Autos, u.ä. solange wird das Patriarchat existieren. Das Patriarchat existiert, solange es Frauenhäuser gibt. Solange die Kapitalisten ihr Kapital durch konsumierende Frauen verdienen, wird das Patriarchat existieren. Und überhaupt; solange Ehe und Familien existieren, wird das Patriarchat lebendig bleiben.

Ende